"十四五"职业教育国家规划教材

高等职业教育
市场营销专业
新形态一体化教材

市场营销策划

（微课版·第二版）

梁海红 主 编

彭金燕 冯亚伟 何雪英
占昌煜 吴爱珍 副主编

清华大学出版社
北京

内容简介

本书为"十四五"职业教育国家规划教材。本书以职业标准与岗位需求为导向，对接1+X证书与技能大赛，以项目为载体，以典型工作任务为抓手，以信息化技术为支撑，以营销策划工作流程为主线，精心设置了认识营销策划工作、STP策划、产品策划、价格策划、促销策划、企业形象策划和新媒体营销策划七个项目，每个项目包括若干任务，具体任务内容改编自合作企业真实案例。本书内容新颖、体例创新、案例丰富，涉及中国制造、国潮、新茶饮、新零售等多个新领域，构建了知识、技能、思政"三元融合"的知识体系。

本书配套建设浙江省精品在线开放课程，内含微课、动画、案例、习题、同步实训等丰富的数字资源，构建了以纸质教材为核心，数字化资源、数字课程建设应用相融通的新形态一体化教材。

本书可作为高职院校经济管理类相关专业课程的教材和企业营销策划教育的培训用书。

本书封面贴有清华大学出版社防伪标签，无标签者不得销售。
版权所有，侵权必究。举报：010-62782989，beiqinquan@tup.tsinghua.edu.cn。

图书在版编目(CIP)数据

市场营销策划：微课版／梁海红主编．—2版．—北京：清华大学出版社，2024.6
高等职业教育市场营销专业新形态一体化教材
ISBN 978-7-302-66142-9

Ⅰ.①市⋯ Ⅱ.①梁⋯ Ⅲ.①市场营销-营销策划-高等职业教育-教材 Ⅳ.①F713.50

中国国家版本馆CIP数据核字(2024)第081869号

责任编辑：左卫霞
封面设计：傅瑞学
责任校对：刘　静
责任印制：杨　艳

出版发行：清华大学出版社
网　　址：https://www.tup.com.cn，https://www.wqxuetang.com
地　　址：北京清华大学学研大厦A座　　邮　编：100084
社 总 机：010-83470000　　邮　购：010-62786544
投稿与读者服务：010-62776969，c-service@tup.tsinghua.edu.cn
质量反馈：010-62772015，zhiliang@tup.tsinghua.edu.cn
课件下载：https://www.tup.com.cn，010-83470410

印 装 者：涿州汇美亿浓印刷有限公司
经　　销：全国新华书店
开　　本：185mm×260mm　　印　张：12.5　　字　数：303千字
版　　次：2020年6月第1版　2024年8月第2版　　印　次：2024年8月第1次印刷
定　　价：48.00元

产品编号：105317-01

前言

党的二十大报告提出,高质量发展是全面建设社会主义现代化国家的首要任务,加快发展数字经济,促进数字经济和实体经济深度融合。本教材围绕数字经济新时代下企业数字营销的新特点、新需要,深入学习贯彻党的二十大精神,深度挖掘市场营销策划课程中专业知识教育与价值教育的融合点,从政治认同、家国情怀、文化自信、道德修养、社会主义核心价值观等方面筛选思政元素,将"立德树人"基本要求贯彻于教材编写的全过程,以润物细无声的方式将思政教育与专业知识培养有机融合。

随着智能手机、移动互联网等技术的普及和发展,互联网正在改变知识的传播方式。在教育领域,以"慕课"为代表的大规模在线开放课程,在为高校提供丰富的数字化教学资源的同时,加快了信息技术和教育教学的融合。信息化教学作为一种全新的教学方式,拓展了教学时空,丰富了教学内容,也对教学的重要载体——教材的内容和功能提出了新的要求。本教材在讲解市场营销策划基本理论的基础上,吸收和采纳了最新研究成果和最新发展动态,融合了文字和音频、视频、图片及动画等元素,力求使教材在编写理念和内容形式等方面突破传统教材模式,以满足信息时代下教师课内课外教学、学生线上线下学习的教学新需求。

本教材的主要特色如下。

1. 落实"立德树人"根本任务,坚持"德技并修"育人理念

本教材结合国内外先进的职业教育理念和课改趋势,参照教育部"突出职业教育的类型特点,统筹推进教师、教材、教法改革,深化产教融合、校企合作,推动校企双元合作开发"等要求,以"立德树人"为根本任务,坚持"德技并修、工学结合",坚持职业素养、创新创业与专业教育深度融合。

2. 校企"双元"合作开发,突出教材编写"高质量"

双元参与,由不同院校的双师和企业的高级管理人员共同组成编写团队,实现产教融合,校企合作开发,保证教材高质量。团队有教授一人,副教授四人,均具有丰富的编写经验和企业营销工作经历。校企双方合作编写教材案例和实训任务单,共同开发数字化资源,突出教材数字化资源的新颖性、实践性和综合性。

3. 融合"岗课赛证",体现理实一体的"职教特色"

本教材秉承"校企协同,思政引领,资源共享,动态建设"的原则,紧跟数字经济背景下企业营销新趋势,以职业标准与岗位需求为导向,融合数字营销师职业技能等级考试内容,以项目为载体,以典型工作任务为抓手,以信息化技术为支撑,以营销策划工作流程为主线设计教材内容。同时,鼓励学生积极参加创新创业比赛,以赛促学,边赛边学,引导学生用自己的营销策划能力助力实现"中国梦"。

4. 聚焦三教改革,契合数字时代学习需求

本教材内容新颖,体例创新,构建了知识、技能、思政"三元融合"的知识体系。项目引领,任务驱动,每个项目开篇均引入真实的企业营销策划案例,设计了"边讲边练""即兴思考",引导学生"做中学,学中做"。教材配套建设浙江省精品在线开放课程,扫描本页下方二维码即可在线学习该课程,内含500多分钟70多个微课视频,1000多个案例库、试题库、实训任务等内容,具有丰富的数字资源,满足数字时代下移动学习新需求。

本教材由浙江经贸职业技术学院、浙江经济职业技术学院和安徽审计职业学院联合开发,由长期从事市场营销专业教学的教师、省级职业教育教师教学创新团队成员共同编写。本教材由浙江经贸职业技术学院梁海红教授主编,由浙江经贸职业技术学院颜青教授审稿,彭金燕、冯亚伟、何雪英、占昌煜、吴爱珍等参与编写。上海星巴克咖啡经营有限公司、浙江农资集团、网易云等知名企业策划部、运营部主管参与大纲指导、案例编写和实训任务单编制,并提供部分一线案例资源,在此表示衷心的感谢!

本书是"十四五"职业教育国家规划教材、浙江省"十三五"新形态教材,同时也是浙江省高校"十三五"优势专业(市场营销)建设项目的重要建设成果,并得到了清华大学出版社的大力支持。本书在编写中参考了相关的文献资料,这些文献资料给教材写作提供了有益的启示,在此向这些文献作者表示感谢!限于编者水平所限,书中还有不足之处,敬请广大读者批评指正。

编　者
2024 年 1 月

浙江省精品在线开放课程
市场营销策划

市场营销策划
课程概述

项目一　认识营销策划工作

任务一　感悟营销策划 / 002
案例导入　年销20亿元的小罐茶如何进行营销策划 / 002
一、营销策划的内涵 / 003
二、营销策划的特征 / 004
三、营销策划的内容 / 005
四、营销策划在中国的发展 / 011
同步实训　感悟营销策划的魅力 / 012

任务二　营销策划书的框架与撰写 / 013
案例导入　"酱香拿铁"热销，跨界联名成营销新趋势 / 013
一、营销策划书的框架内容 / 014
二、营销策划书的撰写技巧 / 016
同步实训　向营销策划人员致敬 / 020

任务三　认知营销策划岗位 / 021
案例导入　禧春茶社牵手紫禁城重新定义东方茶饮品牌 / 021
一、营销策划岗位必备的职业素养 / 022
二、营销策划岗位的职业技能 / 023
同步实训　营销策划岗位招聘启事 / 024
思政德育课堂　人生总有起落，精神终可传承——褚橙的匠心 / 025

项目二　STP策划

任务一　市场细分策划 / 028
案例导入　雅客独占维生素糖果品类 / 028
一、市场细分策划的概念 / 028
二、市场细分策划的原则 / 029
三、市场细分策划的标准 / 030
四、市场细分策划的步骤 / 032
同步实训　市场细分策划方案 / 032

任务二　目标市场策划 / 033
案例导入　花西子：传承东方韵味，演绎国货美妆新篇章 / 034
一、评估目标市场 / 034
二、选择目标市场 / 035
三、目标市场的切入策划 / 037
同步实训　目标市场策划方案 / 039

任务三　市场定位策划 / 040
案例导入　元气森林的价值定位：探索"0糖0脂0卡"饮料新世界 / 040
一、市场定位策划的含义 / 041

二、市场定位策划的步骤 / 041
三、市场定位策划的原则 / 042
四、市场定位策划的方法和策略 / 042
同步实训　市场定位策划方案 / 045
思政德育课堂　技能成才　技能报国 / 045

项目三　产品策划

任务一　品牌策划 / 048
案例导入　如果你有 200 万元，会去开一个"名优创品"吗 / 048
一、品牌相关概念 / 050
二、品牌策划的概念与内容 / 054
三、品牌建设策划 / 056
同步实训　品牌策划方案 / 062

任务二　新产品上市推广策划 / 063
案例导入　杯中窥"营"：网红"猫爪杯"你抢到了吗 / 064
一、新产品的含义及分类 / 065
二、新产品上市策划与执行流程 / 066
三、新产品开发策略类型 / 068
四、新产品上市策划的注意事项 / 071
同步实训　新产品上市推广策划方案 / 073
思政德育课堂　曹德旺带领福耀集团改变了世界汽车玻璃行业格局 / 074

项目四　价格策划

任务一　新产品上市定价策划 / 076
案例导入　10 元以下的蜜雪冰城为何成为奶茶界的黑马 / 076
一、影响价格策划的因素 / 077
二、新产品上市定价策略 / 078
三、定价策划的类型 / 079
四、定价程序 / 080
同步实训　新产品上市定价策划方案 / 082

任务二　产品调价策划 / 083
案例导入　新能源汽车的价格之争 / 083
一、主动调价策划 / 084
二、被动调价策划 / 086
同步实训　企业产品调价方案 / 087
思政德育课堂　蜂花呼吁支持国货！坚守 36 年包装，10 年仅涨价 2 元 / 087

项目五　促销策划

任务一　广告策划 / 090
案例导入　瓶身玩出新高度：农夫山泉创意瓶身广告 / 090
一、广告策划的含义 / 091
二、广告策划的特性 / 092

三、广告策划的运作过程 / 093
同步实训　广告策划方案 / 103
任务二　公共关系策划 / 104
案例导入　大灾见真情,鸿星尔克彰显国货担当 / 104
一、公共关系策划的概念 / 105
二、公共关系策划的原则 / 105
三、公共关系策划的步骤 / 106
四、公共关系策划的类型 / 110
同步实训　公共关系策划方案 / 113
任务三　营业推广策划 / 114
案例导入　西贝莜面村携手抖音心动大牌日营造火热气氛 / 115
一、营业推广策划的概念及特点 / 115
二、营业推广策划的步骤 / 116
三、营业推广策划方案的内容 / 123
同步实训　节假日促销策划方案 / 125
思政德育课堂　诚信经营,杜绝虚假广告宣传 / 125

项目六　企业形象策划
任务一　CIS 调研分析与导入方案 / 128
案例导入　华为崛起,树立崭新的中国企业形象 / 128
一、企业形象识别系统的概念及兴起 / 129
二、企业形象识别系统的构成 / 129
三、企业形象识别系统的功能 / 130
四、导入 CIS 策划 / 131
五、CIS 问题诊断 / 136
同步实训　企业 CIS 导入方案 / 139
任务二　MI 策划 / 140
案例导入　小米人的使命:感动人心,价格厚道 / 140
一、企业理念识别系统的概念 / 141
二、企业理念识别系统策划的构成要素 / 142
三、企业理念识别系统策划的定位 / 143
四、企业理念识别系统策划的确定和传达 / 144
五、企业理论识别系统策划的功能 / 145
同步实训　MI 策划方案 / 146
任务三　BI 策划 / 147
案例导入　茅台 469 沉浸式市场活动传递"美"文化 / 148
一、企业行为识别系统的定义 / 149
二、企业行为识别系统的特征 / 149
三、企业行为识别系统的内容 / 150
四、企业行为识别系统的关键环节 / 153
同步实训　BI 策划方案 / 154
任务四　VI 策划 / 155
案例导入　蒙牛 Logo 焕新,让全球消费者爱上"乳品中国造" / 155

一、企业视觉识别系统的定义 / 156
二、企业视觉识别系统的组成 / 157
三、企业视觉识别系统策划的原则 / 160
四、企业视觉识别系统的意义和作用 / 161
五、企业视觉形象的设计程序 / 162
同步实训　VI 策划方案 / 163
思政德育课堂　铁骨铮铮的"国货之光" / 164

165　项目七　新媒体营销策划

任务一　走近新媒体营销 / 166
案例导入　冲上热搜！景德镇真的火了 / 166
一、新媒体的概念 / 167
二、新媒体营销的特点 / 167
三、新媒体营销的优势 / 168
同步实训　走近新媒体营销 / 169

任务二　微博营销策划 / 170
案例导入　华为系列手机的微博营销之法 / 170
一、微博营销的概念和兴起 / 171
二、微博营销的特点 / 171
三、微博营销的优势 / 172
四、微博营销的功能 / 173
五、微博营销的方法和技巧 / 174
同步实训　微博营销策划方案 / 177

任务三　微信营销策划 / 178
案例导入　时尚博主公众号 5 分钟卖出 100 辆 MINI / 178
一、微信的概念 / 179
二、微信营销的特点和方式 / 179
三、微信营销的方法和技巧 / 182
同步实训　微信营销策划方案 / 184

任务四　短视频营销策划 / 185
案例导入　"球场干饭"嗨不停！火锅顶流海底捞在抖音捞出新故事 / 186
一、短视频营销的含义 / 186
二、短视频营销的功能 / 186
三、短视频营销的类型 / 187
四、短视频营销的策略 / 189
同步实训　短视频营销策划方案 / 190
思政德育课堂　李子柒的短视频之路 / 191

192　参考文献

项目一

认识营销策划工作

项目目标

营销策划是现代企业竞争必备的利器。面对日趋白热化的竞争以及同质化的产品,企业必须不断地实施与竞争对手不同的新的营销策划思路、方法,才能在激烈的竞争中赢得消费者的认可。通过本项目学习,了解营销策划的发展和趋势,掌握营销策划的基本程序,运用营销策划的观点分析企业营销策划活动,能独立制作策划书,并初步具备营销策划意识、营销策划专业知识和职业感情。

项目背景

营销策划是为改变企业现状、完成营销目标,借助科学方法与创新思维,立足于企业现有营销状况,对企业未来的营销发展做出战略性的决策和指导,带有前瞻性、全局性、创新性、系统性。营销策划适合任何一个产品,包括无形的服务,它要求企业根据市场环境变化和自身资源状况做出相应的规划,从而提高产品销量,获取利润。

项目内容

以学期初选择的校企合作单位为参考,以学生团队作为活动单位,安排学生进入企业进行调研活动,为企业创作一份适合其当前发展的营销策划书。若没有合适的企业,学生也可选择时下知名企业,结合自身实际,为其制订合理的营销策划计划。

项目学习课时

建议课内学习时间四课时,课外学习时间四课时。

项目成果

通过访问工商企业或其经营策划者,收集该企业营销策划及案例,培养学生关注企业和学习企业营销策划的兴趣,以及参加社会实践活动的主动性、积极性。在充分了解企业信息的基础上,掌握营销策划书的撰写框架及撰写技巧,并根据当前企业现状为其撰写一份完整的营销策划书,课程结束后,每位学生上交企业调研方案及为企业撰写的营销策划书,教师批阅之后择优在小组或班级内部进行讨论。

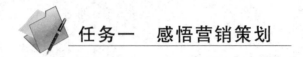

任务一　感悟营销策划

知识目标

1. 理解营销、策划及营销策划的定义。
2. 掌握营销策划的七个基本特征,并能从实际案例中加以区别。
3. 掌握营销策划的两种分类依据,了解营销策划的五个作用。

技能目标

1. 能够通过实际案例感悟系统营销策划前后企业的发展变化。
2. 能够收集企业营销策划案例,分析其主要类型和特点。
3. 能够分清策划与计划、策划与决策、策划与创意、策划与建议的区别和联系。

课程思政

1. 培养创新、合作、双赢的新时代创业精神。
2. 培养爱岗敬业、吃苦耐劳的职业素养。

 案例导入

年销20亿元的小罐茶如何进行营销策划

案例导入:年销20亿元的小罐茶如何进行营销策划

兼具传统与年轻化的小罐茶站在专业的角度为用户思考,并找到痛点,将传统与现代感融合,打开了茶叶的高端市场。销售额巅峰时期曾达到年销售额20亿元,一跃成为茶界零售第一品牌,那么小罐茶是如何进行营销策划的?

对于消费者的洞察,小罐茶团队对目标消费人群做了明确定位:适应现代都市精品生活的中高端人士;画出了三大主要消费场景:买、喝、送;梳理了消费痛点:买的时候分不出好坏,喝的时候程序太复杂,作为礼品又没有明确价值。针对这一洞察,建立了好茶的认知标准;用创新的小罐包装,实现了茶叶保鲜、保存的标准化,并实现更好的冲泡体验;用全品类统一定价的方式,实现产品价值的标签化。做真正的茶行业品牌,打破品类品牌的界限!

小罐茶历时三年遍访全国,跋涉数十万公里,打动八位制茶大师,呈现十款现代用茶。中国有上千种茶,南方几乎每个县都有一些品种以及各自的叫法。但中国主流上只有八大名茶。小罐茶把核心产区按品类做细分的时候,把整体份额比较高的品种做了选择,并且每一罐茶都来自原产地,出自每一个品类当中顶级的制茶大师。他们都是某种茶叶制作技艺出类拔萃的代表者,有的是制茶技艺非物质文化遗产传承人。

在小罐茶的营销中,最抓人的是把好茶量化,每一份茶独立存储,一罐一泡,并不惜以产品名突出这一特色。在小罐茶之前,铁观音茶以独立袋装,很多绿茶和红茶以茶包形式,也做了"小份"这个动作。然而,在定量的同时,却把品质感丢弃了。饮茶作为一种仪式感很强的消费,广泛应用于商务场合。掏出个塑料袋或者一次性茶包,格调就差了很多。这个时候,包装讲究到了极致的小罐茶,令人耳目一新。所以,小罐茶的核心,是将有品质的(起码是中等品质的)茶叶的独立小分量包装做到了极致。仅有品牌还不够,要有品牌对应的调性和产品场景。

思考: 从市场定位、产品包装、广告策划等几个方面分析小罐茶"走红"是如何营销策划的?

营销是企业的生命,策划是营销的灵魂。营销策划承接着企业整体与局部的发展战略,是推动企业不断发展的动力。尤其在当下的新媒体营销环境中,市场竞争日趋激烈,营销策划作为指导企业经营发展的重要战略,越来越受到企业的重视。

一、营销策划的内涵

(一)营销的概念

关于营销:"营"是指经营,"销"是指销售。学营销、谈营销、做营销者甚众,但销售高手并不多,既懂销售又懂经营者更不多。是故我泱泱大国,其实营销人才很缺乏。可以说,营销是一个融合了诸多元素的系统工程。

认识营销策划

当代营销学者认为,营销是关于企业如何发展、创造和交付价值以满足一定目标市场的需求,同时获取利润的学科。营销学用来辨识未被满足的需要,定义、量度目标市场的规模和利润潜力,找到最适合企业进入的市场细分和适合该细分的市场供给品。营销经常由企业组织中的一个部门专门负责,这样其实有利有弊。优点:便于集中受过营销训练的群体专门从事营销工作;缺点:营销不应该仅限于企业的一个部门来进行,而应该在企业所有活动中体现出来。本书认可杰罗姆·麦卡锡在《基础营销学》一书中所下的定义:营销是指某一组织为满足顾客而从事的一系列活动。

(二)策划的概念

"策划"一词最早出现在《后汉书》。"策"最主要的意思是指计谋、谋略,"划"是指设计、筹划、谋划。选题中应用创造性思维独辟蹊径地考虑选题就是选题策划。

《后汉书·隗嚣列传》中"是以功名终申,策画复得"之句。其中"画"与"划"相通互代,"策画"即"策划",意思是计划、打算。"策"最主要的意思是指计谋,如决策、献策、下策、束手无策。"划"是指设计,如工作计划、筹划、谋划,意思为处置、安排。《说文解字》中,"策"是指计策、谋略;"划"是指计划、安排;连起来就是"有计划地实施谋略"。通常需组织者因时、因地制宜,集天时、地利、人和,整合各种资源而进行的一种安排周密的活动。好的策划,能环环相扣、前后呼应。策划可大可小,时间可长可短。

日本策划家和田创认为:策划是通过实践活动获取更佳效果的智慧,它是一种智慧创造行为。美国"哈佛企业管理丛书"认为:策划是一种程序,在本质上是一种运用脑力的理性行为。更多的人说,策划是一种对未来采取的行为做决定的准备过程,是一种构思或理性思维程序。故本书对"策划"一词定义如下:通过激发创意,有效地、高超地运用项目、企业、组织、团体中的有限资源,设计规划并选定可行的方案,从而解决某些问题,达成预定目标的过程。

(三)营销策划的概念

营销策划是企业为了改变现状,达到预定的营销目标,通过科学的方法对企业的内外部环境进行分析和研究,然后创意性地整合与运用企业的有效资源,对企业将要发生的营销活动、行动方针、目标战略等进行规划,最终形成一套系统的、可行的营销方案的活动过程。

在营销实践中,企业早期的营销策划主要依靠个人的经验,侧重于出点子、提意见和想办法。随着企业规模的扩大和经营内容的增加,多变的市场环境和激烈的市场竞争,在客观上要求企业运用科学的理论和方法,掌握营销策划的原理、方法和程序,提高营销策划的可靠性和效果。营销策划是一个复杂的综合过程,需要经过调查、谋划、评价、反馈等多个程序。

二、营销策划的特征

(1)创新性。营销策划实质上是一种经营哲学,是市场营销的方法论,因而是一门创新思维的学科。营销策划产生的创意、制订的方案应该具有开创性。营销策划一般不是沿着惯性思维考虑问题,而应突破陈旧观念,区别于已经或正要实施的各种方案,表现为新、奇、特,对公众具有强烈的吸引力。营销策划是一种创造思维。要突破常规、富有新意、不落俗套。因此,有人将其称为"头脑工程"。

拓展阅读:有效营销策划的一个中心,两个基本点

(2)超前性。超前性是指营销策划应当在营销预测的基础上进行,必须对企业未来时期的发展方向、根本任务、基本目标、战略步骤及其每一个阶段上的问题做出合理的、科学的安排和规划。犹如下棋,抱着"看一步,走一步"的想法,难以下出好棋。仅就当前局势做出的营销策划方案,也难以将企业引向最终的目标。

(3)主观性。任何策划活动都是主观见之于客观的东西。因此,由于不同策划人员认识客观世界的能力和水平不同,同一个策划目标出现不同的策划结果,甚至策划效果出现巨大差异的现象也就不足为奇。

(4)系统性。这是由市场营销活动的系统性决定的。它要求策划人员在策划过程中必须注意各种营销职能安排的衔接与协调,而且必须注意对企业各种营销资源、力量进行整合,才能收到预期的策划效果。

(5)复杂性。这是由企业营销活动及其效果影响因素的复杂性决定的。对此,它要求策划人员一方面必须具备丰富的实践经验,对要策划的对象在每一个细节上都非常清晰;另一方面要求策划人员必须对策划方案进行反复地推敲,才能确保整个策划方案的明确具体和切实可行。

(6)可控性。可控性是指营销策划的方案和结果是可控的与可预期的。由于策划方案中的各项措施都是企业各种可控性营销手段的具体应用,因此,企业管理当局完全可以根据市场形势的发展和企业目标的变化对策划方案进行适度的调整,以确保策划方案的高度适应性。

(7)规范性。一方面,营销策划活动的作业程序是规范的,只有按规范的作业程序拿出

的策划方案才是可靠的。另一方面，策划方案的要求也是规范的。它必须做到：目标和任务明确具体、切实可行，正确的市场导向和富有鼓动性；策划创意要特色鲜明，推陈出新；策划战略知己知彼，高瞻远瞩；营销战术和竞争手段要出奇制胜，避实就虚。

(8) 专业性。营销策划作为一种高智慧的脑力劳动，它要求参与策划活动的人既是营销理论专家，又具有丰富的营销实践经验，必须对管理、销售、促销、广告、公关、营销调研等企业职能都非常熟悉，绝非一般人士所能胜任。

三、营销策划的内容

(一) 营销策划的分类

市场营销策划可以根据不同的标准或途径进行分类，常见的分类方法如下。

(1) 根据营销策划涉及的策划时间长短不同，一般可将其分为营销战略策划和营销战术策划两大类。营销战略策划是对未来较长时期内企业发展方向、目标、任务、业务重点和发展阶段等问题进行的规划与设计，它与企业的稳健经营和持续发展密切相关。营销战术策划是指在企业营销战略的指导下，对营销调研、产品开发与设计、定价、营销渠道、市场促销等营销职能或活动进行的一种中短期规划和设计，它是企业增强产品或服务竞争力，改善和提高企业营销效果的有效手段。营销战略策划与营销战术策划关系密切，前者为后者指明方向，后者则为前者提供支撑和保障。

(2) 根据营销策划涉及的目标和范围不同，又可将其分为全程营销策划和单项营销职能策划两大类。全程营销策划是对企业某一次营销活动进行的全方位、系统性策划，它涵盖了营销调研、市场细分、目标市场选择、市场定位、营销组合策略设计和营销管理的方方面面。当企业即将推出一种新业务、新产品时，通常需要进行这样的策划。单项营销职能策划是在企业营销活动过程中，仅对某一方面的营销职能进行某种程度的设计与安排，其目的主要是改善该项职能的营销效果。

(二) 营销策划的作用

(1) 有助于进一步明确企业营销活动的目的。凡做过营销策划的企业，对企业未来时期的任务、目标、投资组合计划、企业扩张的方式和途径都非常清楚，这就可以从根本上消除企业经营活动的盲目性，凡是与企业营销目标不符的事情就不会发生，耗费企业有限的资源的现象也就可以避免。

(2) 有助于提高企业营销活动的针对性。任何营销策划方案都是在特定企业营销目标指导和约束下做出的，因此，这就确保了企业日后营销活动的针对性，即每一项工作、每一项措施都是为了解决企业特定时期将要面临的特定问题。看得准、做得准，营销效果自然有保障。

(3) 有助于增强企业营销活动的计划性，避免主观随意性。营销策划把企业未来时期的活动内容进行了详尽的安排，是企业各个部门、各个员工的行动纲领。一般情况下，只要市场形势没有发生大的变化，就应当不折不扣地予以执行，这样，就可以使企业的营销走上规范有序的轨道。

(4) 有助于实现企业营销活动的个性化与差异化。随着消费者个性的发展及个性化消费的日渐突出，企业要在市场竞争中立于不败之地，就必须依靠个性化和差异化的产品、服务和营销方式实现企业营销的个性化与差异化，才能吸引住消费者的目光，抓住消费者的心。虽然个性化和差异化的基础是客观的，是消费者需求特点和竞争者的行为，但是，如果没有策划人员的高瞻远瞩和敏锐的洞察力，也是难以发现这些特点和差异的，对许多企业而言，个性化和差异化营销只能是一个梦。

（5）有助于提高企业产品的竞争力和营销效益。从理论上说，在产品工艺质量差异不大的情况下，企业产品的竞争力来自产品"卖点"的新颖、独特和奇异，来自企业品牌的高知晓度、知名度和美誉度，来自企业独特销售手段对渠道成员的高吸引力。离开了营销策划，将难以找到和形成上述产品竞争力的支撑点。同样，企业营销的效益要得到改善和提高，也需要营销策划的支持，只有通过营销策划，才能在提高营销活动针对性、计划性、主动性和创造性的基础上，从根本上避免企业的无效劳动。

（三）营销策划的方法

营销策划是对营销活动的设计与计划，而营销活动是企业的市场开拓活动，它贯穿于企业经营管理过程。营销策划的方法包括集思广益法、调查法、经验法和创意法。

（1）集思广益法是指把每个人的智慧汇总起来，进行综合处理，选出一个切实可行的策划方案。在这一过程中每个人都可以发言，提出不同见解，把每个人的意见综合提炼就可得到一个策划方案。

（2）调查法是指通过策划者组织的调查，从中得到相关方面的信息，然后对这些信息进行分析处理，得出结论，最后根据调查的结论进行策划，策划的直接依据是调查的资料。

（3）经验法是指策划者根据自己多年的策划经验，找出与本次策划背景相似的一些案例，同时考虑不同的执行环境因素进行策划。

（4）创意法是指在市场调研前提下，以市场策略为依据，经过独特的心智训练后，有意识地运用新的方法组合旧的要素的过程。

（四）营销策划的创意思维

1. 创新思维和超越思维

创新思维是营销策划的主要思维方法之一，它在营销策划中具有很高的价值，是发现市场机会的钥匙。运用创新思维，能够创造市场，赢得市场。善于创新思维，可以在纷繁无序的市场中找到消费者的需求，找到产品的市场，找到品牌的定位。古今中外，创造营销奇迹的企业家往往都是因为非常善于创新思维而取得成功的。比尔·盖茨认为，极为成功的商人，不会模仿别人，或是把自己的思想和行为挤进任何陈旧模式中。他一定是一位具有个性的人，既能独立思考也能独立行事。

善于创新思维的营销人，能够看到市场与用户的需求差异、性别差异、年龄差异、性格差异、文化差异、收入差异、产品差异、价格差异、区域差异和实践差异，从而制定出独具特色的市场营销战略。避开正面竞争，开展错位竞争，避免无序的、不规范的恶性竞争，找到自己的生存发展空间与市场竞争定位，降低竞争成本，形成竞争优势。当把针锋相对的竞争关系变为相互激励和相互补充的关系后，就会形成一种良好的竞争与合作关系，形成有利于企业发展的市场生态环境与市场竞争秩序。

需要指出的是，创新思维不是猎奇思维，而是超越思维，即超越现实与常态，产生高瞻远瞩的眼界、高屋建瓴的设想、立意高远的构思。超越思维的第一表现是超越空间，也就是跳出原有的空间范围去思考问题。坐井观天是一种封闭的思维方法，它导致思维被禁锢，而超越空间则是把一件事情放在更广阔的空间去思考,你会发现别有洞天,会带来思维的飞跃。例如,就促销论促销,往往很难打开思路,经常感到黔驴技穷,但是如果跳出促销论促销,站在营销与品牌的高度上看促销,思维就开阔多了。

2. 前向思维与逆向思维

面向未来的营销策划必须运用前向思维,即从消极保守的量入为出的后向思维转变为积极乐观的量出为入的前向思维。未来的市场规模和市场目标不是根据过去的销售资料来确定,而是根据未来的市场需求与企业竞争能力来确定;未来的市场收入不是根据现在的销售规模而定,而是根据未来预期的销售规模来定;资源配置不是根据现有资源存量来安排,而是要根据实现目标规划的需要来安排。现有资源不足可能是实际困难,但不应成为不按目标要求配置资源的理由,应该积极主动地在更宽阔的空间去寻求资源,弥补自有资源的不足。只有按照前向思维开展营销策划,才能把握未来市场机会,才能最大限度地发挥资源效应,最大限度地扩大市场规模,最大限度地创造企业效益。

前向思维为什么必要且可行?因为企业的生存发展空间是未来市场。如果仅仅把眼光放在眼前,则企业所拥有的资源肯定是有限的。但是如果把眼光看得更远一点,那么,企业所拥有的资源可以到无限广阔的未来市场中去获取。也就是说,企业可以且有必要最大限度地利用未来市场资源,获得营销机会和发展空间。

3. 发散思维与系统思维

营销策划需要在不确定的市场条件下达到营销目标,思考解决营销问题的多种方案,因而需要进行发散思维。所谓发散思维,就是从不同的方面、不同的角度、不同的层次、不同的视觉去思考问题,从而寻求解决问题的多个方案。当人们的思路不是沿着一条胡同而是几个方向去行走时,思维就进入辐射状态,形成纵横驰骋的放射状的发散思维。

发散思维包括辐射思维、旁通思维等形式。辐射思维就是围绕某一轴心联想相关事物,从而形成扩散性思维。旁通思维是一种借鉴相关事物的启发,从而产生新创意的思维方法。在科学发展史上,不少惊人的发明并不是由原本内行的人创造的。例如,彩色胶卷的发明者利奥博特·迈尼斯和利奥博特·戈多斯基曾是音乐家。拉迪斯罗·伯罗——圆珠笔的发明者,曾当过雕刻家、画家和记者。金·坎普·吉列——剃须刀的发明者,原来是一家酒厂的推销员。而在2002年第九届中国广告节上,海飞丝"流星篇"之所以获得银奖,是因为它摒弃了常见的甩头发的表现手法,借鉴流星的飘落的方式独特地表现出了海飞丝的去头屑功能。

然而,发散思维不是没有目标的离散思维,发散思维必须能够围绕营销目标实现思维意识的整合和统一。因此需要在发散思维的基础上,进行系统思维整合。而且由于营销策划具有效益性、系统性和可行性的本质属性与要求,因此,从本质上来说,营销策划必须进行系统思维。系统思维是营销策划的一种基本思维方式,市场营销策划是一项系统工程,市场营销活动进行分析、创意、设计和整合,系统地形成目标、手段、策略和行动高度统一的整体方案。

因而,灵机一动的促销点子,不能说是营销策划;头痛医头、脚痛医脚的应急之作,不能说是营销策划;临时抱佛脚的仓促之作,不能说是营销策划。市场营销策划强调对资源与目标、现实与未来、策略与方法、手段与方法进行系统整合。营销策划的本身就是系统思维的过程,营销策划的结果就是系统思维的结果。

> **即兴思考**
>
> 除了上文提到的几种思维方式外,网上搜索还有哪些思维方式,了解其含义并进行思维拓展。

(五)营销策划的流程

营销策划是指为了达到营销目标而制订的一系列计划和活动。它是企业在市场竞争中获取竞争优势的重要手段之一。营销策划流程是指在制订和实施营销策划时需要遵循的一系列步骤和程序。营销策划是一个科学的运作过程,一般包括营销环境分析、营销目标设定、营销战略策划、营销策划书的形成与调整、营销策划实施以及营销策划评估与修正六个步骤,下面对每一步骤进行详细陈述。

1. 营销环境分析

营销环境分析是企业营销策划者对企业的外部环境和内部环境进行调查和分析,进而确定外部市场机会和威胁以及企业自身的优势和劣势,从而明确企业目前所处市场位置的一种方法。在新媒体蓬勃发展的今天,营销策略的制定尤为依赖于对环境的透彻理解,因为市场动态、消费者行为、技术革新等因素都在不断变化,快速迭代。因此,全面而深入的环境分析是制定高效营销策略的基石,它确保企业能够精准施策,把握趋势,有效应对市场竞争,从而在复杂的市场环境中稳健前行。简言之,营销环境分析是开启成功营销之旅的导航仪,没有它,企业难以在瞬息万变的市场中找准航向,制定出既前瞻又切合实际的营销蓝图。营销环境分析主要包括以下两部分。

(1)宏观环境分析。宏观环境是能对企业营销策划产生间接影响的各种因素的总称,主要评估政治、经济、社会、技术、法律、环境等外部因素对企业营销活动的影响。

(2)微观环境分析。微观环境又称行业环境因素,是与企业营销策划联系比较密切的各种因素的总称,主要分析企业自身、竞争对手、消费者、供应商、分销商等企业开展营销策划过程中的上下游组织机构。其中竞争对手分析主要评估竞争对手的市场份额、优势、劣势、策略等,寻找市场缺口,消费者分析主要研究目标市场的需求、偏好、购买行为等,构建消费者画像。

2. 营销目标设定

在完成了营销环境分析之后,下一步就是在环境分析的基础上,确定营销目标,而这也是营销策划整个流程的关键环节。目标就是你想完成什么,目标的设定应该遵循 SMART 原则,即具体(specific)、可衡量(measurable)、可操作(available)、现实性(realistic)、时限性(time-bound)。因此,营销目标在设定时也要遵循上述的 SMART 原则。

营销目标的设定要明确,否则策划对象就会很模糊,不易产生策划构想。在设定营销目标时应注意以下几点。

(1)量化目标的重要性。营销目标应尽可能地具体和量化,例如,提升品牌知名度20%,增加季度销售额30%等。量化的指标有助于直接衡量营销活动的效果,让团队成员有清晰的努力方向。对那些难以直接量化的软性目标,例如,增强品牌形象,可以通过市场调研、顾客满意度调查等手段设定间接的、可评估的指标,例如,在目标客户群体中的品牌提及率提升 15%。

（2）合理设定目标高度。营销目标需要平衡挑战性与可行性。过低的目标可能无法充分激发团队的积极性和创造力，导致资源浪费；而过高的目标则可能导致团队挫败感，影响士气。使用SMART原则设定目标，可以帮助找到这个平衡点，确保目标既有吸引力又能实际达成。

（3）多目标协调与优先级。在复杂的营销活动中，可能会有多个并行的目标，例如，增加市场份额、提升产品认知度和增强顾客忠诚度。这些目标之间有时可能存在冲突或资源分配上的矛盾。重要的是要确保所有目标相互支持，形成一个协同作用的整体。当矛盾不可避免时，应明确各个目标的优先级，哪些是最核心的短期目标，哪些是长期发展的关键，这样可以指导资源的有效配置，并帮助团队在遇到决策冲突时做出合理取舍。

总之，明确、量化、平衡且协调一致的营销目标是制定有效策略的基石，它为营销活动提供清晰的方向，促进团队协作，并为最终的成功奠定基础。

3. 营销战略策划

营销人员必须围绕已制订的目标进行统筹安排，结合自身特点制定可行的市场营销战略。营销战略包括目标市场战略、营销组合策略和营销预算。

（1）目标市场战略是指采用什么样的方法、手段去进入和占领自己选定的目标市场，也就是说企业将采用何种方式去接近消费者以及确定营销领域。

（2）营销组合策略是指对企业产品进行准确的定位，找出其卖点，并确定产品的价格、分销和促销的政策。

（3）营销预算是指执行各种市场营销战略、政策所需的最适量的预算以及在各个市场营销环节、各种市场营销手段之间的预算分配。制定营销战路要特别注意产品的市场定位和资金投入预算分配。

4. 营销策划书的形成与调整

营销策划书是整个营销策划内容的书面载体，它一方面是营销策划活动的主要成果，另一方面也是企业进行营销活动的书面行动计划。营销策划书凝聚着整个策划活动的智慧，其写作水平的高低直接影响营销策划方案的有效表达，从而影响市场营销决策。营销策划书的写作要遵循一定的基本格式，本书在后面的章节将对此进行讲解，这里不做详细说明。

5. 营销策划实施

一个营销策划通过营销策划书表现出来以后，接下来的工作就是将营销策划书中所写的营销策划方案在实践中加以实施。营销策划实施是指营销策划方案实施过程中的组织、指挥、控制和协调活动，是把营销策划方案转化为具体行动的过程。再理想的营销策划方案如果不通过企业各相关部门的有力实施，其结果只能是纸上谈兵，对企业来说毫无意义。所以，企业必须根据营销策划方案的要求，分配企业的各种资源，处理好企业内外的各种关系，加强领导，提高执行力，把营销策划方案的内容落到实处。

营销策划方案的实施是将理论转化为实践、理想变为现实的关键步骤，其重要性和挑战性不容小觑。以下是一些确保营销策划有效实施的关键步骤和策略。

（1）组织构建与团队动员。根据营销策划书的内容，组建专门的项目团队，明确各成员的角色、职责和目标。举行动员大会，确保每位团队成员都理解策划目标、战略方向和自己的任务，激发团队的积极性和创造性。

（2）资源分配与调度。根据策划需求，合理分配企业内部的财务资源、人力资源、物资资源等，确保资源的有效利用。同时，建立资源调度机制，确保在实施过程中资源能够灵活调整，满足项目变动需求。

（3）详细行动计划制订。将营销策划方案细化为可执行的任务清单，包括时间表、责任分配、执行步骤、预期成果等，形成详细的行动计划。确保每个环节都有明确的执行标准和时间限制。

（4）内外沟通协调。内部沟通方面，保持团队之间的顺畅交流，定期召开进度会议，解决实施过程中出现的问题。外部沟通包括与客户、合作伙伴、媒体、供应商等的协调，确保各方利益一致，协同推进。

6. 营销策划评估与修正

营销策划开始实施后，就要注意对其进行评估和修正。所谓营销策划的评估，就是将营销策划方案的预期目标与现实中得到的实际目标加以比较，通过比较，对营销策划实施的效果进行评价；营销策划的修正，则是当发现营销策划的实际实施效果不理想时，对造成不利影响的因素加以修正，以便营销策划能够达到策划者所希望的目标。营销策划的评估与修正主要包括项目考核、阶段考核、最终考核和反馈改进等内容。

（1）项目考核。这是最基础也是最直接的反馈机制，它侧重于微观层面，关注单一项目或活动的即时效果。通过快速响应和调整，项目考核能够迅速识别并解决实施中的具体问题，确保每个营销举措都能精准达成其设定的小目标。这种即时评估有助于保持策略的灵活性和针对性。

（2）阶段考核。相比项目考核，阶段考核着眼更为宏观的视角，关注营销策划实施过程中的阶段性成果。通过定期对关键里程碑的评估，企业能够及时发现并纠正偏离既定战略轨道的趋势，确保营销活动整体上与长远目标保持一致。阶段考核有助于预防重大偏差，保持策略的连贯性和有效性。

（3）最终考核。在营销策划周期结束时进行，是对整个策划周期成果的全面审视。它不仅比较预期目标与实际结果，更重要的是通过深入分析差异，总结经验教训，为未来营销策略的制定提供宝贵的数据支持和理论依据。最终考核强调结果导向，是验证营销策划成功与否的关键环节。

（4）反馈改进。这是评估与修正流程中的闭环操作，意味着将评估结果转化为实际行动，对营销策略进行迭代优化。通过建立有效的反馈机制，将实施过程中遇到的问题、成功的经验、市场的新变化等信息整合进未来的策划中，促使营销策略不断进化，适应市场动态。反馈改进是持续提升营销效率和效果的不竭动力。

总之，营销策划的评估与修正是保证营销活动有效性和适应性的核心机制，它要求企业保持高度的敏感性和响应速度，能够在不断变化的市场环境中灵活调整策略，从而实现营销目标，提升品牌形象，促进企业长期发展。

（六）营销策划中常出现的问题

营销策划方案并不是总能够实施并完成，很多问题会阻碍营销策划方案的实施。企业市场营销活动中常见的问题包括计划脱离实际、营销执行力较差和企业各个层次的管理人员责任不明确。

（1）计划脱离实际。计划脱离实际是指企业营销计划人员在制订营销计划时，没有从客观实际出发，使制订出来的营销计划不可行，脱离实际。例如，营销计划的指标偏高，使制订出来的计划方案失去客观基础。如果发生这些情况，必须对计划本身进行调整。

（2）营销执行力较差。计划不可能实现，制订计划的前提条件脱离企业的实际，或者长期计划与短期计划相脱节等都会造成营销执行力差。例如，企业内部的信息沟通存在问题，企业人员的素质不高，企业人员的积极性没有得到充分发挥，都会使计划不能得到有效的贯彻和执行。

（3）企业各个层次的管理人员责任不明确。在营销计划的制订和执行过程中，企业内部各个层次的管理人员担负着不同的责任。企业的高层管理者要制定正确的政策和制度，为企业的营销活动提供正确的思想观念；企业营销部门的管理者要根据公司的总体计划和基本指导思想，制订科学的营销活动计划，并能协调基层营销管理人员的工作，发挥其积极性，保证营销计划的贯彻执行；基层营销管理人员（如促销部经理）则应根据企业整体的营销活动计划，制订本职能部门的营销活动计划，协调企业内外的各种关系，调动营销人员的工作积极性，使企业的营销计划得以贯彻实施。

四、营销策划在中国的发展

现代企业的一切经济活动都是围绕市场营销策略进行的，通过对市场的调研，获取准确的市场信息，包括顾客需求信息、竞争对手的信息，做出顾客所需要的商品是现代企业在市场营销中非常重要的基本策略。产品从研发阶段到生产阶段，再到包装阶段，经过一系列的环节之后才能投放市场进行销售，这也对企业的经济效益产生了很大的影响。企业要将市场营销策略的制定重视起来，这样才能将产品最初的设计到最终的销售做出一个合理的规划。其实，历史上的经营观念所倡导的提高生产效率、注重产品研发、强调销售促进都没有错，只是随着市场环境的改变，这些经营观念就显得不合时宜了。

当代企业的发展和价值离不开市场营销策略，企业的发展目标是要实现自己的市场价值以及在市场中获取较高的经济效益，这两方面需要共同发展，只有提高自身的价值，才能获得更大的经济效益，而要实现自己的价值，就需要将产品做好，并在市场中站稳脚跟，所以现代企业的发展无论何时都不能离开市场营销策略，它是企业生存和发展的重要战略，并且包含了产品的销售价值和市场调研价值。

我国自改革开放以来，市场经济从供不应求时代，到大众化时代、小众化时代，现在逐渐到个人消费时代；市场营销和企业经营随着研究对象的改变，营销策划工作的重点也在不断发生变化，大致经历以下三个阶段。

1. 产品策划阶段

顾客需要物美价廉的商品，所以企业主要营销策划工作是集中力量改进产品，而不是注重顾客的需求和愿望，并忽略了分销、促销等方面的营销工作，从而导致一旦出现新技术和替代品，企业的产品就会滞销。

2. 促销策划阶段

大众化时代，商品更加丰富，企业在营销策划方面的主要工作是如何促销自己的产品，因此各企业设置销售人员，并制定激励体制，鼓励销售人员多卖产品，同时运用广告战、价格战来刺激消费者需求,不考虑消费者的喜欢和满意程度。

3. 系统营销策划阶段

随着经济的不断发展,消费者需求发生了转变,大众化的商品越来越得不到消费者的认可,因此企业营销策划的重点是不断分析消费者的心理和行为特征,并进行市场细分,通过设计产品、定价、分销和促销等一系列手段来满足消费者的需求和欲望。

中国改革开放以来,营销策划行业发展迅速,如今已取得了非同寻常的成就。中国拥有数千家营销策划公司,基本都处于发展阶段,尚没有具有国际影响力的营销策划公司,因此发展潜力巨大。近年来,随着全世界范围内的经济危机来袭,中国企业面临着经济转型和自主品牌建设过程,营销策划和品牌策划将越来越多地服务于中国企业,这个领域需要更加专业的公司和人才,前景较为乐观。营销策划这个行业虽然资金方面进入门槛较低,但技术门槛比较高,能够从事并做好营销策划工作的人才少之又少。因此,更加需要同学们努力学习科学文化知识,力争成为新一代中国营销策划人,为中国社会主义建设添砖加瓦。

 边讲边练

每6~8个学生一组,要求各组学生寻找某品牌营销策划活动,拆分出营销策划的几个基本特点,并体会营销策划对于该品牌宣传的重要作用。

评价关键点:选取基本特点是否符合;列举是否全面、是否具有代表性,言之有理即可。

 同步实训

感悟营销策划的魅力

1. 实训目的与要求

通过本任务的训练,认识营销策划在企业营销活动中的重要性,掌握营销策划的基本程序,学会运用营销策划的观点分析企业营销策划活动,具备营销策划专业知识与职业情感。

2. 实训背景与内容

以实地调查为主,配合在图书馆、互联网查找资料,集体讨论、分析研究经典的企业营销策划案例,总结分析其成功或失败的原因,进一步感受营销策划的魅力与精彩,提升对营销策划方案的分析能力。

3. 实训操作要点

(1) 对学生进行分组,以小组为单位进行案例分析。

(2) 教师要提供多篇企业营销策划案例,并对营销策划案例分析的重要性给予充分说明,调动学生项目操作的积极性与热情。

4. 实训步骤与方法

(1) 采用模拟分权式组织结构,要求学生以六人为单位成立模拟营销策划机构,每个策划机构设策划经理一名,副经理一名,策划专员若干。

(2) 策划专员在策划经理的领导下分工合作,收集被研究企业的营销背景,诊断分析其营销策划成功或失败之处,记录闪光点并成文。

(3) 递交营销策划案例分析报告,在班级内将作品进行展示交流。

5. 实训考核

（1）采用过程考核与项目作业评价相结合的方式，注重小组讨论、项目成果、汇报交流等环节的评价。

（2）提高营销策划案例分析能力的考核权重，重视学生在项目作业中的诊断力、优化力。

（3）注重考核学生的职业素养，特别强调团队协作能力的考核。

任务二　营销策划书的框架与撰写

知识目标

1. 理解营销策划书的概念。
2. 掌握营销策划书的框架和撰写技巧。

技能目标

1. 初识营销策划书，对其定义、框架有较深了解。
2. 能够根据当前企业现状撰写一份完整的营销策划书。
3. 培养撰写营销策划书的策划技能和写作技能。

课程思政

1. 培养艰苦奋斗、厚德崇商的职业道德。
2. 培养营销策划中精益求精的工匠精神。

案例导入

"酱香拿铁"热销，跨界联名成营销新趋势

2023年9月4日，贵州茅台与瑞幸咖啡合作推出了"酱香拿铁"，短短一天内销售量就达到了542万杯，单品销售额突破1亿元。这个跨界组合引起广泛关注，成为热议话题。

茅台和瑞幸咖啡的联名合作，双方各取所需，实现了共赢。茅台通过与年轻品牌联名，推动品牌年轻化和时尚化，打造了接地气的新形象。而瑞幸则借助茅台的高端品牌形象，提升了品牌调性。这种跨界合作是打破企业边界、拓展消费人群的重要手段，成功地提高了品牌的市场渗透率，拉近了品牌与年轻消费者之间的距离。

在新生代消费者日益崛起背景下，企业想要维护品牌张力，需要着眼于未来的发展趋势，谋求未来发展的新格局。在国产消费品牌越来越"卷"的当下，懂消费者、懂年轻人、懂运用话题和流量，才能有助于企业扩大消费群体和开拓新的市场。茅台的跨界行为是一个很好的例子，其他国产品牌也应该居安思危。

当然，跨界联名营销战略面临的最大挑战是如何让流量转化为长久的口碑。跨界联名，

本质上是两个品牌通过品牌效应叠加,创造一加一大于二的营销效果,切忌为了一时的热度而舍本逐末。企业需要思考并制订长期计划,持续推出创新型产品,并以过硬的产品质量增强消费者对品牌的认同感和忠诚度,才能让老品牌不断焕发出新生机。否则,只会让消费者"上头"得快,清醒也快。

保持创新、追求品质,才能浓郁而长久。期待国货能不断有创新性的跨界合作产品闪亮登场,赢得更多消费者的青睐。

资料来源:http://stock.hexun.com/2023-09-30/210433801.html.

思考:如何看待茅台与瑞幸咖啡的合作,对茅台的品牌有哪些影响?

营销策划需要从系统的概念出发,注意每一个因素的变化所引起的其他因素的变化以及产生的影响。好的营销策划是企业创名牌、迎战市场的决胜利器。营销策划书是营销策划的反映,是营销策划过程的具体化、书面化。所谓"人要衣装,佛要金装",一份条理清晰、版面活泼的营销策划书,对于提高营销策划的说服力和接受度有极大的帮助。撰写科学可行的营销策划书,是营销策划的一项中心工作。

一、营销策划书的框架内容

(一)营销策划书的概念

营销策划书是营销策划活动开展以来所有创意结果的书面表达,是对所有策划工作的最后归纳,也是策划工作的具体成果。营销策划书是实现营销策划目标的行动方案,是表达营销策划内容的载体,是未来企业营销活动的指导性文件。

策划书是策划方案的文字体现(文字载体)。广义的策划书包括计划书、规划案、可行性报告和调查报告等;狭义的策划书是针对某个项目、活动或者阶段的工作所制定的,带有指导意义和组织作用,体现实施价值,纲目清楚、表达直接的文字方案。

策划书一般可分为广告策划书、活动策划书、营销策划书、网站策划书、项目策划书、公关策划书等。一个处于酝酿阶段中的项目,往往很模糊,通过制作策划书,把正反两方面的理由写出来,就能对这一项目有较为清晰的认识。

(二)营销策划书的框架

市场营销策划书没有一成不变的格式,它依据产品或营销活动的不同要求,在策划的内容与编制格式上也有变化。但是,从营销策划活动的一般规律来看,其中有些要素是共同的。营销策划书的基本结构可分为以下几项。

1. 封面

策划书的封面可提供以下信息:①策划书的名称;②被策划的客户;③策划机构或策划人的名称;④策划完成日期及本策划适用时间段;⑤编号。

2. 前言

前言是策划书正式内容前的情况说明部分,内容应简明扼要,最多不要超过500字,让人一目了然。其主要内容是:①接受委托的情况;如×公司接受×公司的委托,就××××年度的广告宣传计划进行具体策划;②本次策划的重要性与必要性;③策划的概况,即策划的过程及达到的目的。

3. 目录

目录的内容也是策划书的重要部分。封面引人注目，前言使人开始感兴趣，那么目录就是务必要让人读后了解策划的全貌。目录具有与标题相同的作用，同时也应使阅读者能方便地查寻营销策划书的内容。

4. 概要提示

阅读者应能够通过概要提示大致理解策划内容的要点。概要提示的撰写同样要求简明扼要，篇幅不能过长，一般控制在一页纸内。另外，概要提示不是简单地把策划内容予以列举，而是要单独成为一个系统，因此其遣词造句都要仔细斟酌，要起到一滴水见大海的效果。

5. 正文

正文是营销策划书中最重要的部分，具体包括以下几方面内容。

（1）营销策划的目的。营销策划的目的主要是对本次营销策划所要实现的目标进行全面描述，它是本次营销策划活动的原因和动力。这一部分使整个方案的目标方向非常明确、突出。

（2）市场状况分析。

① 宏观环境分析。着重对与本次营销活动相关的宏观环境进行分析，包括政治、经济、文化、法律、科技等。

② 产品分析。主要分析本产品的优势、劣势、在同类产品中的竞争力、在消费者心目中的地位、在市场上的销售力等。

③ 竞争者分析。分析本企业主要竞争者的有关情况，包括竞争产品的优势、劣势，竞争产品营销状况，竞争企业整体情况等。

④ 消费者分析。对产品消费对象的年龄、性别、职业、消费习惯、文化层次等进行分析。以上市场状况的分析是在市场调研取得第一手资料的基础上进行的。

（3）市场问题与机会分析。营销方案是对市场机会的把握和策略的运用，因此分析市场机会就成为营销策划的关键。只要找准了市场机会，策划就成功了一半。在营销策划活动中，难免会存在一系列考虑不周的问题，应根据问题，寻找企业及产品在市场中的机会点，为营销方案的出台做准备。

（4）营销现状分析。对企业产品的现行营销状况进行具体分析，找出营销中存在的具体问题点，并深入分析其原因。

（5）确定具体行销方案。针对营销中问题点和机会点进行分析，提出达到营销目标的具体行销方案，包括产品策略、价格策略、渠道策略、促销策略（即常说的4P策略）以及数字化营销策略等，每一策略都应有明确的实施步骤和预期效果。

6. 预算

预算记载的是整个营销方案推进过程中的费用投入，包括营销过程中的总费用、阶段费用、项目费用等，其原则是以较少投入获得最优效果。用列表的方法标出营销费用也是经常被运用的，其优点是醒目、易读。

7. 进度表

进度表就是把策划活动起止全部过程拟成时间表，具体到何日、何时、要做什么，都标注清楚，作为策划过程中的控制与检查的依据。进度表应尽量简化，在一张纸上拟出。

8. 人员分配及场地

此项内容应说明具体营销策划活动中各个人员负责的具体事项及所需物品和场地的落实情况。

9. 结束语

结束语在整个策划书中可有可无，主要起到与前言的呼应作用，使策划书有一个圆满的结束，不致使人感到太突然。

10. 附录

附录的作用在于提供策划客观性的证明。因此，凡是有助于阅读者对策划内容理解、信任的资料都可以考虑列入附录。但是，可列可不列的资料还是以不列为宜，这样可以更加突出重点。附录的另一种形式是提供原始资料，如消费者问卷的样本、座谈会原始照片等图像资料。附录也要标明顺序，以便阅读者查找。

二、营销策划书的撰写技巧

（一）营销策划书的撰写原则

为了提高策划书撰写的准确性与科学性，应首先把握其编制的几个主要原则。

营销策划书的撰写技巧

（1）逻辑性思维原则。商品策划的目的在于解决企业行销中出现的问题，制订解决方案，按照逻辑性思维的构思来编制策划书。首先，了解企业的现实状况，描述进行该策划的背景，分析当前市场状况以及目标市场，再把策划中心目的和盘托出；其次，详细阐述策划内容；再次，明确提出解决问题的对策；最后，预测实施该策划方案的效果。

（2）严肃规范原则。严肃规范原则就是要求人们在设计策划案时一定要严格地按照策划书的意图和科学程序办事。策划案是为策划书的开发利用寻找方法、安排步骤、制定规划的。它的出台，是策划人依据策划的内在规律，遵循操作的必然程序，严肃认真，一丝不苟，精心编制而成的，所以，在拟订策划案过程中，切不可粗制滥造。严肃规范原则还表现在，一个科学合理的策划案被采纳之后，在实际操作过程中，任何人不得违背或擅自更改。此外，要注意突出重点，抓住企业营销中所要解决的核心问题，深入分析，提出可行性的相应对策，针对性强，具有实际操作指导意义。

（3）可操作性原则。编制的策划书是要用于指导营销活动，其指导性涉及营销活动中每个人的工作及各环节关系的处理，因此其可操作性非常重要。不能操作的方案，创意再好也无任何价值，也必然要耗费大量人、财、物，管理复杂、效率低。设计策划案时，一定要做到简单明了、通俗易懂、便于推广、便于操作。任何一个方案的提出，都是为了能够在现实中容易操作，并通过操作过程达到预定的目的。因此，在策划案各要素的安排和操作程序的编制上，要依据主客观条件，尽量化繁为简、化难为易，做到既简便易行，又不失其效用。

（4）创意新颖原则。要求策划的"点子"（创意）新、内容新、表现手法也要新，给人以全新的感受。新颖的创意是策划书的核心内容，商品策划方案应该是一个"金点子"，也就是说，要求策划方案的"点子"（创意）与众不同、内容新颖别致，表现手法也要别出心裁，给人以全新的感受。新颖、奇特、与众不同的创意是商品策划书的核心内容。

（5）实事求是原则。由于策划案是一份执行手册,如果说策划书还能运用高深的理论和各种模型去深入论述,策划案就必须务实,使方案更符合企业条件的实际、员工操作能力的实际、环境变化和竞争格局的实际等。这就要求在设计策划案时一定要坚持实事求是的科学态度,在制定指标、选择方法、划分步骤的时候,要从主客观条件出发,尊重员工和他人的意见,克服设计中自以为是和先入为主的主观主义,用全面的、本质的、发展的观点观察认识事物。

（6）灵活弹性原则。灵活弹性原则就是要求人们在设计策划案时一定要留有余地,不可定得太死。当今是高速发展的时代,策划案虽然具有科学预见性的特点,但它毕竟与现实和未来存有较大的差距,所以,它在实施过程中难免会遇到突如其来的矛盾、意想不到的困难,如资金未到位、人员没配齐、物资不齐全、时间更改、地点转移、环境变化等。因此必须估计到这些因素,提出应变措施,并能浸透到方案的各环节之中。一旦出现问题,便可及时对既定方案进行修改、调整。这样,既保证了原有意图在不同程度上得以实现,又避免了因策划案的夭折而造成重大损失。

（二）营销策划书的撰写要求

营销策划书和一般的报告文章有所不同,它对可信性、可操作性及说服力的要求特别高,因此,运用撰写技巧可提高可信性、可操作性以及说服力,这也是营销策划书撰写的目标。

（1）合理使用理论依据。要提高营销策划内容的可信度,更有力地说服阅读者,就要为策划者的观点寻找理论依据,这是一个事半功倍的有效办法,但要防止纯粹的理论堆砌。

（2）适当举例说明。在营销策划书中加入适当的成功与失败的例子,以举例来证明自己的观点,既可以充实内容,又能增强说服力。在具体使用时,一般以多举成功的例子为宜,选择国内外一些先进的经验与做法,以支持自己的观点,效果非常明显。

（3）利用数字说明。策划书是为了指导企业进行营销实战,必须保证其可靠程度。营销策划书的内容应有理有据,任何一个论点最好都有依据,而数字就是最好的依据。在营销策划书中,利用各种绝对数与相对数来进行比较和对照是必不可少的,而且各种数字都要有可靠的出处。

（4）运用图表来帮助理解。图表具有强烈的视觉效果,并且比较直观,有助于阅读者理解策划的内容。利用图表的形式进行比较分析、概括归纳、辅助说明等非常有效。

（5）合理设计版面。策划书视觉效果的优劣在一定程度上影响着策划效果的发挥。有效利用版面安排也是策划书撰写的技巧之一。版面安排包括字体、字号、字距、行距及插图和颜色的使用等,旨在使策划书重点突出,层次分明,严谨而不失活泼。

应该说,随着文字处理的计算机化,这些工作是不难完成的。策划者可以先设计几种版面安排,通过比较分析,确定一种效果最好的设计,然后再正式打印。

（6）注意细节,消灭差错。细节往往会被人忽视,但是,对于策划书来说是十分重要的。可以想象一份策划书中错字、漏字连续出现,阅读者怎么可能会对策划者抱有好的印象呢？因此,对打印好的策划书要反复、仔细地检查,特别是对于企业的名称、专业术语等更应仔细检查。另外,纸张的好坏、打印的质量等都会对策划书产生影响,所以绝不能掉以轻心。

(三)营销策划书的撰写步骤

营销策划书的正文部分主要包括以下内容。

1. 策划目的

要对营销策划所要达到的目标、宗旨树立明确的观点,作为执行策划的动力或强调其执行的意义所在,以要求全员统一思想,协调行动,共同努力,保证策划高质量地完成。

企业营销上存在的问题纷繁多样,但概而言之,无非六个方面:①企业开张伊始,尚无一套系统营销方略,因而需要根据市场特点策划出一套行销计划;②企业发展壮大,原有的营销方案已不适应新的形势,因而需要设计新的营销方案;③企业改革经营方向,需要相应地调整行销策略;④企业原营销方案严重失误,不能再作为企业的行销计划;⑤市场行情发生变化,原营销方案已不适应变化后的市场;⑥企业在总的营销方案下,需在不同的时段,根据市场的特征和行情变化,设计新的阶段性方案。

2. 分析当前的营销环境状况

当前市场状况及市场前景分析:①产品的市场性、现实市场及潜在市场状况。②市场成长状况,产品目前处于市场生命周期的哪一阶段上。对于不同市场阶段的产品,公司营销侧重点如何,相应营销策略效果怎样,需求变化对产品市场的影响。③消费者的接受性,这一内容需要策划者凭借已掌握的资料分析产品市场发展前景。

3. 对产品市场影响因素进行分析

在这方面,主要是对影响产品的不可控因素进行分析,如宏观环境、政治环境、居民经济条件(消费者收入水平、消费结构的变化、消费心理等)。对一些受科技发展影响较大的产品(如计算机、家用电器等产品)的营销策划中,还需要考虑技术发展趋势的影响。

4. 市场机会与问题分析

营销方案是对市场机会的把握和策略的运用,因此分析市场机会,就成了营销策划的关键。只要找准市场机会,策划就成功了一半。

(1) 针对产品目前的营销现状进行问题分析。一般营销中存在的具体问题,表现在多方面:企业知名度不高、形象不佳,影响产品销售;产品质量不过关、功能不全,被消费者冷落;产品包装太差,消费者提不起购买兴趣;产品价格定位不当;销售渠道不畅,或渠道选择有误,使销售受阻;促销方式不当,消费者不了解企业产品;服务质量太差,令消费者不满;缺乏售后保证,消费者购后顾虑多等。

(2) 针对产品特点分析优劣势。从问题中找劣势予以克服,从优势中找机会,发掘其市场潜力。分析各目标市场或消费群特点进行市场细分,对不同的消费需求尽量予以满足,抓住主要消费群作为营销重点,找出与竞争对手的差距,把握并利用好市场机会。

(3) 营销目标。营销目标是在前面目的任务的基础上公司所要实现的具体目标,即营销策划方案执行期间,经济效益目标达到:总销售量为多少万件,预计毛利多少万元,市场占有率达到多少。

5. 营销战略

(1) 营销宗旨。一般企业可以注重这些方面:以强有力的广告宣传攻势顺利拓展市场,为产品准确定位,突出产品特色,采取差异化营销策略;以产品主要消费群体为产品的营销重点;建立起点多面广的销售渠道,不断拓宽销售区域等。

（2）产品策略。通过前面产品市场机会与问题分析,提出合理的产品策略建议,形成有效的4P组合,达到最佳效果。

① 产品定位。产品市场定位的关键是在顾客心目中寻找一个空位,使产品迅速启动市场。

② 产品质量功能方案。产品质量就是产品的市场生命,企业对产品应有完善的质量保证体系。

③ 产品品牌。要形成一定的知名度、美誉度,树立消费者心目中的知名品牌,必须有强烈的创牌意识。

④ 产品包装。包装作为产品给消费者的第一印象,需要能迎合消费者,要有能让消费者满意的包装策略。

⑤ 产品服务。策划中要注意产品服务方式、服务质量的改善和提高。

（3）价格策略。价格策略是市场营销组合中的一个重要组成部分,它直接影响产品的市场接受度、销售额、利润水平以及企业在市场中的竞争地位。为了保证价格与产品销量的良性循环,企业应综合考虑市场环境与自身企业情况,熟练掌握产品定价的目标和方法,了解影响价格的因素以及价格变动的原因、处理方法和组合策略。

（4）渠道策略。渠道策略主要包括分销渠道设计、渠道管理决策、渠道整合与渠道系统整理等内容,渠道策略直接影响企业的其他营销决策,是企业开拓市场、实现销售的重要影响因素。企业应灵活组合使用多种渠道,持续评估效果,优化调整策略,以最大化市场份额、顾客满意度和利润。数字化时代,线上渠道的重要性日益增加,但线下体验依然关键,实现线上线下融合是趋势。

（5）促销策略。促销策略是指创造性地设计推销、广告、公共关系和推广等促销手段,以向消费者传递产品信息,促使其购买产品。它解决的是如何激发消费者的购买欲望,增加销售业绩的问题。数字化时代,数据驱动的个性化促销越来越重要,利用大数据洞察分析消费者需求,优化促销策略,提升促销效果。

（6）具体行动方案。根据策划期内各时间段特点,推出各项具体行动方案。行动方案要细致、周密,操作性强又不乏灵活性。还要考虑费用支出,一切量力而行,尽量以较低的费用取得良好效果为原则。尤其应注意季节性产品淡、旺季营销侧重点,抓住旺季营销优势。

6. 策划方案各项费用预算

策划方案各项目费用预算记载的是整个营销方案推进过程中的费用投入,包括营销过程中的总费用、阶段费用、项目费用等,其原则是以较少的投入获得最优效果。费用预算方法在此不再详谈,企业可凭借经验,具体分析制定。

7. 方案调整

方案调整是作为策划方案的补充部分。在方案执行过程中,可能出现与现实情况不相适应的地方,因此方案贯彻时,必须根据市场的反馈及时做出调整。

营销策划书的编制一般由以上几项内容构成。企业产品不同,营销目标不同,则所侧重的各项内容在编制上也有详略取舍。

 边讲边练

每6~8个学生一组,要求各组学生选择一组企业营销策划案例,分析这一案例中所蕴含的营销策划框架,并指出哪些步骤是企业的过人之处,哪些步骤又亟须加强。根据该企业情况,为其撰写一份完整的营销策划方案,讨论完成后,教师选择部分小组向全班分享自己的心得。

评价关键点:是否完成对该案例步骤的完整界定;有无遗漏;指出的不足是否有更好的策略进行优化;营销策划书方案是否完整,是否具有普适性。

 同步实训

向营销策划人员致敬

1. 实训目的与要求

结合校企合作单位,设定自己是某产品品牌的市场营销人员或经理,选择一款你愿意经营的产品,分析研究该产品如何在竞争激烈的市场中突围成功,并为其创作营销策划书。

2. 实训背景与内容

以实地调查为主,或模拟公司,配合在图书馆、互联网查找资料,得出相关资料,集体讨论、分析,最终得出结果。

3. 实训操作要点

(1) 要求教师根据产品的差异性,防止各队选择同一款产品,引导学生选择具备一定市场价值和实力且可以盈利的产品。

(2) 要求教师在学生撰写过程中给予理论指导,着重将所学知识合理运用,不偏颇,不遗漏,撰写修改结束后进行审阅并提出相应见解,交营销策划人员判断策划方案是否可行。

4. 实训步骤与方法

(1) 学生自由组合,分成6~8人项目学习小组。

(2) 以小组为单位,收集、选择拟进行分析的产品并查阅资料。

(3) 根据资料信息,进行小组讨论,必要时可征询专业市场人员介入。

(4) 在小组讨论的基础上,初步进行策划的可行性分析,提交策划方案。

5. 实训考核

(1) 采用过程考核与项目作业评价相结合的方式,注重小组讨论、项目成果、汇报交流等环节的评价。

(2) 提高创新创业能力的考核权重,重视学生在项目作业中的想象力、创造力。

(3) 注重考核学生厚德崇商的职业素养,强调团队合作双赢能力的考核。

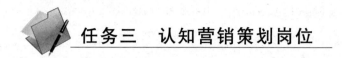

任务三　认知营销策划岗位

知识目标

1. 理解营销策划岗位必备的职业素养。
2. 掌握营销策划岗位的职责。

技能目标

1. 清晰认知营销策划岗位的发展趋势。
2. 培养营销策划岗位所需的职业技能。

课程思政

1. 培养守正创新、自信自强的职业素养。
2. 培养营销策划中勤奋务实的职业精神。

  案例导入

禧春茶社牵手紫禁城重新定义东方茶饮品牌

"天上紫微垣，地上紫禁城"。古老而又焕发朝晖的紫禁城，闪耀着中华民族悠久历史和灿烂文化的绚丽光彩，已经成为全世界人类的文化遗产。紫禁城以宏伟壮丽闻名于世，象征着中华传统文化的繁荣，也是"文化自信"的代表。

2023年4月20日，大美紫禁文化发展有限公司正式与安徽双德餐饮管理有限公司达成战略合作，授权委托安徽双德餐饮管理有限公司对"紫禁城"IP系列商标市场化运营。通过"禧春茶社"这一茶饮品牌共同将中国文化传承带到当代青年面前。

禧春茶社主打"东方味觉"茶饮派系，通过中华五千年的历史与诗意融合现代的时尚大方，激活当代青年的文化记忆与跟随力。东方审美的复兴已经唤醒了中国人骨子里的浪漫，东方文化受到越来越多年轻人的喜欢，文化自信带领的东方文化已经足够引起共鸣。禧春茶社立足东方茶，挖掘其与现代的碰撞感，做出与当代青年人有共鸣的东方茶饮，淡淡茶香，浸透着我们熟悉的东方日常，有种归属感，将会让更多的当代青年了解并爱上东方茶饮。

禧春茶社以东方概念打入市场，以东方茶饮为核心，配合当下热销产品，推出宫廷系列、东方花系列、水墨系列、求神茶四大系列。把情绪作为卖点，把文化自信可视化，让越来越多迷恋东方文化又喜欢茶饮的新贵们无不爱不释手。另外，紫禁城大量的文创素材，都将融入禧春茶社的包装应用，引发消费者追捧。一系列的茶品介绍卡，伴随对应产品应用，增加出品颜值和质感的同时，告知顾客禧春茶社的优质茶底的来源，将中国的茶文化通过年轻人喜爱的方式进行传播，让当代年轻人更加热爱东方茶文化。

在紫禁城这个重量级IP的加持下，有安徽双德餐饮强大的团队实力、稳定的后端支持与灵活的营销运营环环相扣，禧春茶社定将引爆茶饮市场，成为东方茶饮的一枝独秀！

资料来源：https://baijiahao.baidu.com/s?id=1767867814199324300&wfr=spider&for=pc.

思考：禧春茶社取得成功的关键是什么？带给人们什么启示？

一、营销策划岗位必备的职业素养

在当今竞争激烈的市场环境中，营销策划人员的素质对于企业的成功至关重要。一个优秀的营销策划人员需要具备策略制定、创新思维有效执行、团队协作和职业道德等多方面的素质。

1. 策略制定：运筹帷幄，决胜千里

作为营销策划人员，首先要具备制定营销策略的能力。策略制定需要深入了解市场、竞争对手、消费者需求及企业自身的实际情况。通过对数据的分析，识别市场机会，并据此制定有效的营销策略。同时，策略制定还需关注企业的整体战略和目标，确保营销策略与企业战略保持一致。

2. 创新思维：破旧立新，引领潮流

在当今快速发展的市场环境中，创新思维对于营销策划人员来说是不可或缺的素质。创新思维意味着能够突破传统的思维模式，灵活运用各种创意和方法，为企业的营销活动注入新的元素和活力。这包括从产品开发、定价策略到宣传手段等各方面的创新。通过创新思维，营销策划人员能够更好地吸引消费者的注意力，提高品牌知名度和美誉度。

3. 有效执行：落地生根，实现目标

执行力是营销策划人员必备的素质之一。一个优秀的营销策划人员不仅要能够制定策略，具备创新思维，还需要具备将策略转化为具体行动的能力。这包括组织协调、沟通合作以及监控调整等方面的能力。营销策划人员需要能够有效调动企业内外部资源，确保营销活动顺利实施。同时，营销策划人员还需要密切关注市场变化和竞争态势，及时调整策略和行动方案，以达到最佳的营销效果。

4. 团队协作：同舟共济，携手前行

营销策划并非一人之力所能完成的任务，它需要团队的协作与配合。因此，优秀的营销策划人员还需要具备良好的团队协作能力。这包括与团队成员的沟通、协调和管理能力，以及与外部合作伙伴的协作能力。通过团队协作，可以更好地整合资源，发挥各自的优势，共同推动营销活动的成功实施。

5. 职业道德：诚实守信，实事求是

营销策划从业人员应该具备诚实守信、实事求是的职业道德，不能为了创新、求异而弄虚作假，搞商业欺诈，不能以低级、庸俗的噱头吸引消费者，更不能采取恶意竞争手段打击竞争者，而要兢兢业业、扎扎实实地遵循事物发展和人类的思维规律去工作，力争每次策划都是别具一格、富有创意的文案。

总之，作为营销策划人员，必须具备策略制定、创新思维和有效执行、团队协作和职业道德等多方面的素质。同时，要具备良好的职业道德，还需要不断学习和提升自身的跨领域知识和团队协作能力。只有具备这些素质的营销策划人员才能在竞争激烈的市场环境中为企业赢得一席之地，实现企业的营销目标。

即兴思考

随着互联网和新媒体的发展，营销策划行业的准入门槛不断提高，结合当下的市场营销环境谈谈营销策划从业者的哪些能力需要更新换代？

二、营销策划岗位的职业技能

营销策划岗位要求营销策划从业人员除了具备必需的职业素养外，还要有扎实的职业技能做支撑，这主要包括以下八种技能。

1. 营销策划专业知识和能力

作为营销策划行业的从业者，应该具备基本的营销策划专业能力。这主要表现为对营销策划理论知识的掌握和对营销策划实战经验的应用。

（1）营销策划理论知识。营销策划是一项智商产业，是一种高智商活动，因此，营销策划人员须具备跨领域的理论知识，这包括市场营销学、策划学、管理学、商标学、消费者行为学、统计学、心理学、广告和法律等领域的知识。通过掌握这些领域的知识，营销策划人员能够更好地理解消费者需求和市场趋势，从而更加精准地制定营销策略。同时，具备跨领域知识还能够提升创新思维的广度和深度，为企业的营销活动带来更多可能性。

（2）营销策划实战经验。营销策划人员如果想策划出一份完美的策划案，必须要有营销实战经验，对企业营销活动中的各个环节都很熟悉，能够做出准确的判断，最好从业务员做起，这样才能真正地做到实践出真知。一般来说，营销策划的实战经验可以从促销、业务洽谈、销售、管理等过程中获得。

2. 市场调研与数据分析能力

市场调研是营销策划的基础，能够有效地了解市场情况，把握消费者需求，为营销决策提供依据。营销策划人员需要具备市场调研的能力，了解不同行业的市场情况和竞争对手，通过市场调研为企业提供建设性的策划方案。同时，营销策划需要依靠数据来进行决策，这就需要营销策划人员具备数据分析的能力，了解不同的数据分析方法和工具，能够对市场数据进行分析和解读，能够准确地预测市场趋势，提出有效的营销建议。

3. 创意能力

创意能力是指营销策划从业者善于利用已有信息，大胆设想、勇于探索，运用新视觉、新思维，提高新策略、新方法的思维创新能力。创意能力对策划人员尤为重要，按部就班，踩着他人的脚印走路，是不可能有所作为的。只有建立在丰富的想象和创新基础之上的营销策划才能引起公众的广泛关注和支持，从而取得出人意料的营销活动效果。

4. 洞察能力

营销策划人员对市场必须很熟悉，能把握住市场上的每一次机会，躲避市场中的大小风险，如果没有敏锐的洞察能力，是很难做好一份策划方案。洞察能力可以平时多培养，在生活中注意多观察，多积累。

5. 表达能力

营销策划的内容需要通过文字和语言进行传达，使其他人了解并接受，因此，营销策划从业者需要具备良好的文字和语言表达能力。

（1）文字表达能力。营销策划从业者的文字表达能力主要体现在对营销策划书和营销推广文案的写作上。营销策划书向上传达给决策者，向下传达给执行者。因此，营销策划人员必须具备良好的表达能力，将营销策划书的内容简洁、准确、生动地传达给企业的高层管理者。同时要求营销策划人员掌握一定的数值化技巧和图像化技巧，熟练运用统计图表、流程图、实体模型等使营销策划书更具说服力。营销推广文案主要面对消费者，其文字表达应根据推广的目标消费群体与渠道的特征来进行选择。例如，通过微博、微信等新媒体营销推广，则其文字表达应年轻化、网络化、有个性；通过电视投放广告进行营销推广，则其文字表达应通俗易懂、简洁直观。

（2）语言表达能力。除了文字外，语言表达也是营销策划从业者工作中常用的表达方式。营销策划从业者在语言表达方面应逻辑清晰、口齿伶俐，能表达清楚自己的观点和意见。尤其在方案汇报时，要能够把自己的观点表达清楚，吸引人关注，给人以强烈的感染。

6. 组织能力

只有企业内部组织与外部组织的共同协调合作，才能更快、更好地完成营销策划工作的策划、形成与实施。因此，营销策划从业者要具备对策划资源的有机整合能力与合理统筹人、事、物等资源的能力，以保证营销工作的开展。

7. 社交能力

社交能力是指营销策划者进行人际交往、广泛联络以取得信息的能力。社交能力表现在：一是和蔼可亲的待人态度，与人交往使对方产生信任感、安全感；二是善于广泛交往，善于同社会各界、各类层次的人士交往；三是掌握交谈艺术，善于诱发、倾听他人的谈话，要平心静气、控制情绪；四是要熟练灵活运用各种场合的社交礼仪、方法，善于应酬各种局面和各种人物。

8. 执行能力

营销策划的执行和实施，需要策划人员有坚韧的意志力，排除外界的干扰，拥有处理各方面关系的沟通说服能力和协调能力，从而将营销策划书如实地贯彻下去，否则，营销策划书就会沦为纸上谈兵，毫无意义。

 边讲边练

对照营销策划从业者的职业技能，说说自己能否胜任营销策划岗位，如果能胜任，请举例说明理由。如果不能胜任，应该如何提升自己？

 同步实训

营销策划岗位招聘启事

1. 实训目的与要求

通过研究收集相关招聘网站资料，了解企业对营销策划工作岗位的职业素养与职业技能要求，掌握营销策划岗位应具备的素质与能力。

2. 实训背景与内容

假设你是某企业的人事经理，请以实地调查为主，配合在图书馆、互联网查找资料，集体讨论、分析研究营销策划岗位的招聘资料，为企业撰写营销策划岗位招聘启事，其内容包括岗位职责和任职资格。

3. 实训操作要点

（1）对学生进行分组，以小组为单位进行分析探究。

（2）教师要提供多篇营销策划岗位招聘资料，并对营销策划岗位的职业技能和职业素养给予充分说明，调动学生项目操作的积极性与热情。

4. 实训步骤与方法

（1）采用模拟分权式组织结构，要求学生以六人为单位成立模拟营销策划机构，每个策划机构设策划经理一名，副经理一名，策划专员若干。

（2）策划专员在策划经理的领导下分工合作，收集被研究企业的岗位设置背景与要求，诊断分析其岗位职责和任职要求。

（3）递交企业营销策划岗位招聘启事，在班级内将作品进行展示交流。

5. 实训考核

（1）采用过程考核与项目作业评价相结合的方式，注重小组讨论、项目成果、汇报交流等环节的评价。

（2）提高营销策划岗位职责分析能力的考核权重，重视学生在项目作业中的诊断力、优化力。

（3）注重考核学生职业素养，特别强调团队协作能力的考核。

 思政德育课堂

人生总有起落，精神终可传承——褚橙的匠心

褚时健这个名字大家都不陌生，从烟草大王到橙王，他迈出的每一步都备受瞩目，70岁入狱，74岁再创业，85岁成亿万富翁，时代、机遇、命运、历史这些词汇放在他的身上，都显得微不足道。屡次遭遇坎坷屡次背水一战，褚时健始终坚信：人不光要承受苦难，还要有战胜苦难的能力。

在云南的哀牢山，他用借来的1000多万元，开启了褚橙的种植时光。为了种好橙子，没有学过种植技术的褚时健，不断地找农业专家请教、学习、探讨。在哀牢山上，辟荒山、种果园，夜以继日，殚精竭虑，每月下地十几天，开始种橙子研究橙子，力求把全凭农家经验的一门产业改造成工业化发展模式。2008年，"褚橙"上市好评如潮。2012年，"褚橙进京"声名大噪，短短几年褚橙的销售额达到了1亿多元，纯利润达到7000多万元。褚时健，再次走向人生巅峰。

褚时健从不是个高调的人，他说："我的一生经历过几次大起大落，我不谈什么后悔、无悔，也没有必要向谁去证明自己生命的价值。"对于他来说，工作就是娱乐。比起安享晚年，他喜欢以精益求精的态度把大量时间投身工作中，把努力当作信仰。褚时健的成功绝不是偶然，而是天道酬勤的正面反馈。他不仅努力，而且从不蛮干，而是敬畏自然规律、市场规律。人生总有起落，精神终可传承。这12个字也是褚时健一生的真实写照。在褚时健身上，你会发现他有股初心不改、历久弥坚的劲头，凡事皆努力做到极致，这就是他成功的

秘诀。

  为什么褚时健卖橙子成功了？褚时健并没有什么不可告人的诀窍。早在2015年9月，褚时健之子、知名企业家投资人褚一斌就曾概括道，父亲的每一次成功，都离不开企业精英的思维+匠人精神。为挑好肥料，一个80多岁的老人蹲在养鸡场的地上，把臭的年轻人都不敢碰的鸡粪抓在手里捻一捻，看看水分多少、掺了多少锯末，他眼睛又不太好，几乎要把鸡粪凑在脸上！在褚时健山上的房间里，堆了一大摞关于柑橘种植的图书，这十几年他都翻得起了角，书里是密密麻麻的眉批、标注。褚时健说，有太多的学问书里根本讲不到，所以要靠不断地摸索、实践，他经常下到地里，跟橙子"对话"，一坐就是半个小时，了解株距、施肥、日照、土壤和水，就这样数十年，他现在对这些了如指掌。正是褚老身上那种难得的工匠精神，成就了他以"小"赢"大"的人生。

  资料来源：https://www.sohu.com/a/350559808_120050874.

  思政启示：细微之处见匠心，毫厘之间现初心。当下年轻人都渴望成功，但却很迷茫，而褚时健的传奇则是一座最好的丰碑。我们要学习他的"匠心"，把每一处平凡做到极致，让每一份初心保留坚持。

项目二 STP 策划

项目目标

STP 策划是市场营销策划核心战略,企业通过 STP 策划的制定,才能确定自己的目标顾客,从而制定有针对性的营销策划。本项目通过 STP 策划的学习及相应企业战略分析项目训练,要求学生领会市场细分、目标市场和市场定位的意义,学会进行市场细分,并以此为基础,掌握企业如何确定目标市场以及市场定位的过程与方法,提高市场分析策划能力与营销操作技能。

项目背景

市场具有多样性,市场需求具有无限性,而企业的资源是有限的。因此,对企业而言,细分市场,发现需求,锁定目标市场,进行市场定位,进而满足相应市场的需求,是其获得成功的必由之路。本项目内容分成三个任务:市场细分策划、目标市场策划和市场定位策划。

项目内容

以学期初选择的校企合作单位为参考,以学生团队作为活动单位,安排学生进入企业提前做调研,为企业做营销战略选择的分析报告,为企业决策者经营管理相应决策提供参考依据。若没有合适的企业,学生也可结合学院或个人创业项目做样本分析,完成 STP 策划分析任务。

项目学习课时

建议课内学习时间六课时,课外学习时间六课时。

项目成果

学生在项目学习结束时,应递交市场细分材料一份、目标市场选择分析材料一份、市场定位分析材料一份、企业 STP 策划一份。

市场细分分析、目标市场选择与市场定位分析材料中建议有以下内容:行业与产品介绍、细分标准、细分理由、目标市场进入方式、选择理由、定位方法及理由等。

报告内容包括封面、目录、前言、正文、封底。

封面内容一般包括企业战略分析报告名称、制作团队名称、制作时间、指导教师姓名。

正文部分包括行业发展趋势、企业基本情况及营销问题(调查结果与分析)、市场细分、目标市场选择、市场定位分析、结束语。

任务一　市场细分策划

知识目标

1. 理解市场细分的概念与作用。
2. 掌握消费者市场与生产者市场细分的各自标准,并能区分两者的不同。
3. 掌握市场细分的依据和步骤,了解目标市场策略的类型及其适应范围。

技能目标

1. 能够使用不同的细分标准对市场进行有效的细分。
2. 能够运用市场细分理论寻找市场机会,找到未被满足或发现的新的市场,为企业开展市场营销活动出谋划策。

课程思政

1. 培养运用市场细分理论,能寻找到正能量的新市场。
2. 结合社会主义核心价值观发现新的细分市场。

案例导入

雅客独占维生素糖果品类

随着人们对健康的关注度越来越高,广大消费者"补充维生素"的意识显著增强,补充维生素市场蕴藏了巨大的商机。市场调查结果表明,消费者已经对"功能性糖果"有了明确的认识。在补充维生素时,水果和蔬菜成为消费者的首选,其次是维生素药片,而在补充维生素首选的替代方式中,通过含维生素的糖果补充维生素成为最佳选择。巨大的市场需求导致"功能性糖果"成为糖果细分市场中发展最快的领域,最明显的市场表现是"维生素糖果"已经成为一个独立的品类,并成为糖果休闲食品消费中的一匹黑马。

雅客推出富含维生素的糖果雅客V9,雅客V9是一种充满创新精神、饱含运动活力、为身体补充维生素的健康糖果。雅克V9的横空出世适时填补了行业和市场空白,把消费者巨大的潜在需求释放出来,对补充维生素市场起到了推波助澜的作用,使维生素糖果成为功能性糖果中最重要的品类,并借势成为维生素糖果品类的领导品牌。

资料来源:https://www.wenmi.com/article/pxun8600rw17.html.

思考:雅客的市场细分有什么启示?糖果市场还可以有哪些细分方法?

一、市场细分策划的概念

(一)市场细分和市场细分策划

市场细分(segmenting)是美国市场营销学家温德尔·史密斯(Wendell R. Smith)于

1956年在美国《市场营销杂志》上首先提出来的一个新概念。市场细分就是指企业通过市场调研，根据市场需求的多样性和异质性，依据一定的标准，把整体市场即全部顾客和潜在顾客划分为若干个子市场的市场细分过程，每一个子市场就是一个细分市场，一个细分市场内的消费者具有相同性质或相似的需求特征，而不同的子市场之间却表现为明显的需求差异。

市场细分策划就是企业营销策划人员在市场调研的基础上，根据企业所提供的产品，有效地将整体市场划分为若干个具有相似特征消费者群的策划活动。其策划的目的就是为企业制订一整套科学有效、细致周密的市场细分方案。

（二）市场细分策划的基础

1. 市场细分策划的客观基础是消费者需求的差异性

由于消费者所处的环境、自身的心理素质以及购买的动机不同，造成了他们对产品的价格、质量、款式上需求的差异性。如有的消费者要求饮料解渴，有的消费者则要求饮料有保健功能，这样就可将饮料的消费者分为两个类别，饮料市场也就被细分为两个子市场。如果再考虑到儿童、老年人、女性、男性在饮料方面的不同需求，则饮料市场可以进一步细分为六个子市场。这些引起需求差异的原因就是市场细分策划的客观基础。

2. 市场细分策划的理论基础是消费者需求的相似性

只有认识并挖掘消费者需求的相似性，才有可能把需求大致相似的消费者归为一个群体，针对这一消费群体生产能满足这一群体需求的产品，保持一个相对独立并且比较稳定的企业经营目标。实际上这种相似性的形成是有其客观依据的。在生活中，有相同社会背景、相同文化氛围、相同经济层次、相同生活习俗等客观条件的消费群体总显现出在某种需求、欲望、心理、行为、习惯等方面的相似性，这种相似性就成了市场细分策划的依据，也是该细分市场的特征。

二、市场细分策划的原则

1. 可衡量性原则

企业所选择的各个细分市场应具有区别于其他细分市场的明显特征，即各个细分市场部分的范围、容量、潜力、购买力等应该是能够加以测定的。市场细分的标准必须明确、统一，令人捉摸不定、难以衡量和测算的细分标准，不能作为细分的依据。

2. 可进入性原则

细分市场必须考虑到企业的经营能力，使目标市场的选择与企业的资源相一致。企业所选择的目标市场，必须是自己有足够的进入能力，而且具有较强竞争力的细分市场。

3. 可盈利性原则

企业作为以盈利为目的的经济组织，能否盈利是判断其活动和理性的重要标准。因此，企业选择的目标市场应当能够维持一定的利润水平。如果细分市场规模过小，市场容量有限，就没有了开发价值。

4. 稳定性原则

有效的细分市场所划分的子市场还必须具有相对稳定性。企业目标市场的改变必然带来经营设施和营销策略的改变,从而增加企业的投入。如果市场变化过快,变动幅度过大,将给企业带来风险和损失。

5. 发展性原则

发展性是指市场具有未来发展潜力。通过企业的开发有可能发展成为一个大市场,能够给企业带来长远的利益。可见细分市场的选择实际上是企业经营领域的选择,具有战略意义。因此,细分市场的选择必须与企业的长期发展战略相结合。

三、市场细分策划的标准

(一) 消费者市场细分的标准

消费者市场上的需求是千差万别的,影响因素也是错综复杂的,对消费者市场的细分没有一个固定的模式,各企业可根据自己的特点和需要,采用适宜的变数进行细分,以求得最佳的营销机会。一般来说,这些影响因素(即细分变量)归纳起来主要有以下几个方面:地理因素、人口统计因素、消费者因素。这些变量产生出地理细分、人口细分、心理细分、行为细分四种细分的基本形式。

市场细分的标准

1. 地理细分

按照消费者所处的地理环境与位置,即根据不同地域的消费者行为特征来细分市场称为地理细分。细分变量包括国家、地区、乡村、沿海、山区、城市规模、人口密度、不同的气候带、不同的地形地貌等。地理细分之所以可行,是由于处于不同地域环境下的消费者,由于不同的文化传统、经济发展水平等因素,对于同类产品往往会有不同的需求偏爱。他们对企业的营销策略,如产品价格、销售渠道、广告宣传等营销措施的反应也常常存在差别。

2. 人口细分

按照人口统计因素来细分市场称为人口细分,具体的变量包括年龄、性别、收入、职业、教育文化程度、家庭人口、家庭生命周期、国籍、种族、宗教、社会阶层等。显然,这些人口变量与需求差异性之间存在着密切的因果关系。

(1) 按消费者年龄及生命周期阶段细分。不同年龄阶段消费者需要的购买力具有明显的差别。例如,儿童对玩具、少儿读物的需求最多,青年对时装、文化体育用品的需求较多,而老年人多为营养滋补品和医疗保健品的需求者等。玩具、服装、食品等市场均可按年龄细分。

(2) 按性别细分。性别也是影响消费者行为的一个重要因素,在服装、纺织品、化妆品等市场上因性别不同而产生的差异极其明显,因此在上述行业中,性别早已成为一个常用的细分变数。

(3) 按消费者收入水平细分。消费者的实际收入、家庭收入总额及人均收入状况直接影响其购买力、生活方式以及对将来的期望,因而对消费者需求的数量和结构具有决定性影响。家具等耐用品、旅游用品、饮食服务业均可以此为依据进行市场细分。

即兴思考

在激烈的手机市场竞争中,国产手机可以用什么细分方式策划出一片蓝海?

(4) 按消费者职业和受教育程度细分。消费者的职业不同,也会引起不同的需求,如教师与演员对服装、鞋帽和化妆品等产品的需求,必然有很大差异。消费者受教育程度的不同,必然形成不同的消费行为和需求特点,这是由于文化水平影响人的价值观和审美观。

此外,消费者的家庭生命周期、国籍、种族、社会阶层、宗教等,也是影响其购买者行为的主要因素。企业在细分市场时,必须予以充分注意。

根据人口因素进行市场细分时,可以同时综合多个变量。例如,服装市场的细分可同时依据的变量就有年龄、收入、性别、职业等。

3. 心理细分

根据消费者的心理特征,即按照消费者的生活方式、个性等进行市场细分称为心理细分。

(1)生活方式。许多企业,尤其是服装、化妆品、家具、餐馆、游乐场等行业的企业越来越重视按照人们的生活方式来细分市场。如"传统型"与"新潮型","节俭型"与"奢华型","严肃型"与"活泼型","社交型"与"顾家型"等消费群体。

(2)个性。个性是指特有的稳定的心理特征,它影响着消费者的需求与购买行为。在个性的心理结构中,主要有个性倾向性和个性心理特征,前者包括需求、动机、兴趣、信念与世界观;后者包括能力、气质与性格。因而,在消费者的购买过程中,就会体现出不同的消费个性。

4. 行为细分

根据消费者不同的消费行为来细分市场称为行为细分。消费行为的变量很多,包括消费者进入市场的程度、使用状态;购买或使用产品的动机,即利益寻求;消费数量和规模,即使用率;品牌忠诚度;时机等。

即兴思考

把蔬菜按大小分开出售,如西红柿大的归为一堆,小的归为一堆分开卖,这是市场细分吗?现在激烈的市场竞争中,可以用什么细分方式找出一片蓝海?

(二)生产者市场细分的标准

生产者市场的购买者与消费者市场的购买者相比有所不同:一是购买者是产业和用户;二是购买决策是由相关专业人员做出,一般属于理性行为。因此,虽然一些细分消费者市场的标准也适用于生产者市场,但生产者市场也可以增加一些新的细分标准。

1. 最终用户

按产品的最终用户类型再细分生产者市场。在生产者市场上,对不同用户的不同需求,应制定不同的对策。例如,轮胎的最终用户可分为航空、汽车及其他,针对这些不同需求,应采取不同的营销组合策略。

2. 用户规模

企业在细分生产者市场时,可将用户分为大客户、中客户、小客户三类。用户的规模决定了用户对产品的需求量。企业在一视同仁的前提下,要特别关注大客户,根据"2/8"原则,大客户数目少,但购买量大,对企业的销售市场有举足轻重的作用,是利润的主要来源,企业应予以特殊重视,可保持直接、经常的业务关系。对小客户,则一般不直接供应,而是通过中间商销售。

3. 地理位置

这是根据用户的地理位置来细分市场的。一些产业市场用户对产品的需求往往是集中在某一地理区域内。因此,要根据用户所在地区、气候资源、自然环境、生产力布局以及交通运输和通信条件等进行市场细分。

四、市场细分策划的步骤

市场细分策划是一个系统的过程,企业在市场细分策划时可借鉴美国市场学家麦卡锡(E. J. Mecarthy)提出的细分市场七步骤,具体如下。

(1)选定产品的市场范围,即企业根据自身的经营条件和经营能力确定进入市场的范围,如进入什么行业、生产什么产品、提供什么服务等,并以此作为制定市场开拓战略的依据。

(2)根据用户需求状况,确定市场细分的细分变量(确定细分变量时一定要按照实际需要来确定)。

(3)根据细分变量进行初步细分。企业的市场营销专家可以通过"头脑风暴法"从地理变量、行为变量和心理变量等几个方面,列出所有潜在消费者的全部需求,为分析消费者的需求提供基本资料,最后初步确定将顾客群分为哪几种不同的类型。

(4)进行筛选,即检验每一细分市场的需求,求同存异,删去某些次要的因素。

(5)对市场细分初步命名,即根据各子市场的个性化因素或典型特征为其命名,该命名应使人联想到这个市场消费者的特征。

(6)进行检查分析,即进一步分析各子市场需求、购买行为及其形成原因,把握不同子市场的特点,深入分析各子市场之间需求差异的大小,明确目前的市场细分是否科学,是否符合市场细分有效的相关原则。

(7)选定目标市场,即对市场细分的大小及市场群的潜力进行分析,从中选择出最能发挥企业优势的目标市场。

 边讲边练

每6~8个学生一组,要求各组学生根据自己所处的城市,调查本地区新能源汽车市场现状,为新能源汽车企业做一次市场细分。

评价关键点:选取的细分是否合适;消费者需求列举是否全面;筛选出来的细分市场是否有代表性;筛选出来的细分市场是否有互相涵盖现象;对每一个细分市场的描述是否准确完整。

 同步实训

市场细分策划方案

1. 实训目的与要求

通过本任务的训练,认识到在营销活动中市场细分的重要性。通过有效市场细分帮助企业寻找市场机会,调整市场营销组合策略,同时集中使用资源,提高经济效益,增强企业的竞争能力。

2. 实训背景与内容

对选择进入的行业及主要竞争对手做好市场调查,分析某市场产品销售特点与基本情况,并且能通过各种渠道大致了解消费者消费某产品的购后评价与建议。最后根据相应的细分标准进行科学细分,找到未被满足或发现的新的市场。

3. 实训操作要点

(1) 要求教师对市场细分的实践应用的重要性给予充分说明,调动学生项目操作的积极性与热情。

(2) 要求教师对市场细分的标准进行具体指导,并能够结合实际进行有效的市场细分。

4. 实训步骤与方法

(1) 采用模拟分权式组织结构,要求学生以六人为单位成立模拟营销策划机构,每个策划机构设策划经理一名、副经理一名、策划专员若干。

(2) 学生根据教学要求和自身兴趣,根据教师的讲解过程选择一种产品进行相关调研与分析。

(3) 完成市场细分分析报告,并进行展示,之后根据教师反馈的意见进行修改。

5. 实训考核

(1) 采用过程考核与项目作业评价相结合的方式,注重小组讨论、项目成果、汇报交流等环节的评价。

(2) 提高市场细分能力的考核权重,重视学生在项目作业中的市场细分有效性。

(3) 注重考核学生刻苦钻研、细致入微的职业素养,特别强调团队合作发现新市场能力的考核。

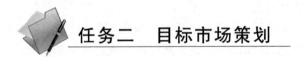

任务二 目标市场策划

知识目标

1. 掌握目标市场的概念。
2. 掌握目标市场的评估原则。
3. 掌握目标市场的营销方式。
4. 理解影响目标市场选择的因素。

技能目标

1. 能够确定影响目标市场选择的因素。
2. 能够根据企业的自身资源优势和营销目标,选择适当的目标市场,并决定相应的目标市场策略。

课程思政

1. 培养刻苦钻研、细致入微的职业素养。
2. 培养求真务实、开拓进取的创新精神。

案例导入

花西子：传承东方韵味，演绎国货美妆新篇章

东方彩妆，以花养妆。花西子创立于2017年，2020年，花西子销售额超过30亿元，四年间，花西子品牌的扩张速度是惊人的，顺应"国潮"大势，用"东方文化突围"，花西子从一众彩妆中脱颖而出。花西子抓住了国潮的风口，精确瞄准"95后""00后"消费者的兴趣点，在国风的基础之上，原创了属于品牌自己的"花西子风"，将很多中国元素首创性地应用到品牌和产品上。例如，花西子以中国传统色"黛色"作为品牌色，取名花西子，取形小轩窗，并设定自己的品牌之花为并蒂莲。此外，在花西子的产品工艺上也可以窥见对中国文化的传承与创新，以明星产品浮雕眼影盘来说，其产品采用了源于商周时期的浮雕工艺，而花西子雕花口红，则将中国古老的雕琢技术用于方寸之间的口红，开创了国内雕花口红的先例，深受"95后""00后"消费者喜爱。

案例导入：花西子：传承东方韵味，演绎国货美妆新篇章

资料来源：https://baijiahao.baidu.com/s?id=17604285720935640032&wfr.

思考：花西子如何切入"95后""00后"消费者市场？

目标市场（target market）是企业在市场细分并对其评价的基础上，企业决定要进入的最佳市场，即企业决定所要销售和服务的目标客户群，其有可能是一个或者几个子市场。目标市场的选择策划过程便是企业在市场细分之后的若干子市场中，运用营销活动之"箭"瞄准市场方向之"靶心"的优选过程。

企业一旦确定了目标市场，就要集中所有的资源，围绕目标市场发挥其相对优势，来获取更佳的经济效益。因此，目标市场是企业制定市场营销战略的基础，对企业的生存与发展具有重要意义。

一、评估目标市场

市场细分是为企业选择目标市场。在市场细分的基础上，企业首先要认真评估各个细分市场，然后根据自己的营销目标和资源条件选择适当的目标市场，决定自己在目标市场上的营销策略，从而实现市场细分和目标市场营销的作用。

那么企业该如何选择恰当的目标市场？在选择目标市场前，企业要先确立一套标准，对各个细分市场进行评估，在此基础上找到适合企业的细分市场。

1. 具备一定的市场潜量和增长潜力

市场潜量是指在一定时期内，在消费者愿意支付的价格水平下，经过相应的市场营销努力，产品在该市场可能达到的销售规模。市场增长潜力的大小关系到企业销售和利润的增长，但有发展潜力的市场也常常是竞争者激烈争夺的目标，这又减少了获利机会。企业应当评估自己的市场目标，再对比各细分市场的销售规模，选择能够达到自己销售目标的市场作为目标市场。

2. 尽量避开激烈的竞争

企业要进入某个细分市场，必须考虑能否通过产品开发等营销组合在该市场站稳脚跟

或居于优势地位。因此,应尽量选择那些竞争较少、竞争对手实力较弱的细分市场来作为自己的目标市场。对于竞争过于激烈的市场,一是企业自身面临进入的困难,二是即便艰难进入,日后也会面临"僧多肉少"的盈利难题。

如果某个市场已有为数众多、实力强大或者竞争意识强烈的竞争者,该市场则失去吸引力;如果某个市场可能吸引新的竞争者进入,他们将会投入新的生产能力生产大量资源,并争夺市场占有率,这个市场就不具有吸引力;如果某个市场购买者的谈判能力很强或正在加强,他们强求降价,或对产品和服务苛求不已,并强化卖方之间的竞争,那么这个市场就缺乏吸引力;如果企业提供的原材料和设备等,能够随意提高价格或降低产品的服务质量或供应数量,该市场就有吸引力。

3. 符合企业的资源条件

对于所选择的目标市场,企业应当在技术水平、资金实力、经营规模、地理位置和管理能力等方面具有较强的优势。即便一个细分市场具备较大的市场容量,也没有充分的竞争,但是如果企业在该细分市场上缺乏必备的资源条件,并且没有获取相应资源的能力,那么企业就必须放弃这个细分市场。如果企业无法在某个细分市场创造某种形式的优势地位,就不应该贸然进入。

有些市场虽然规模适合,也具有吸引力,但还必须考虑:是否符合企业的长远目标,如果不符合,就不得不放弃;企业是否具备在该市场获胜所必要的能力和资源,如果不具备,也只能放弃。

二、选择目标市场

(一) 目标市场的营销方式

1. 无差异性市场营销

无差异性市场营销是指企业将整体市场作为目标市场,只推出一种产品来迎合消费者群体中大多数人,这种策略只考虑需求的共性而不考虑差异,运用一种市场营销组合(产品、价格、分销、促销)吸引尽可能多的顾客。采用无差异性市场营销,产品内在质量和形体上必须有独特风格,才能得到多数消费者的认可,同时又保持了产品的相对稳定性。

目标市场
的选择

无差异性市场营销的优点是产品单一,质量容易保证,大批量生产可以降低生产成本和销售费用。但同时它也有很大的局限性,一是以一种产品想得到不同层次、不同类型的所有顾客的满意,且长期为全体消费者所接受是不可能的;二是同类企业均采用这种策略时,必然要形成激烈的竞争。

企业采取这种策略一般都是出于以下几点考虑:①企业所经营的商品对所有的消费者都是需要的。没有什么特点,是共同需要。②购买者之间虽然有差异,但是差异的程度很小。③广阔的销售渠道和推销方式可以节约营销成本。

2. 差异性市场营销

差异性市场营销是指企业把整体市场划分为几个细分市场,针对不同细分市场的特征,设计不同的商品,制定不同的营销策略,满足不同的消费需求。

差异性市场营销的优点:能满足不同消费者的需求,提高产品的竞争能力,从而扩大销售;易于取得连带优势,有利于企业树立良好的市场形象,大大提高消费者和用户对该企业的信赖程度,提高企业信誉。但由于产品差异化,促销方式差异化,增加了管理的难度,使生产成本、管理费用、销售费用大增。目前,只有实力雄厚的大公司采用这种策略,如日立公司、松下公司生产多品种、多型号、多规格的家电满足世界各地各种消费者的需求。

采用这种策略的企业对目标市场有较深的了解,这是大部分中小型企业应当采用的策略。

3. 集中性市场营销

集中性市场营销是指企业在将整体市场分割为若干个细分市场后,只选择其中某个细分市场作为目标市场,集中力量,实行专业化生产和经营。其指导思想是把企业的人、财、物集中用于某一个细分市场,或将几个性质相似的小型市场归并为一个细分市场,不求在一个大的整体市场上占有较小的份额,只求在较小的目标市场上占有较大的市场份额。在日本,尼西奇公司起初是一个生产雨衣、尿布、游泳帽等多种橡胶制品的小厂,由于订货不足,面临破产。总经理多川博在一个偶然的机会,从一份人口普查表中发现,日本每年约出生250万个婴儿,如果每个婴儿用两条尿布,一年需要500万条。于是,他们决定放弃尿布以外的产品,实行尿布专业化生产。一炮打响后,又不断研制新材料、开发新品种,不仅垄断了日本尿布市场,还远销世界70多个国家和地区,成为闻名于世的"尿布大王"。

集中性市场营销的优点是目标市场集中,有助于企业更深入地注意、了解目标市场的消费者需求,使产品适销对路,有助于提高企业和产品在市场上的知名度。集中性市场营销还有利于企业集中资源,节约生产成本和各种费用,增加盈利,取得良好的经济效益。

集中性市场营销的缺点是潜伏着较大的风险。由于目标市场集中,一旦市场出现意外变化,或者出现强大的竞争对手,企业就有可能因应变不及时而陷入困境。同时,当强有力的竞争者打入目标市场时,企业就要受到严重影响。因此,许多中小企业为了分散风险,仍应选择一定数量的细分市场作为自己的目标市场。

集中性市场营销主要适用于资源有限的中小企业或是初次进入新市场的大企业。

即兴思考

快手采用的是什么目标市场营销方式?抖音采用的又是什么目标市场营销方式?

(二)影响目标市场选择的因素

1. 企业的实力

企业实力雄厚、管理水平较高,可以考虑采用无差异性市场营销或差异性市场营销。采用无差异性市场营销有利于规模经营,创造规模效益。采用差异性市场营销,可以利用不同品种、性能众多的产品满足众多细分市场的需求。

2. 产品性质

若产品同质,特别是某些初级产品,用户大多不重视或不加以区别,竞争主要集中在价格和服务方面,该产品适宜实行无差异性市场营销;而许多加工制造产品,不仅本身可以开发出不同规格型号、不同花色品种,消费者及用户对这类产品的需求也是多样化的,选择性很强,生产经营这类产品的企业宜采用差异性市场营销或集中性市场营销。另外,还要考虑产品的自然属性,如汽油、钢铁、粮食,长期以来没有太大的变化,这类产品适宜采用无差异性市场营销。反过来说,特性变化快的商品,如服装、家具、家用电器等,适合采取差异性市场营销。

3. 市场需求的差异

如果消费者的需求、欲望、购买行为基本相同,对营销方案的反应也基本一致,可采用无差异性市场营销;反之,则应采用差异性市场营销或集中性市场营销。同质市场,宜实行无差异性市场营销;反之,异质市场宜采用差异性市场营销或集中性市场营销。

4. 商品的生命周期

企业应随着商品所处的生命周期阶段的变更而采用不同的目标市场策略。一般来说,处于导入期和成长期的新产品,竞争者稀少,宜采用无差异性市场营销,以探测市场需求和潜在顾客。商品一旦进入成长期或已处于成熟期,市场竞争加剧。此时,企业为了在竞争中战胜对方,宜采用差异性市场营销,以利于开拓新的市场和扩大销售,或者实行集中性市场营销,以设法保持原有市场,延长商品的生命周期。

5. 竞争者的目标市场策略

假如竞争对手采用无差异性市场营销,企业之间就应采用差异性市场营销,以提高产品的竞争能力。假如竞争对手都采用差异性市场营销,企业就应进一步细分市场,实行更有效的差异性市场营销或集中性市场营销;但若竞争对手力量较弱,也可采用无差异性市场营销。

三、目标市场的切入策划

企业在选择目标市场以后还要就如何切入目标市场及切入目标市场的时机和地点进行策划。

1. 目标市场的切入过程策划

切入目标市场的过程一般有启动期、开业期和立足期三个阶段。

(1)启动期阶段。在该阶段企业对所要进入的市场一般了解不透,对进入市场的成功与否无太大把握,因而应进行试探性进入,即对目标市场进行深入调查和研究,对进入方式和时机进行缜密策划,将产品在一定范围内进行试销等。

(2)开业期阶段。经过前一阶段的试销等活动,企业对目标市场已有足够的了解和把握,决定正式进入该市场,此时企业应进行一系列的营销活动,包括正式成立相应的机构和确立合作关系伙伴,针对目标市场选择促销方法等。

(3)立足期阶段。企业已经具备进入目标市场的基本条件,此时企业应采取一定的规模进入方式,连续稳定地向市场追加销售,如通过市场渗透、产品开发等站稳市场。

2. 目标市场的切入方式策划

目标市场的切入方式策划主要有以下两个方面。

(1) 新产业切入市场的方式。新产业一般具有风险大、投资高和市场潜力大的特点。所以,在切入新产业的目标市场时往往采取以下策略:①以技术优势挺进市场,树立技术力量雄厚的形象,确定企业的市场地位;②借助企业原有的声誉,切入目标市场;③如果企业具有与众不同的能力,可采取填补空白,全面切入的策略。

(2) 非新产业切入市场的方式。即在企业原有目标市场上拓展或进入非新产业,但属于企业新选定的目标市场方式。切入非新产业目标市场时可采取以下策略:①收购、兼并其他同行企业,迅速扩大,进入目标市场;②依靠企业自身的科研、设计、生产、销售等以内部发展的方式切入目标市场;③与其他企业合作,发挥整体组合效应切入目标市场。

3. 目标市场的切入方法策划

企业可运用下列方法切入目标市场。

(1) 人员推销法。利用企业内部或外聘推销人员,直接与顾客接触并推销其产品,推销时应注意推销技巧的运用。

(2) 广告宣传法。精心进行广告策划,向目标市场传播产品信息,建立企业和产品的知名度,促成消费者的购买行为。

(3) 公共关系法。通过开展各种形式的公关活动,树立企业在消费者心目中的良好形象,赢得目标市场公众的支持和信赖。

(4) 营业推广法。采取各种促销措施,给消费者以实惠的利益,从而吸引众多的顾客。

除以上方法外,企业还可采取产品试销法、权威人士推介法、展销会、推介会等切入目标市场。

4. 目标市场的切入时间策划

切入目标市场的时间策划也就是企业决定在什么时间向目标市场推出产品最适宜,即要把握住最有利的时机,在市场的需求日趋强烈、销售额和利润水平日益增长的最好时机,适时地将产品送到消费者手中,过早或过晚切入目标市场都会给企业带来不利的影响。

(1) 确定目标市场切入时间时应考虑以下因素。

① 正常准备时间。在切入目标市场之前,要准确计算好一切正常准备的时间,包括产品设计、试销、批量生产、推销培训、建立销售网络等。

② 调整时间。市场瞬息万变,企业必须在市场形势发生变化时及时调整切入市场的时间(提前或推迟切入市场的时间)。

(2) 目标市场的切入时间策划如下。

① 新产品进入市场时宜采取抢先战略,力争在竞争者尚未试制成功前,尽快安排产品的研制生产计划,推出独具特色的产品,抢先进入市场,满足潜在的市场需求。

② 换代新产品进入市场,应选老产品处于成熟期时进入,这样可用老产品已获取利润抵补新产品上市时可能产生的亏损。同时可用老产品的声誉、形象提携新产品的销售,以迅速打开新产品的市场。

③ 系列产品或改进产品进入市场,应选在其基础产品处于成熟期时进入,这样一方面可以满足消费者需求的差异性,另一方面,可以提高企业的竞争能力,维持或提高企业的市场占有率。

④ 仿制产品进入市场应在竞争对手进入成长期时跟进,这样一方面降低了产品处于投入期时的风险,另一方面可以利用竞争对手已开拓的市场发展和销售自己的产品。

5. 目标市场的切入地点策划

切入目标市场的地点策划即企业决定在什么地方切入目标市场最合适。在策划切入目标市场的地点时,应当找出最有吸引力的市场先切入,一般应考虑以下几个方面:市场潜力,企业在该地区的声誉,投放成本,该地区调查资料的质量高低,对其他地区的影响力以及竞争渗透力。

边讲边练

每6~8个学生一组,要求各组学生根据自己所调查的本地区名优农产品市场现状,在为某农产品企业做市场细分基础上,评析选定一个目标市场。

评价关键点:是否适合企业的实力;是否适合产品的性质;消费者需求差异性分析是否全面;产品生命周期分析是否正确;竞争对手的策略了解是否全面等。

同步实训

目标市场策划方案

1. 实训目的与要求

通过本任务的训练,认识到在营销活动中目标市场选择的重要性。目标市场是企业制定市场营销战略的基础,是企业经营活动的基本出发点之一,对企业的生存与发展具有重要意义。

2. 实训背景与内容

根据选择的行业市场和任务一完成的细分标准,进一步进行市场分析,根据企业的自身资源优势和营销目标,选择适当的目标市场,并决定相应的目标市场策略。

3. 实训操作要点

(1) 要求教师对目标市场选择的实践应用的重要性给予充分说明,调动学生项目操作的积极性与热情。

(2) 要求教师详细讲述目标市场策划包含的内容,并讲解目标市场策划的要点。

4. 实训步骤与方法

(1) 采用模拟分权式组织结构,要求学生以六人为单位成立模拟营销策划机构,每个策划机构设策划经理一名、副经理一名、策划专员若干。

(2) 学生在前面调研和市场细分的基础上,进一步查找资料。

(3) 学生根据企业的相应情况,分析讨论并确定合适的企业目标市场。

(4) 递交作品,在班级内将作品进行展示交流。

5. 实训考核

(1) 采用过程考核与项目作业评价相结合的方式,注重小组讨论、项目成果、汇报交流等环节的评价。

(2) 提高目标市场策划能力的考核权重,重视学生在项目作业中的目标市场选择能力。
(3) 注重考核学生求真务实、开拓进取的职业素养,特别强调团队协作能力的考核。

任务三　市场定位策划

知识目标

1. 理解市场定位的概念和依据。
2. 掌握市场定位的方法和策略。
3. 掌握市场定位实施的步骤。

技能目标

1. 能够确定市场定位的依据和方法。
2. 能够为产品或企业在目标市场上进行精准定位策划,帮助企业完成营销目标。

课程思政

1. 培养努力创新的工匠精神。
2. 培养系统性思维,合理市场定位。

  案例导入

元气森林的价值定位:探索"0糖0脂0卡"饮料新世界

元气森林是国内无糖饮料品牌领域佼佼者,颇具知名的气泡水饮料品牌,专业生产无糖、低热量饮品的互联网饮料公司,旗下燃茶、元气苏打水、乳茶等产品颇受消费者青睐。2016年,元气森林成立,凭其"0糖0脂0卡"的无糖饮料定位,主打轻食、自然、健康理念,以年轻白领及"00后"新消费人群为目标,只用了短短4年时间,估值就从0飙升到300亿元,拉高了新兴饮料行业的天花板。数据显示,2023年元气森林全年销量达92亿元。元气森林作为新晋网红饮料品牌,在短短几年内就取得重大成就,其精准的市场定位起到了至关重要的作用。

1. 产品定位于无糖饮料,击中用户的健康需求

元气森林能精准营销和成功定位产品。如今的消费者健康意识增强,不仅追求口感,也希望健康、低热量、不发胖,在饮食中正试图限制和避免摄入糖分。尤其是"90后"已经成为消费的主力人群,元气森林的"0糖0脂0卡"的概念顺势出圈,迅速圈粉。

2. 突出产品特征,完美切中目标市场

最鲜明的包装设计采用潮流日系风格,紧密贴合年轻消费者个性化需求,尤其是喜欢日本二次元文化潮的年轻群体。同时,包装上的文字也快速地降低了消费者对品牌的认知门槛,在消费者中建立清晰的品牌形象,帮助产品打开了市场的第一扇门。

资料来源:https://baijiahao.baidu.com/s?id=1757248246165787372&wfr=spider&for=pc。

思考：什么是市场定位？元气森林是如何进行产品定位的？

一、市场定位策划的含义

企业一旦选择了目标市场，必须在目标顾客心目中树立区别于竞争对手的独特形象，也就是要在目标市场上树立产品的市场定位。市场定位策划就是在市场细分的基础上，通过各种途径，运用各种手段，为使企业及其产品在顾客心目中形成区别并优于竞争者产品的独特形象而制订的有效方案及措施。

准确的市场定位策划在企业营销策划中起着十分重要的作用，有利于增强企业的竞争能力，树立企业及其品牌形象，满足顾客的需求偏好。

二、市场定位策划的步骤

1. 分析目标市场的现状，明确企业的竞争优势

企业要分析目标市场的现状，同时明确自身资源所具备的可能优势，明确在满足市场需求方面的可能优势，以及与竞争者的比较优势。

首先，分析目标消费者对企业产品的评价，也就是要研究目标消费者究竟需要什么样的产品，最关心产品的什么特点，哪些产品要素是目标消费者购买决策的主要影响因素。分析目标消费者最重视的产品特色，对企业的市场定位十分关键。

其次，分析企业自身的资源特点。一方面企业资源是有限的，只能重点集中于某些方面，在明确顾客需求的前提下发挥资源的优势；另一方面要注意企业资源与其他竞争者资源的比较优势。

最后，分析竞争者的定位特点。企业必须了解竞争者的产品特点、市场营销策略、市场定位。即使企业定位与竞争者定位相似，也要明确自己的定位与竞争者的差别及优势和劣势。

2. 选择竞争优势，初步定位目标市场

并非所有的竞争优势在定位时都有用，并非所有的差异化定位对企业来说都是值得推广的。企业定位的成功与否，在于企业能否抓住其中最重要的优势，并加以传播。因此，企业在进行产品定位时，应选择最重要的竞争优势。

那么，哪些竞争优势适用于产品定位呢？一般来说，应符合下列要求。

（1）重要性：对消费者是最重要的。消费者倾向于记住和选择能满足自己迫切需求的，符合其态度、信念的产品，凡是消费者在购买时最关心的因素均可以用于定位。

（2）独特性：能够与竞争产品区别开的。企业应认真分析竞争者的市场定位，其产品有哪些独特性，哪些独特性是竞争者所没有的或是不足的，从中寻找与众不同，或优于竞争产品的特点。

（3）优越性：明显比现有产品优越的。市场上有许多产品都能满足消费者的某种需求，一个产品的特点只有明显优于其他同类产品，才能有效地吸引消费者。例如，对于计算机来说，若仅凭低于其他品牌十几元的价格而强调价格的优势，显然是微不足道的。

（4）优先性：不易被模仿的。通常那些在技术、管理和成本控制等方面有一定难度，不易被其他企业模仿或超越的竞争优势较适用于定位。

(5) 沟通性：可以与消费者沟通的，消费者是可以亲身体验到的。
(6) 承担性：消费者的货币支付能力足以承担。
(7) 赢利性：能够给企业带来利润收益。

3. 显示独特的竞争优势，准确传播企业的定位概念

企业在根据自己的竞争优势，做出市场定位决策后，还必须采取有力的步骤向目标消费者大力开展广告宣传，把企业的定位观念准确地传播给潜在的购买者。

三、市场定位策划的原则

各个企业经营的产品不同，面对的顾客也不同，所处的竞争环境也不同，因而市场定位策划所依据的原则也不同。总的来讲，市场定位策划所依据的原则有以下四点。

1. 根据产品的具体特点定位

构成产品内在特色的许多因素都可以作为市场定位所依据的原则。例如，所含成分、材料、质量、价格等。"七喜"汽水的定位是"非可乐"，强调它是不含咖啡因的饮料，与可乐类饮料不同。"泰宁诺"止痛药的定位是"非阿司匹林的止痛药"，显示药物成分与以往的止痛药有本质的差异。一件仿皮皮衣与一件真正的水貂皮衣的市场定位自然不会一样，同样，不锈钢餐具若与纯银餐具定位相同，也是难以令人置信的。

2. 根据特定的使用场合及用途定位

为老产品找到一种新用途，是为该产品创造新的市场定位的好方法。小苏打曾一度被广泛用作家庭刷牙剂、除臭剂和烘焙配料，已有不少新产品代替了小苏打的上述一些功能。一家公司将小苏打定位为冰箱除臭剂，还有一家公司把它当作调味汁和卤肉的配料，更有一家公司发现它可以作为冬季流行性感冒患者的饮料。曾有一家生产曲奇饼干的厂家最初将其定位为家庭休闲食品，后来发现不少顾客购买是为了馈赠，又将其定位为礼品。

3. 根据顾客得到的利益定位

产品提供给顾客的利益是顾客最能切实体验到的，也可以用作定位的依据。王老吉刚开始推出来时，定位为凉茶，后定位为去火的饮料，迎合了那些熬夜、吃辣等上火人群的需要。

4. 根据使用者的类型定位

企业常常试图将其产品指向某一类特定的使用者，以便根据这些顾客的看法塑造恰当的形象。

事实上，许多企业进行市场定位的依据的原则往往不止一个，而是多个原则同时使用。因为要体现企业及其产品的形象，市场定位必须是多维度的、多侧面的。

四、市场定位策划的方法和策略

（一）市场定位策划的方法

1. 档次定位

品牌价值是产品质量、消费者的心理感受及各种社会因素（如价值观、文化传统等）的综合反映。定位于高档次的品牌,传达了产品(服务)高品质的信息,同时也体现了消费者对它的认同。档次具备了实物之外的价值,如给消费者带来了自尊和优越感。高档次品牌往往通过高价位来体现其价值,如劳力士表,价格高达数十万元人民币,既是手表品牌中的至尊,也是财富与地位的象征。拥有它,无异于展示自己是一名成功人士或上流社会的一员。正因为档次定位综合反映品牌价值,不同品质、价位的产品不宜使用同一品牌。如果企业要推出不同价位、品质的系列产品,应采用品牌多元化策略,以免使整体品牌形象受低劣产品影响而遭到破坏。如顶新国际集团在中档方便面市场成功推出了"康师傅",但在进军低档方便面市场时,并非简单延伸影响力已经很大的"康师傅"品牌,而是又推出另一个新品牌"福满多"。

市场定位的策略

2. USP 定位

USP 即"独特的销售主张"(unique selling proposition),表示独特的销售主张或独特的卖点。USP 是罗瑟·瑞夫斯(Rosser Reeves)在 20 世纪 50 年代首创的,USP 具有包含特定的商品利益,是独特的和唯一的,和销售有关(促销因素)三种特质。品牌向消费者提供的利益点是其他品牌无法提供或者没有诉求过的,因此是独一无二的。

3. 类别定位

根据产品类别建立的品牌联想称作类别定位。类别定位力图在消费者心目中留下该品牌等同于某类产品的印象,以成为某类产品的代名词或领导品牌,在消费者有了某类特定需求时就会联想到该品牌,如越野车使人想到 Jeep。企业常利用类别定位寻求市场或消费者头脑中的空隙,其中的一个方法是设想自身正处于与竞争者对立的类别或是明显不同于竞争者的类别,消费者是否会接受自己的产品。

4. 比附定位

比附定位是企业通过比拟名牌、攀附名牌来给自己的产品定位,以借名牌产品之光使自己产品品牌生辉的定位方法。比附定位的目的是通过品牌竞争提升自身品牌的价值与知名度。

5. 文化定位

将某种文化内涵注入品牌中,形成文化上的品牌差异称为文化定位。文化定位不但可以大大提高品牌的定位,而且可以使品牌形象独具特色。

6. 形状定位法

根据产品的形式、状态定位。这里的形状可以是产品的全部,也可以是产品的一部分。例如,"白加黑"感冒药将感冒药分为白、黑两种颜色,并以此外在形式为基础改革了传统感冒药的服用方法。这两种全新形式本身就是该产品的一种定位策略,"白加黑"这一名称就表达了产品的形式特点及诉求点。

7. 属性、利益定位

产品本身的属性及由此获得的利益、解决问题的方法及对消费者需求满足的程度,能使顾客感受到它的定位。例如,在汽车市场,大众享有"货币的坐标"之美誉,丰田侧重于经济可靠,沃尔沃讲究耐用。

在有些情况下,新产品更应强调某一种属性。如果这种属性是竞争者无暇顾及的,这种策略就越容易见效。

即兴思考

花西子的市场定位是什么？它采用了哪种定位方法？

（二）市场定位策划的策略

市场定位策划的实质是一种竞争策略的制定，定位方式不同，竞争态势也不同，比较常见的有以下几种。

1. 避强定位策略

避强定位策略是指企业力图避免与实力最强或较强的其他企业直接发生竞争，而将自己的产品定位于另一市场区域内，使自己的产品在某些特征或属性方面与它们有比较显著的区别。避强定位策略的优点是能够使企业较快速地在市场上站稳脚跟，并能在消费者或用户心目中树立起一种形象，市场风险较小，成功率较高。其缺点主要是避强往往意味着企业必须放弃某个最佳的市场位置，很可能使企业处于最差的市场位置。

实施该策略的条件：①该空白市场有足够的市场容量和发展空间；②进入该空白市场必须能盈利；③必须有进入该市场的资源、能力，并在进入后能迅速建立品牌知名度和美誉度，占领市场。

2. 迎头定位策略

迎头定位策略是指企业根据自身的实力，为占据较佳的市场位置，不惜与市场上占支配地位的竞争对手发生正面竞争。迎头定位可能引发激烈的市场竞争，因此具有较大的风险。迎头定位策略在企业案例中屡见不鲜，例如，蒙牛与伊利、可口可乐与百事可乐、汉堡王与麦当劳等。

企业采取这种策略必须具备以下条件：①该市场有足够的潜力，能够容纳本企业和竞争者所提供的产品数量；②本企业具有比竞争者更多的资源和更强的营销能力；③本企业能够提供比竞争者更好的产品或服务；④本企业所选定的市场位置需与其声誉和经营能力相符合。

3. 重新定位策略

重新定位策略是指企业对市场进行重新定位。这种重新定位的原因可能是市场、顾客需求的变化，竞争的加剧等。因此，重新定位的目的就在于使企业摆脱困境，重新获得市场活力。

企业在面临以下情况时一般要考虑重新定位：①竞争者将市场定位于本企业产品的附近，侵占了本企业的部分市场，使本企业的市场占有率下降；②消费者偏好发生变化，从喜爱本企业的产品转向喜爱竞争者的产品；③本企业最初选择的定位战略不科学、不合理，致使经营效果不明显。

问题释疑：市场定位、产品定位、
品牌定位三者的区别和联系

知识拓展：细分程序七步法

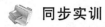 **同步实训**

市场定位策划方案

1. 实训目的与要求

通过本任务的训练,认识到市场定位策划在营销活动中的重要性,清楚市场定位策划的运作过程。在明确目标市场选择的基础上,能够根据企业和产品的特色确立本企业与竞争对手不同的个性或形象,形成鲜明的特色,使消费者心目中产生特殊的偏爱,从而在市场竞争中获得优势。

2. 实训背景与内容

结合校企合作单位,设定自己是某产品品牌的市场营销人员或经理,针对你所经营的产品,分析研究"谁是你的客户",找准你的目标市场,实施市场定位策略。

3. 实训操作要点

(1) 要求教师对市场定位策划实践应用的重要性给予充分说明,调动学生项目操作的积极性与热情。

(2) 要求教师详细讲述市场定位策划过程中所需的理论知识和实践知识。

4. 实训步骤与方法

(1) 采用模拟分权式组织结构,要求学生以六人为单位成立模拟营销策划机构,每个策划机构设策划经理一名、副经理一名、策划专员若干。

(2) 要求学生根据消费者需求的差异性,选用一定的标准,将整体市场划分为两个或两个以上具有不同需求特性的"子市场"。在市场细分的基础上,选择具有一定规模的,能够进入的,可以盈利的一个或几个细分市场作为自己的目标市场,并根据消费者对产品的偏爱及竞争者的市场定位状况,确定企业产品特色,即对产品进行市场定位。

(3) 撰写市场定位策划报告。

(4) 递交作品,在班级内将作品进行展示交流。

5. 实训考核

(1) 采用过程考核与项目作业评价相结合的方式,注重小组讨论、项目成果、汇报交流等环节的评价。

(2) 提高市场定位能力的考核权重,重视学生在项目作业中的精准定位能力。

(3) 注重考核学生系统性思维的职业素养,特别强调团队协作能力的考核。

 思政德育课堂

技能成才 技能报国

2022年,清华大学基础工业训练中心的铸造课短视频在抖音平台走红,一位对实训教学工作充满热情的女教师邢小颖"火"了,她讲的铸造课视频获得两亿播放量和百万点赞。

邢小颖毕业于陕西工业职业技术学院材料成型与控制技术专业,是陕西职业教育培养出来的优秀人才。在2022年教育部举办的职业教育发展情况新闻发布会上,邢小颖通过远程连线的方式,介绍了相关情况。

2014年,邢小颖以专业综合排名第一的成绩被推荐到清华大学基础工业训练中心任教,和她一样毕业于陕西工业职业技术学院在清华大学任职的毕业生前后有五批13人。上学时超过总学时一半的实训课,让这些职校毕业生了解了扎实的专业技能,这也成为他们能够在清华大学为本科生讲授实践课的根本原因。

因为邢小颖上课时风趣幽默、妙语连珠,成了同学们心中的"宝藏老师"。有时学生会问她是不是清华大学毕业的,邢小颖会从容地告诉他们,自己是高职毕业的。

邢小颖在发布会上表示:"过去这十年,是职业教育给了我人生出彩的机会。我想,大家对我的关注也能折射出全社会对职业教育的关注。职业院校毕业的我们,可以看到更高、更远、更广阔的世界,也会有多元的发展路径和出彩的人生。"

资料来源:https://baijiahao.baidu.com/s?id=1734238644650480455&wfr=spider&for=pc.

思政启示:随着不断推动职业教育高质量发展,越来越多"技能改变人生"的精彩故事正在祖国大地上发生,每一滴汗水都折射太阳的光芒,每一份付出都会照亮梦想的天空!

项目二 产品策划

项目目标

产品策划是指企业从产品开发、上市、销售至报废的全过程的活动和方案,是市场营销策划的核心组成部分。企业通过正确的产品策划才能更好地将产品卖掉,并在销售过程中塑造新的品牌形象。本项目通过品牌策划的学习及相应的项目训练,领会品牌和品牌策划的概念,学会品牌名称策划、品牌标志策划和品牌定位策划;通过新产品上市推广策划的学习及相应的项目训练,理解新产品的含义及种类,掌握新产品上市策划与执行流程、新产品开发策略类型和新产品上市策划的注意事项。

项目背景

企业建立品牌是为了更好地盈利,而品牌策划就是为了推进盈利的进程,将这场仗打得更漂亮。所有的企业家创办公司打造品牌的最终目的就是要获取更多的利润。品牌策划是企业品牌进入市场前所做的关键性的战略准备,正确的策划方案能够带领品牌走上阳光大道。

产品是企业的生命体,是企业创造社会价值和满足自身利益的唯一保障。国内每年成千上万种新产品上市,为什么成功的寥寥无几?这就是缺乏严谨的产品策划工作所造成的后果,严谨、科学的产品策划能让企业的产品刚推向市场就收获成功,避免失败的产品为企业带来巨大的损失。

项目内容

以6~8人为一组,每组选择一家新型创业公司,通过实地调研、网上收集资料等形式,运用品牌策划的原理为其进行品牌策划工作,并通过所学知识对其新产品进行上市推广策划。

项目学习课时

建议课内学习时间六课时,课外学习时间四课时。

项目成果

学生在项目学习结束时,应以小组为单位递交品牌策划方案一份或新产品上市推广策划方案一份。

方案内容包括封面、目录、前言、正文、封底。

封面内容一般包括方案名称、制作团队名称、制作时间、指导教师姓名。

正文部分包括以下内容。

（1）（品牌策划方案）行业发展趋势、企业基本情况、品牌名称策划、品牌标志策划、品牌定位策划、结束语等。

（2）（新产品上市推广策划方案）产品上市背景、市场分析、企业战略选择、产品定位、新产品上市安排、业绩目标和效益分析等。

任务一　品牌策划

知识目标

1. 了解品牌和品牌策划的相关概念。
2. 掌握品牌名称策划、品牌标志策划、品牌定位策划。

技能目标

1. 能够制定品牌策划流程。
2. 能够运用品牌策划原理进行一般性的品牌策划工作。

课程思政

1. 培养既有文化自信，又勇于突破的创新精神。
2. 培养具有战略思维，勇于创新的职业素养。

案例导入

如果你有 200 万元，会去开一个"名创优品"吗

"名创优品"是近年实体店中的一个"爆款"，自 2013 年成立以来已与 70 多个国家或地区签订战略合作协议，截至 2023 年 9 月已在全球开店 6000 家。一时间，"遍地都是名创优品"。靠着高密度的门店展示，没花一分钱做广告，名创优品就这样"红"了。

案例导入：如果你有200万元，会去开一个"名创优品"吗

作为一家在 2013 年年底开业的小家居用品店，短短几年能开出上千家门店，且均开在一线城市的一流商业步行街和购物中心；每家店铺精心遴选 3000 多种优质低价商品，每周推出 100 种新品。不管是几百平方米的大店，还是几十平方米的小店，名创优品店里总是人头攒动。漫步一圈，琳琅满目的都是各类日用小商品，从唇膏、墨镜到抱枕等，商品的售价也低得让人吃惊，大多数都在 10～99 元。但就是这样一家店，创造出一年销售 50 亿元的成绩。这当中，究竟有着怎样的商业逻辑？

经过分析，找到了独特的市场洞察力、买断制突围、打造爆款集中营、全球化思维四点原因。

1. 独特的市场洞察力

首先从创始初衷说起，创始人叶国富已经有10年经营连锁店的经验，在此之前，他创办了哎呀呀品牌，主打小饰品。几年前，他去日本旅行，发现百货精品店遍地开花，有很多200日元店，而且大部分商品是由中国生产。机缘巧合之下，他遇到了青年设计师三宅顺也，两人在日本联手创业，三宅顺也负责设计，叶国富负责供应链整合和开店运营。从此实现了消费者心中的梦——"优质、低价"，打造成了现象级爆款品牌。当然这只是成功的第一步。

2. 买断制突围

在传统的供应链模式里，商家用的是"代销制"，工厂能卖多少，就给工厂结算多少，这种模式实际上是商家把销售风险转嫁到厂家身上。厂家为保护自己的利益，把采购价格抬高，从消费者身上获取差价，价格虚高因此产生。而名创优品以"买断制"大规模向工厂定制采购，卖出与否都是自担责任，与供应商无关，且货款快速结清，从而摆脱供应商对零售价格的控制，享有充分的自由定价权，形成低价销售。这对当前面临账期长、订单不稳定的供应商来说，条件利好的"买断制"自然成了"香饽饽"，于是，名创优品再从中遴选优质的供应商，以保证商品品质。同时，产品直接从工厂到店铺，中间佣金被挤掉，消费者得到了低价的好处。以一支眼线笔为例，国产品牌价格主要集中在三四十元，而名创优品却将价位定在10元。"只有将商品卖到平均价格水平的1/3，才会对消费者产生冲击力。"

3. 打造爆款集中营

名创优品崇尚精品思维，苹果手机的"做减法"让叶国富获益匪浅。"苹果手机每一代产品只有一款机型，但因为把用户体验做到极致，每次的新品都很火爆。"在名创优品目前的3000多个单品里，几乎每款单品都只有一两款型号。事实上，名创优品的"买断制"有不小的库存压力，但从侧面也反映出其开发产品时的用心：只有打造爆款，才能降低库存压力。那么，如何打造爆品呢？

首先，挑选品类从市场调研开始。经过市场调研，在线上和线下热销的产品中敲定产品品类，进行设计和包装。其次，让体验官进行免费试用。体验官从名创优品微信公众号的1000万粉丝当中选取，几乎都是"极客型"妆品达人，由他们进行试用，再根据他们的建议进行产品相关调整。最后，新品上线的粉丝互动与推广。前期，名创优品通过"扫描微信二维码即可免费赠送购物袋"的办法，快速积累粉丝，在短短一年多的时间里，名创优品微信订阅号的用户超过1000万，成为一个超级大号。新品上线，名创优品与业内达人紧密互动，并以融合产品的原创生活知识文章在微信公众号上与粉丝及消费者互动；在线下，消费者一走进店铺就能看到显眼的新品上线海报。

4. 全球化思维

叶国富认为，中国企业家如果能把国外的先进管理理念、研发技术和品牌借进来，再搭载上国内优秀的制造供应商，不失为走向世界的一条有效途径。目前，名创优品的产品除食品外，绝大部分是由日本总部设计和按日本标准品控，严格遴选中国数一数二的供应商，通过名创优品的渠道销往世界各地。在这些产品中，约有80%产品从800多家中国工厂中直接定制采购，而这些工厂几乎全部为外销企业，分布在珠三角和长三角。名创优品另外的

20%产品则来自国外采购。产品全球输出日本设计,无缝对接全球采购,同时将店铺布局也逐步走向国际化,从东京、中国香港、新加坡和迪拜等开始辐射全球。于是,供应链成为重要的一环。叶国富投入巨资开发的供应链管理体系,对所有商品的动销速度进行大数据管理,提高资金和销售的效率。

名创优品如今在全国设有七大仓,产品不会经过任何分销层级。不仅在价格上能够控制,更缩短了物流的耗时。常规来说,一般百货店的商品流转时间为三四个月,名创优品可以做到 21 天。

思考:名创优品是如何在短短几年里成为"现象级"存在的?它带给我们的商业启示是什么?

随着市场竞争的加剧和技术日新月异的发展,产品同质化程度越来越高。竞争的层次逐步由产品实物形态的竞争过渡到产品所附着的文化层次和精神层次的竞争,而品牌恰恰是产品精神和文化的很好载体,品牌策划就成为营销策划中的重要一环。

通过品牌上对竞争对手的否定、差异、距离来引导目标群体的选择,是在与外部市场对应的内部市场(心理市场)上的竞争。品牌策划更注重的是意识形态和心理描述,即对消费者的心理市场进行规划、引导和激发。品牌策划本身并非是一个无中生有的过程,而是通过科学手段把人们对品牌的模糊认识清晰化的过程。并且在消费者心目中留下一定影响,树立一种品牌形象,产生类似对话效果,拉近距离,从而完成企业品牌的树立。

一、品牌相关概念

(一)品牌的概念

品牌是一种名称、术语、象征、符号或图案,或是它们的组合,用以识别企业提供给某个或某群消费者的产品或服务,并使之与竞争对手的产品或服务相区别。通过品牌人们可以获得很多关于产品和公司的信息。品牌的意义在于企业的骄傲与优势,当公司成立后,品牌力就因为服务或品质,形成无形的商业定位。

但品牌往往是一个复杂的符号标志,它能表达以下六层意思。

(1)属性。一个品牌首先给人带来特定的属性。例如,沃尔沃轿车代表安全、工艺精良和耐用。

(2)利益。属性需要转化成功能和情感利益。例如,沃尔沃轿车的属性"安全"可以转化为功能,"这部车可以使我免受伤害";属性"耐用"意味着"我可以开很长时间,而不必担心车子坏掉"。

(3)价值。品牌体现了制造商的某些价值观,如沃尔沃轿车体现了公司对生命的呵护。

(4)文化。品牌可以象征一定的文化,如沃尔沃轿车代表了北欧国家"以人为本"的生活理念。

(5)个性。品牌还代表了一定的个性,如沃尔沃轿车可以使人联想到一个高效率同时又对生活充满热情的人。

(6)使用者。品牌还体现了购买或使用这类产品的是哪一种消费者,如沃尔沃轿车的使用者通常是严谨而热情的人。

即兴思考

品牌属性：一个品牌首先应给人带来特定的属性，如"海尔"代表的特性是"一流的产品，完善的服务"。

品牌利益："质量可靠"可以减少消费者的维修费用，给消费者带来节约维修成本的利益；"服务上乘"可以帮助消费者节省时间、精减成本，从而方便了消费者。

品牌价值：高标准、精细化、零缺陷。

品牌文化："海尔"体现了一种文化，即高效率、高品质。

品牌个性：真诚到永远。

思考：请按照上述分析，自主选择一个品牌，进行品牌层次分析。

（二）与品牌相关的概念

1. 产品

产品是指能够提供给市场，被人们使用和消费，并能满足人们某种需求的任何东西，包括有形的物品、无形的服务、组织、观念或它们的组合。产品一般可以分为三个层次，即核心产品、形式产品、延伸产品。核心产品是指整体产品提供给购买者的直接利益和效用；形式产品是指产品在市场上出现的物质实体外形，包括产品的品质、特征、造型、商标和包装等；延伸产品是指整体产品提供给顾客的一系列附加利益，包括运送、安装、维修、售后等在消费领域给予消费者的好处。

知识拓展：
品牌命名原则

2. 名牌

对于名牌，比较通俗的理解就是知名品牌。"名牌"一词的出现先于品牌概念，它是中国特定环境下的产物。

3. 品牌符号

品牌符号是区别产品或服务的基本手段，包括名称、标志、标准色、口号、象征物、代言人、包装等。这些识别元素形成一个有机结构，对消费者施加影响。它是形成品牌概念的基础，成功的品牌符号是公司的重要资产，在品牌与消费者的互动中发挥作用。

4. 品牌形象

品牌形象是指消费者基于能接触到的品牌信息，经过自己的选择与加工而形成的有关品牌的印象总和。

5. 品牌文化

品牌文化是指品牌在经营过程中逐步形成的文化积淀，代表了企业和消费者的认知、情感归属，是品牌与传统文化以及企业个性形象的总和。

6. 商标

商标是一种法律用语，是具有显著特征的标志。商标由文字、图形或者其组合构成。

在商标右上角加注®，是"注册商标"的标记，表示该商标已在国家商标局进行申请并已经商标局审查通过，成为注册商标。R 是英文"register"（注册）的开头字母。注册商标具有排他性、独占性、唯一性的特点，为注册商标所有人所独占，受法律保护，任何企业或个人未经注册商标所有权人许可或授权,均不可自行使用,否则将承担侵权责任。

在商标右上角加注的 TM 也是商标符号,但不一定已经注册。TM 是英文"trademark"的缩写,它与 R 不同,TM 表示的是该商标已经向国家商标局提出申请,并且国家商标局也已经下发了受理通知书,进入了异议期,这样就可以防止其他人提出重复申请,也表示现有商标持有人有优先使用权。

商标与品牌既有密切联系又有所区别。严格地说,商标是一个法律名词,而品牌是一种商业称谓,品牌要注册成商标,必须满足法律规定的条件。

7. 品牌声浪

品牌声浪是指企业利用各种传播手段使消费者甚至是整个社会与企业品牌之间产生共鸣,形成统一的价值观。品牌声浪传播从消费者的心声开始,使品牌在战略形成期就注入了消费者导向的观念,又以消费者的内心共鸣为止。

8. 品牌个性

品牌个性是特定品牌拥有的一系列人性特色,即品牌所呈现出的人格品质。它是品牌识别的重要组成部分,可以使没有生命的产品或服务人性化。品牌个性能带来强大而独特的品牌联想,丰富品牌的内涵。

9. 自主品牌

自主品牌是指由企业自主开发,拥有自主知识产权的品牌。它有市场保有量、生产研发的历史及其在整个行业中的地位三个主要衡量因素。

10. 品牌知名度

品牌知名度是品牌资产的重要组成部分,它是衡量一个品牌在目标消费群中的传播程度,提高品牌知名度就是要围绕目标消费者进行有效的传播。

11. 品牌美誉度

品牌美誉度是品牌力的组成部分之一,它是市场中人们对某一品牌的好感和信任度。

12. 品牌忠诚度

品牌忠诚度是指由于品牌技能、品牌精神、品牌行为文化等多种因素,使消费者对某一品牌情有独钟,形成偏好并长期购买这一品牌商品的行为。简而言之,品牌忠诚度就是消费者的重复购买行为。根据顾客忠诚度的形成过程,可以划分为认知性忠诚、情感性忠诚、意向性忠诚、行为性忠诚。

13. 品牌偏好度

品牌偏好度是品牌力的重要组成部分,是指某一市场中消费者对该品牌的喜好程度,是对消费者的品牌选择意愿的了解。

(三)品牌的作用

在大竞争时代,营销的核心已经变成了打造品牌。消费者买东西时,为什么会倾向于选择熟悉的品牌?因为品牌对于消费者来说,有三个重要的作用。

1. 降低风险成本

消费者在购买产品时,很在乎自己会不会选错,并为此而付出的代价。假若选择失误,不仅会带来钱财的损失,还会对身体和心灵造成伤害。例如关乎身体的产品,用了之后若让身体受伤害,这是消费者最不想见到的事。因此,面对琳琅满目的产品,如果没有品牌,消费者就没有办法选择。而有了品牌,消费者便知道哪个品牌好,哪个品牌不好。可能是自己亲身体验过的,也可能是朋友介绍的,或者广告告诉的,总之,通过多种途径知道了哪个品牌好,哪个品牌不好。

在过去的大众传媒时代,想了解一个产品,往往通过电视广告、报纸杂志,或去店铺现场体验。电视里、报纸杂志上有广告,说明这个品牌质量好,可以放心选购;到店铺现场体验,也能对产品放心。所以,很多品牌花费巨资上央视投广告或者找正面形象的明星代言,一是为了提升产品知名度,二是为了解决信任问题。因为,上过央视的品牌,就有了央视的强大背书,消费者自然会想,这品牌上过央视,质量一定不会差。

而在互联网时代,人们不再那么相信广告,人们对广告的本能反应是假的。那怎么去了解一个品牌呢?方法很多,可以去搜索,也可以去看评价,可以去自媒体平台看别人的使用效果。所以,品牌的一个重要作用是降低风险成本,而在互联网时代,如此多的网络平台,让每一个小品牌,都有机会为自己发声,解决消费者的信任问题。

2. 降低选择成本

当购买一个产品后,付出的不仅是钱,还有时间和精力,这些都是成本。

想象一下,要装修房子,需要购买瓷砖,便抽出一天时间逛建材市场,由于对瓷砖不了解,在市场转了一天,还是一头雾水,不知道该如何选择。这时很恼火,实在不想再逛,最后随便选了一个曾经听过的品牌。虽然你也不确定这个品牌的质量如何,但你不想因为购买瓷砖还要再花时间和精力去学习瓷砖知识。

消费者在购买产品时,面临着选择困难,但品牌的出现,就降低了选择成本,解决了选择困难问题。有钱人,就去选择高价高质品牌;穷人,就去选择低价品牌。大家各有所选,不用浪费时间去做过多的对比和挑选。所以,优秀的品牌是能够从众多品牌中脱颖而出,让目标消费者看到,降低他们的选择成本。而很多时候,消费者一旦认可,下次还会购买,因为再次选择是最低的风险成本和选择成本。

3. 增加象征价值

很多时候,人们购买一个产品,并不全是因为这个产品的功能好、质量好,而是因为这个品牌意味着什么。例如包,如果单从功能体验上来说,所有包功能都差不多,跟一个篮子或一个布袋功能差不多,就是能装东西,但现实中包有各种牌子,那为什么要买这个牌子,而不买另一个牌子呢?因为这个品牌对你来说,有不一样的意义,你拎某个品牌的包,会让你感到幸福,感到骄傲。这就是品牌赋予产品的意义,因为品牌的意义,会让你觉得产品的性能更好。

品牌给人们带来的意义,是一种象征价值。奢侈品为什么能卖那么贵?不一定是因为产品的材料多好,工艺多棒,而是品牌的象征价值,开着劳斯莱斯,就象征着这个人是上流人士。象征价值,被奢侈品玩到极致,但并不是奢侈品的专利。任何一个品牌,都可以有自己的象征价值,因为消费者的需求如此之多,有人喜欢奢侈的生活,有人却喜欢简单质朴的生活,不同的人,有不同的心理需求。而产品,不仅仅是满足消费者的功能需求,更要满足他们的心理需求,而心理需求的满足,只能靠品牌赋予产品的意义。

综上可以看出:品牌要做的是降低消费者的风险成本,降低选择成本,并给消费者带去不一样的象征意义,这才是创建品牌的意义所在。

二、品牌策划的概念与内容

(一)品牌策划的概念

广义上品牌策划是指人们为了达到某种特定的目标,借助一定的科学方法和艺术,为决策、计划而构思、设计、制作策划方案的过程;狭义上它是指使企业品牌或产品品牌在消费者脑海中形成一种个性化的区隔,并使消费者与企业品牌或者产品品牌之间形成统一的价值观,从而建立起自己的品牌声誉。

认识品牌策划

(二)品牌策划的内容

品牌策划的内容可分为品牌化策略、品牌使用者策略、品牌数量策略、品牌归属策略、品牌延伸策略和多品牌策略等。

1. 品牌化策略

品牌化策略即是否采用品牌,这是在品牌策划中遇到的第一个问题。

2. 品牌使用者策略

当企业决定自己的产品需要品牌后,就要进一步决定使用什么品牌。此时有三种选择:①使用自己的品牌,即制造商品牌;②使用别人的品牌,如中间商品牌或别的制造商品牌,即分销商品牌或许可品牌;③使用自己和别人共有的品牌。

3. 品牌数量策略

对于那些决定使用自己的品牌并且生产非单一产品的企业来说,就要对使用多少品牌做出决策,企业可以根据自身的具体情况选择以下几种策略:统一品牌策略、个别品牌策略、分类品牌策略、企业名称加个别品牌策略。

(1)统一品牌策略。统一品牌策略是企业生产经营的所有产品均使用同一个品牌。对于那些享有较高声誉的企业来说,全部产品采用统一品牌策略可以充分利用其品牌效应,是一件十分划算的事情。同时,企业宣传新产品时,可以大大节省广告费用,并且有利于新产品快速进入市场。例如,美国通用电气的所有产品都统一使用 GE 作为品牌名称。

(2)个别品牌策略。个别品牌策略是企业为其生产的不同产品分别使用不同的品牌,采用个别品牌策略为每种产品寻求不同的市场定位,不仅有利于占领更多的细分市场、增加销售额和对抗竞争对手,还可以分散风险,使企业的整体声誉不会因为某个产品的表现不佳而受到影响。

(3)分类品牌策略。分类品牌策略是企业依据一定的标准将其产品分类,并分别使用不同的品牌。企业使用这种策略,一般是为了区分不同大类的产品,一个产品大类下的产品再使用共同的品牌,这种策略有利于在不同大类产品领域里树立各自的品牌形象。

(4)企业名称加个别品牌策略。企业名称加个别品牌策略是企业生产经营的各种不同的产品分别使用不同的品牌,且每个品牌之前都冠以企业名称。企业通常把此种策略用于新产品的开发,在新产品的品牌名称上加上企业的名称,让新产品享受企业的声誉,而采用不同的品牌名称,又可以使新产品显示出不同的特色,可谓一举两得。

4. 品牌归属策略

在决定使用品牌后,企业需要进一步考虑使用谁的品牌,或者说决定品牌归谁所有。

(1)制造商品牌。企业推出的产品可以使用自己的品牌在市场上进行销售,又称全国品牌,制造商品牌在所有品牌中占有支配地位。因为制造商的全国品牌为某些消费者所偏好,使许多产品用中间商品牌没有吸引力。

(2)中间商品牌。企业推出的产品以中间商的名义或品牌在市场上销售。尽管中间商品牌有不利因素,但许多人仍为此煞费苦心,因为它有利可图。中间商找到生产能力过剩的制造商,让其以较低成本生产无品牌产品,然后挂上中间商自己的品牌销售。这种策略节省了广告费用和实体产品的分配费用,使产品能以较低的价格销售,获得较高利润。采用中间商品牌的另一个理由是与其他竞争者的同类产品相区别,实现产品的差异化,因为许多消费者并不区分全国品牌与商店品牌的差别。

(3)混合品牌。既有自己的品牌,又有中间商品牌;既能保护本企业的品牌特色,又能利用中间商扩大销路。

5. 品牌延伸策略

品牌延伸策略是指品牌利用已经获得的成功品牌的声誉,将新产品推向市场的策略。

(1)产品线扩展。产品线扩展是指企业在同样的品牌名称下面,在相同的产品种类中引进、增加新的项目内容,如新口味、新形式、新颜色、新成分、新包装规格等的策略。这是大部分新产品活动采用的策略。产品线扩展使产品的存活率高于新品牌产品,成功的品牌往往是强势品牌的产品线扩展。当然,产品线扩展也有风险,扩展了的产品线可能与本企业的其他产品形成竞争关系。

(2)品牌延伸。品牌延伸是企业利用现有品牌名称推出其他产品门类中的新产品的策略。例如,格力电器最初只生产格力空调,现在已利用格力品牌推出了从电扇到手机等多类产品。品牌延伸的优势是使每种新产品在消费者心目中立即建立起高质量的标识。当然品牌延伸也存在风险,如品牌滥用会使已有品牌在消费者心目中失去地位等。

6. 多品牌策略

多品牌策略是宝洁公司创造的,是指一家企业在同类产品中使用多个不同的品牌,以满足不同买主的不同需求。如宝洁公司在洗发水类产品中有"海飞丝""飘柔""沙宣""潘婷"等多品牌。多品牌除有为不同买主提供不同性能产品的优势外,还能占领更多的细分市场,从而占领更多的分销商货架,还可以用侧翼品牌保护主要品牌。多品牌的陷阱是每个品牌只占领很小的市场份额,企业把资源分配给过多的品牌,无法获取较高水平的利润,而同一企业的众多品牌也可能会形成同类相残的局面。

多品牌提供了一种灵活性,有助于限制竞争者的扩展机会,使得竞争者感到在每一个细分市场的现有品牌都是进入的障碍。在价格大战中捍卫主要品牌时,多品牌是不可或缺的。把那些次要品牌作为小股部队,给发动价格战的竞争者以迅速的侧翼打击,有助于使挑衅者首尾难顾。与此同时,核心品牌的领导地位则可毫发无损。领先品牌肩负着保证整个产品门类的盈利能力的重任,其地位必须得到捍卫;否则,一旦它的魅力下降,产品的单位利润就难以复升,最后该品牌将遭到零售商的拒绝。

即兴思考

耐克是世界上最大的体育用品公司之一。以一个对钩图案作为商标,其生产的运动鞋家喻户晓,在市场中有着令人赞叹的表现。但令人难以置信的是,耐克从总裁到一般雇员,整个系统内的7800名员工,没有一个人会做鞋,耐克公司不设厂、不雇用工人、不购置生产设备、不直接生产一双鞋,耐克公司的经理们所要做的就是跑遍世界各地去物色优秀的承包商,耐克公司只是负责包销一定数量甚至全部的产品。

思考:耐克品牌是制造商品牌还是中间商品牌?你还能举出类似的品牌吗?

三、品牌建设策划

(一)品牌名称策划

企业要想自己的产品卖得好,给产品起个好名称很重要。好的品牌名称既可以引起消费者的独特联想,又能反映产品的特点,有强烈的冲击力,增强消费者的购买欲望。品牌名称是品牌的代表,也是品牌的灵魂,体现了品牌的个性和特色。

品牌名称策划的类型

按照不同的划分标准,可将品牌名称划分为不同的类型,如表3-1所示。

表3-1 品牌名称划分的类型

分类标准	分类结果	类别特点	举 例
文字类型	文字型品牌(最为常见)	完全由文字的组合来命名	海尔、格力、美的
	数字型品牌	完全由数字或数字较多的组来命名,简洁、醒目、易读和易记	999感冒灵、360网站
品牌名称的出处	人名品牌	以人物姓名作为商品品牌的名称	李宁、老干妈
	动植物名品牌	以动植物命名的品牌	鳄鱼、苹果
	地名品牌	以产品的生产地或所在地的山川湖泊名胜的名称命名	黄鹤楼香烟、青岛啤酒
	独创品牌	以企业名称或功能名称的缩写来对品牌进行命名,简单易记、特色鲜明	IBM、SONY
品牌的特性	功能性品牌	产品以其自身功能效用、成分或用途等来命名	感冒灵、舒肤佳香皂、佳洁士牙膏
	效果性品牌	向消费者传递产品在某方面具有很强满足能力的价值信息	针织行业的"宜而爽"和化妆品"益肤霜"
	情感性品牌	通过情感增加产品与消费者精神方面的沟通,以期消费者对产品产生情感上的共鸣	家家乐、万家乐

（二）品牌标志策划

按照品牌的完整性，品牌可以划分为品名品牌、品标品牌和完全品牌。品名品牌只有品牌名称而无品牌标志；品标品牌只有品牌标志而无品牌名称；完全品牌则是同时具有品牌名称和品牌标志的品牌。企业树立品牌一般都采用完全品牌，较少用品名品牌和品标品牌，尤其是品标品牌。

品牌标志是一种视觉语言，它通过一定的图案、颜色来向消费者传递某种信息，以达到识别品牌、促进销售的目的。品牌标志可以根据其造型、构成因素和内容等的不同来加以分类。

(1) 根据品牌标志造型的不同，可将其分为表音标志、表形标志和图画标志。
(2) 根据品牌标志构成因素的不同，可将其分为文字标志、图形标志和图文结合标志。
(3) 根据品牌标志内容的不同，可将其分为名称性标志、解释性标志和寓意性标志。

（三）品牌定位策划

品牌定位是指对品牌进行设计，构造品牌形象，以使其能在目标消费者心目中占有一个独特的竞争优势的位置。品牌定位不是针对产品本身，而是对消费者内心深处所下的功夫，力求在目标消费者的头脑中占据最有利的位置，塑造良好的品牌形象，从而借助品牌的力量，使品牌产品成为消费者的首选。常见品牌定位策略有以下几种。

1. 利益定位

利益定位是将产品的某些功能特点与消费者的利益联系起来，向消费者承诺产品能带给其某种利益。利益定位可以突出品牌的个性，增强人文关怀，从而获得消费者的认可。利用利益定位时，利益点的选择不宜太多，最好不要超过两个，一般来说，利益点以单一为好。例如，"保护嗓子，请用金嗓子喉宝"等。

常见品牌定位策略类型

2. 情感定位

情感定位着重考虑品牌与消费者之间的情感沟通，让品牌和消费者产生联系。即利用品牌带给消费者的情感体验而进行定位，从而激起消费者的联想和共鸣。同时，情感是维系品牌忠诚的纽带，有效的品牌建设需要与人们的情感建立恰当而稳固的联系。采用情感定位策略的例子有海尔的"真诚到永远"、星巴克的"家与单位之外的第三空间"等。

3. 首次或第一定位

首次或第一定位就是要寻找没有竞争者的消费者品牌知觉图，在这张图上，打上自己这个唯一的品牌。定位论的两位先驱杰克·特劳特和艾·里斯特别看重这种"第一"，列为定位方法之首位。他们强调消费者往往只记住第一，这犹如体育比赛中，冠军大家都知道，但第二、第三名几乎无人能记住，道理完全相同。这种第一或首次定位，就是要寻找消费者的空白心智，甚至创造性地发现或制造这种空白点。例如，诞生于2003年的比音勒芬，初期将目标锁定在商务休闲品牌，与国际知名设计师合作，建立了中、英、意、韩四国设计研发团队。同时，公司与多家国际面料供应商展开合作，确保产品质量的同时，提高了品牌的高端形象。比音勒芬的独到之处在于其对高尔夫领域的巧妙定位。通过与中国国家高尔夫球队的合作，该品牌成功夯实了"中国高尔夫第一品牌"的身份。

4. 价格定位

价格是厂商与消费者之间分割利益的最直接、最显见的指标,也是许多竞争对手在市场竞争中乐于采用的竞争手段。由此可见,价格是品牌定位的有效工具之一。以价格为基点进行品牌定位,就是借价格高低给消费者留下一个产品高价或低价的形象。一般而言,高价显示消费者事业成功、有较高的社会地位与较强的经济实力,比较容易得到上层消费者的青睐;低价则易赢得大众的"芳心"。

小米手机就是采用低价定位策略的成功者。第一代小米手机于 2011 年 10 月正式发布,售价 1999 元,可以说小米低价策略是当时进入手机行业唯一的机会。小米 1 的产品定价是由于小米起初的想法就是通过互联网降低中间成本,将供应链渠道透明化,尽可能地向用户展示出这样一款良心机型。小米也如愿以偿地做到了,把手机的价格定在了 1999 元这个极低的价格上,对于当时三星、苹果横行的手机市场而言,是一种冲击和挑战。小米迅速走红,低价策略加上饥饿营销,在短期内使小米迅速成长。小米一开始用低价策略吸引客户和粉丝,即使毛利率很低,但是因为用户基数庞大,事实上可以挖掘的空间还是很大的。

但是,某些品牌则以高价作为其全部产品信息的基础。如"世界上最贵的香水只有快乐牌(Joy)""为什么你应投资于伯爵表(Piaget),它是世界上最贵的表"。

5. USP 定位

USP(unique selling proposition,独特的销售卖点)定位,是指在对产品和目标消费者进行研究的基础上,在产品特点中寻找最符合消费者需要的,同时又是竞争对手欠缺的,最为独特的部分,并以此部分作为品牌的定位。USP 的创造力在于揭示一个品牌的精髓,并通过强有力的、有说服力的词汇证实它的独特性,使之所向披靡,势不可当。例如,宝马宣扬"驾驶的乐趣",奔驰是"高贵、王者、至尊"的象征。因为有了自己清晰的价值主张,这些"金字招牌"各自拥有自己的固定消费群,在各自的领域内占据较高的市场份额。

? 即兴思考

在漫漫十年的时间里,以营养、柔顺、去屑为代表的宝洁三剑客——潘婷、飘柔、海飞丝几乎垄断了中国洗发水市场的大部分份额。想在洗发水领域有所发展的企业无不被这三座大山压得喘不过气来,无不生存在宝洁的阴影里难见天日。后来的"舒蕾""风影""夏士莲""力士""花香"等更让诸多的洗发水品牌难以突破。采乐"出山"之际,国内去屑洗发水市场已相当成熟,从产品的诉求点来看,似乎已无缝隙可钻。而西安杨森生产的"采乐"去头屑特效药,上市之初便顺利切入市场,销售量节节上升,一枝独秀。

"采乐"的突破口便是治病。它的成功主要来自产品创意,把洗发水当药来卖,同时,基于此的别出心裁的营销渠道"各大药店有售"也是功不可没。

去头屑特效药,在药品行业里找不到强大的竞争对手,在洗发水的领域里更如入无人之境!采乐找到了一个极好的市场空白地带,并以独特的产品品质,成功地占领了市场。

"头屑是由头皮上的真菌过度繁殖引起的,清除头屑应杀灭真菌;普通洗发只能洗掉头发上头屑,我们的方法,杀灭头发上的真菌,使用八次,针对根本。"

以上独特的产品功能性诉求,有力地抓住了目标消费者的心理需求,使消费者要解决头屑根本时,忘记了其他去屑洗发水,想起了"采乐"。

思考:在竞争非常激烈的洗发水市场,采乐如何能在短短时间里异军突起,占据一方市场？分析它采用了何种品牌定位策略,对我们开展品牌策划有哪些启示。

6. 空当定位

空当定位是指寻找为许多消费者所重视的、但尚未被开发的市场空间。任何企业的产品都不可能占领同类产品的全部市场,也不可能拥有同类产品的所有竞争优势。市场中机会无限,就看企业有没有善于发掘的机会。谁善于寻找和发现市场空当,谁就可能成为后起之秀。

例如,美国M&M公司生产的巧克力,其广告语为"只溶在口,不溶在手",给消费者留下了深刻的印象;而露露集团开发的杏仁味"露露"饮料由于具有醇香、降血压、降血脂、补充蛋白质等多种功能,因而将之定位为"露露一到,众口不再难调",同样是成功的空当定位。西安杨森的"采乐去头屑特效药"在洗发水领域独领风骚,其关键是找到了一个市场空白地带,使定位获得了巨大成功。

一般来说,市场空当主要有时间空当、年龄空当、性别空当、使用量上的空当、价格空当等。

（1）时间空当。反季节销售是利用时间空当的典型例子。例如,空调厂家、冰激凌厂家往往在夏天来临之前加大其品牌宣传,而有些企业在夏天推出羽绒服、棉鞋,给顾客一种便宜实用的感觉。这些季节性产品占领季节是很重要的,但人们都有一种求异心理,在淡季进行品牌宣传,往往能取得出其不意的效果。

（2）年龄空当。年龄是人口细分的一个重要变量,品牌经营者不可能捕获所有年龄阶段的消费者,而应寻找合适的年龄层,它既可以是该产品最具竞争优势的,也可以是被同类产品品牌所忽视的或还未发现的年龄层。圣达牌"中华鳖精"是一种有益于中老年人的保健品,而在当时的保健品市场上,针对中老年人的保健品并不多,知名品牌更是没有,此时,如果圣达牌"中华鳖精"能在中老年心目中树立起品牌形象,或许能收到良好的效果。遗憾的是,圣达把自己的目标市场定在了儿童这个消费群,其诉求直接与实力强大的"娃哈哈"相对抗,从而失去了成为市场"老大"的机会。

（3）性别空当。现代社会,男女地位日益平等,其性别角色的区分在许多行业已不再那么严格。对某些产品来说,奠定一种性别形象有利于稳定顾客群。

例如,服装、领带、皮鞋等产品,由于具有严格的性别区分,其消费群也截然不同。常规的做法是加强品牌形象定位,强调其性别特点,如西装领带注重于体现男士的潇洒、高贵,而纱裙则强调女性的柔媚端庄。但有时改变诉求对象,强调该品牌对异性的吸引力能取得更有效的市场效果,这便是利用了性别空当定位策略。例如,珠宝、项链等饰品是女性的专属,但这些饰品的购买者往往是男性,向男性诉求不失为一种好的策略。

（4）使用量上的空当。每个人的消费习惯不同,有人喜欢小包装,方便携带,可以经常更新;而有人喜欢大包装,一次购买,长期使用。利用使用量上的空当,有时能取得意想不到的效果。例如洗发水,从2mL的小包装袋到200mL、500mL的瓶装,满足了不同消费者的需要,增加了销售量。

7. 比附定位

比附定位是以竞争者品牌为参照,依附竞争者定位,衬托自身品牌形象的一种定位策略。附定位的目的是通过品牌竞争提升品牌自身的知名度和价值。比附定位所选择的比照对象主要是有较好市场业绩和良好声誉的品牌。比附在行业领导者的身边，直接以高姿态展现自己的"个性"，进而靠着市场领导者的名望直接晋级市场第一军团，通俗一点来说，就是企业通过各种方法，与某个知名品牌建立一个内在联系，从而使自己的品牌迅速进入消费者的心里，从而达到"借鸡生蛋"的目的。品牌是被设计出来的，当企业在竞争中处于劣势且对手实力强大不易被打败时，品牌经营者可以另辟蹊径，避免正面冲突，以期获得竞争的胜利。

运用比附定位策略取得成功的经典案例当推艾维斯租车公司，其主动承认自己不如竞争对手赫兹公司，推出了"我们是第二，所以更努力"的品牌新形象。因为巧妙地与市场领导者建立了联系，艾维斯的市场份额大幅提升了28%。

当企业不能取得第一位和某种有价值的独特属性时，将自己和某一名牌划归为同一范围，强调自己是某个具有良好声誉的小集团的成员之一，也是比附定位的一种方式。例如，克莱斯勒汽车公司曾经宣布自己是美国"三大汽车公司之一"，使消费者感到克莱斯勒和第一、第二一样都是知名轿车，从而缩小了三大汽车公司之间的距离。

比附定位策略有利于品牌的迅速成长，一般适用于品牌成长的初期阶段。

8. 产品类别定位

产品类别定位是把产品与某种特定的产品种类联系起来，以建立品牌联想，产品类别定位力图在消费者心目中造成该品牌等同于某类产品，已成为某类产品的代名词或领导品牌。七喜汽水的"非可乐"的定位是借助类别定位的一个经典案例。

可口可乐与百事可乐是市场的领导品牌，占有率极高，在消费者心目中的地位不可动摇。"非可乐"的定位使七喜处于与"百事""可口"对立的类别，成为可乐饮料之外的另一种选择，这不仅避免了与两巨头的正面竞争，还巧妙地与两品牌挂钩，使自身处于和它们并列的地位。成功的类别定位使七喜在美国龙争虎斗的饮料市场上占据了老三的位置。还有"娃哈哈"，把非常可乐定位为"中国人自己的可乐"，以与"两乐"霸占的国内市场相区别，最终取得了不错的销售业绩。

9. 文化定位

文化定位是指将某种文化内涵注入品牌中，形成文化上的品牌差异。例如，孔府家酒将自己定位于"家酒"；七匹狼品牌形象则着眼于"勇往直前、百折不挠、积极挑战人生的英雄气概"；张裕红酒则宣扬"传奇品质，百年张裕"等。

10. 目标消费者定位

目标消费者定位是把产品和消费者联系起来，以某类消费群体为诉求对象，突出产品专为该类消费群体服务，从而树立独特的品牌形象。市场研究表明，仅从消费者的自然属性来划分市场越来越难以把握目标市场；而消费者的生活方式、生活态度、心理特性和价值观念变得越来越重要，已成为市场细分的重要变量。因此，从生活方式角度寻找品牌的定位点，日益成为越来越多企业的选择。目标消费者定位策略直接将品牌定位于产品的使用者，依据品牌与目标消费者的生活形态和生活方式的关联作为定位。例如，"太太口服液，十足女人味""百事可乐，新一代的选择""男人的衣柜，海澜之家"等。

此外，还有针对职业女性的定位，针对喜欢户外活动人群的定位，针对关爱家庭的定位等。针对现代社会消费者追求个性、展现自我的需要,通过定位可以赋予品牌相应的意义,消费者在选购和享用品牌产品的过程中,展示自我,表达个性。例如贝克啤酒,"喝贝克,听自己的",强调独立自主、不随大流的个性。

11. 重新定位

当企业的竞争品牌侵占了企业品牌的一部分,使企业的品牌市场份额有所减少,或者是消费者的偏好发生了转移,原有的品牌定位无法给消费者带来更高层次的需求,企业就必须开始给自己的品牌重新定位,以再次赢得目标消费者的"芳心"。那么企业应如何做品牌重新定位决策?以深圳太太口服液为例,最初上市的太太口服液是以直接诉求——治黄褐斑而被消费者认可的,但产品除利益承诺之外,在品牌定位方面,功能定位是其立于市场的唯一根基。尽管后来请了明星毛阿敏做广告,扩大了知名度,但其品牌定位不够清晰,造成品牌形象和销售额没有多大提升。后来企业对品牌进行了重新定位,将太太口服液定位在为现代女性追求外在美的一个中药产品,让女性更自信、更独立、更漂亮,避免重蹈蜂王浆、花粉等众多保健品唯一功能论的覆辙。其后,企业又从太太口服液的独特卖点上挖掘品牌新的生命力,把太太品牌定位为全中药成分的口服液,由内而外的美容护肤品。重新定位后的太太口服液不但在风云变幻的保健品市场创造了一个奇迹,更成功地塑造和培植了一个富有生命力的品牌。

(四)品牌传播策划

品牌是企业最重要的资产之一,可以给企业带来很多商业价值。然而,如何打造一个成功的品牌传播策划却不是一件简单的事情。品牌传播策划是指企业在品牌的内外部传播工作中的策划,是整个品牌策划中的重要组成部分。

1. 品牌传播目标和策略

品牌传播策划的第一步是要明确品牌传播的目标。品牌传播目标可以是提高知名度、增加销售或改善品牌形象等,并根据确定的品牌传播目标制定相应的传播策略。确定品牌目标、制定相应传播策略后,还需要明确传播的内容。一是要梳理核心价值点,即想要传播什么?一定要确定,也称为定位,这是每一次传播不走偏确定品牌核心形象的基础。二是要梳理传播内容,即根据核心价值点梳理出匹配的传播内容,同时确定自己的目标受众,分析他们的特点,二者结合才能最终得出传播的内容。

2. 媒体渠道选择和整合营销策略

在选择品牌通信渠道时,需要根据品牌定位和目标受众选择合适的平台和渠道。需要考虑到不同的受众群体和他们在各个平台上的时间和行为,以及与他们互动的方式。在选择正确的品牌通信渠道时,需要确定品牌传达信息的类型和声音,并制订如何保持品牌一致性和管理品牌信息的计划。确定最适合品牌目标的传播渠道和整合营销策略,包括广告、公关、社交媒体、内容营销等。在确定品牌传达信息时,需要考虑公司、产品或服务的定位、品牌愿景和受众的需求。传达的信息应该简单、清晰和易于理解。企业需要找到那些会吸引和激励消费者的核心信息,以及那些能让消费者在品牌中体验快乐或实用价值的信息。

3. 广告和宣传计划

在执行阶段,需要将品牌传播策略转化为一个具体行动计划。需要确定哪些任务是关键的,谁应该负责执行这些任务,执行计划需要遵循的时间表和预算,以及需要使用的量化方法。在制订执行计划时，需要与公司内部和外部的各种利益相关者联系，包括不同部门的员工、供应商、合作伙伴和广告代理商等。总之，在该阶段需要规划广告和宣传活动的内容、渠道、预算和时间表等内容。

4. 数字营销和社交媒体策略

在数字化时代，数字营销已成为企业推动品牌增长和实现营销目标的重要手段。而要想在数字化营销领域取得成功，深度理解社交媒体与消费者行为分析之间的关系至关重要。社交媒体已成为当前人们生活的重要一部分，它们为企业提供了与潜在客户和现有客户直接沟通和互动的平台。而消费者行为分析作为一个工具，可为企业提供客户行为和趋势的关键洞察。通过社交媒体，企业可以与消费者进行双向互动，提供个性化的内容和服务，从而更好地了解和满足客户需求。熟悉社交媒体分析工具能帮助企业了解用户喜好，提高营销效果。消费者行为分析则帮助企业了解用户在社交媒体上的行为和偏好，并能预测和响应市场趋势。因此，本阶段的主要工作是制定针对目标受众的数字营销和社交媒体策略，包括内容创作、社交媒体管理和在线广告等。

总之，品牌传播策划不是一件简单的事情，需要经过认真的考虑和规划，才能充分发挥品牌的价值。在规划期间，需要检查数据和进行反馈，以便在实施计划时进行适当的调整。如果企业能够运用这些经验和技巧，正确地执行品牌传播策略，就能够顺利地打造出更加成功的品牌。

即兴思考

喜茶与奢侈品品牌FENDI的联名合作产品于2023年5月17日上市，当日喜茶小程序就因访问量激增，出现BUG，需要多次手动刷新。无独有偶，2023年，贵州茅台与瑞幸咖啡合作推出"酱香拿铁"，短短一天内销售量就达到542万杯，单品销售额突破1亿元，瑞幸的小程序一度因为访问人数过多而崩溃。这种跨界组合的成功是偶尔事件吗？从中可以得到什么样的品牌策划启示？

知识拓展：USP理论

拓展阅读：品牌联名的两个关键密码：产品和人群

边讲边练

每5~6个学生一组，作为企业的营销策划人员，请选择以上一种品牌策略为企业的产品进行品牌策划。

同步实训

品牌策划方案

1. 实训目的与要求

运用"品牌策划"的理论和实务知识研究相关案例，培养学生实际进行品牌策划的业务胜任能力，完成品牌策划方案的撰写。要求自行选择企业进行品牌策划，具体包括分析行业发展趋势、企业基本情况、品牌名称策划、品牌标志策划、品牌定位策划、结束语等内容。

2. 实训背景与内容

以 6～8 人为一组，以小组为单位，实地调查一家企业，或模拟公司，配合在图书馆、互联网查找资料，研究内容可从行业发展趋势、企业基本情况、品牌名称策划、品牌标志策划、品牌定位策划等多个角度展开，并运用品牌策划的原理为其进行品牌策划工作，通过集体讨论、分析，最终得出结果，完成品牌策划方案的撰写。

3. 实训操作要点

（1）要求教师对品牌策划的重要性加以重点说明，增强学生对品牌策划的重视程度，激发学生的学习兴趣。

（2）要求教师讲透品牌策划的原理，能较好地指导学生选择合适的企业开展调研活动和撰写相应的策划方案，可以指导学生从行业发展趋势、企业基本情况、品牌名称策划、品牌标志策划、品牌定位策划等方面着手。

4. 实训步骤与方法

（1）学生自由组合，分成 6～8 人项目学习小组。

（2）以小组为单位，收集、选择拟进行分析的企业的相关资料。

（3）根据资料信息和要求，在小组讨论的基础上，进行品牌策划分析，最后提交项目研究方案。

5. 实训考核

（1）采用过程考核与项目作业评价相结合的方式，注重小组讨论、项目成果、汇报交流等环节的评价。

（2）提高品牌策划能力的考核权重，重视学生在项目作业中的品牌策划创新能力。

（3）注重考核学生文化自信、勇于创新的职业素养培养，特别强调团队协作能力的考核。

任务二　新产品上市推广策划

知识目标

1. 掌握新产品的含义及种类。
2. 掌握新产品上市策划与执行流程。
3. 掌握新产品开发策略类型。
4. 掌握新产品上市策划的注意事项。

技能目标

1. 能够制定新产品上市策划与执行流程。

2. 能够撰写新产品上市策划方案。

课程思政

1. 培养与时俱进、不断进取的创新精神。
2. 培养新品上市推广中的大局意识,责任意识。

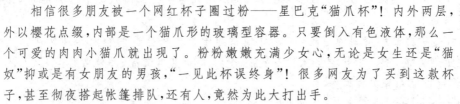

杯中窥"营":网红"猫爪杯"你抢到了吗

案例导入:
杯中窥
"营":网红
"猫爪杯"
你抢到了吗

相信很多朋友被一个网红杯子圈过粉——星巴克"猫爪杯"!内外两层,外以樱花点缀,内部是一个猫爪形的玻璃型容器。只要倒入有色液体,那么一个可爱的肉肉小猫爪就出现了。粉粉嫩嫩充满少女心,无论是女生还是"猫奴"抑或是有女朋友的男孩,"一见此杯误终身"!很多网友为了买到这款杯子,甚至彻夜搭起帐篷排队,还有人,竟然为此大打出手。

这样一款网红杯给星巴克带来的好处是显而易见的,尽管面临"饥饿营销""过度炒作"等质疑。但星巴克的关注度有了明显上升,"星巴克"一词的百度指数三天内从91105迅速上升到1570123。"星巴克猫爪杯"的微信指数更是日环比上升了1951.35%。

猫爪杯的背后是对于人们消费观念和消费偏好改变的深刻洞察。从某种意义上来看,猫爪杯是传统线下门店和新生线上巨头联合打造的一次非常具有鲜明特色的新零售案例。

猫爪杯火爆的背后,其实是新零售正在深度影响人们生活的明证,更加说明了新零售在消费升级时代扮演的重要角色。因此,在分析猫爪杯火爆的时候,必然需要加入更多新零售的元素。站在新零售的角度来分析和看待猫爪杯的火爆或许能够得出更加精准的结果。

首先,猫爪杯的价格定位。价格问题始终都是困扰用户下单的根本原因所在,更是有人会将价格看成是电商和新零售最根本的区别。当新零售被提出时,很多人会认为这只不过是改变了一下赚钱的方式,通过新零售让用户花更多的钱而已。其实,价格的高低仅仅是一种外在的表象,价格的背后是人们需求的改变和对于生活的新追求。猫爪杯定位千元依然火爆,其实恰恰说明了价格因素已经不再是决定用户是否下单的关键因素。这是消费升级的第一个表现。

其次,猫爪杯的设计定位。对标传统电商时代可以看出,以前,人们对于产品的设计感并不太关注,只要能够满足基本的需求即可。以杯子为例,人们买一个杯子,只要能用来喝水即可,不会关注其他的地方。而猫爪杯的火爆则是在真切地告诉我们,杯子的设计已经日渐成为决定人们是否真正购买的关键要素。人们除用杯子喝水之外,还要在喝水的时候能够喝出品位、喝出档次。

其实,在看待猫爪杯的问题上,不能仅仅将目光局限在猫爪杯本身,而是应当看到猫爪杯背后巨头的身影。猫爪杯的背后,一个是线下咖啡零售巨头星巴克,另一个是线上电商平台天猫,它的火爆其实正是两大巨头相互打通的一个最大的证明。

猫爪杯仅仅是一个引爆点,星巴克的用户与天猫的用户两者碰撞产生的剧烈火花其实正是猫爪杯本身。这说明以线上和线下打通为标志的新零售正在逐步落地,随着新零售的深入,未来还会有更多类似猫爪杯的案例出现。

星巴克本身就有很多粉丝,这些粉丝对于星巴克的衍生品有着很大的需求;天猫同样拥有着海量的流量,这些流量期望通过互联网的方式来购买到他们真正心仪的星巴克衍生品。以线下的星巴克门店和线上的星巴克店铺为两大场景,以猫爪杯为产品,新零售的线上和线下的打通最终得以实现和完成。

猫爪杯的火爆背后其实是用户流量入口已经不再局限在线上平台的具体表现,线下的场景开始发挥出更多的流量入口的角色。借助遍布在城市各个角落的星巴克门店,用户可以前往线下的实体店去体验猫爪杯的产品,再通过线上的渠道进行购买。从这个逻辑来看,以线下场景和线上平台(场景)为代表的全新零售模式正在形成。

另外,星巴克的猫爪杯之所以会主打"猫"这个概念,其实在很大程度上因为现在的都市人群,特别是新生的中产阶级都有养猫的习惯,甚至将养猫看成一种身份象征。主打以"猫"为主要设计主题的概念,无疑真正切中了消费者的偏好,通过猫爪杯,中产阶级的消费需求得到了真正的满足。

可能有人会说,养猫并不能代表全部,但是,我们要说的是,通过猫爪杯或许找到了真正激发人们购买的那根弦。通过猫爪杯的火爆,可以窥探到人们的消费痛点已经从传统意义上的吃饱穿暖进入一个全新的阶段。他们开始追求新颖的设计、自我认同等诸多新的需求。

思考:作为2019年第一款现象级爆款,星巴克猫爪杯新产品上市策划无疑是很成功的,那么这种成功是偶然还是必然的呢?抓住了消费者哪些心理呢?给新产品策划带来了哪些启迪呢?

随着科学技术的发展、社会的日益进步以及市场竞争的日益激烈,产品的生命周期越来越短。我国在20世纪中期,一代产品通常意味着20年左右的生命周期;而到20世纪90年代,一代产品的生命周期不超过七年;现在的产品更新速度更是日新月异。企业要适应市场潮流的变化,就要不断地开发适销对路的新产品。只有这样,企业才能在激烈的市场竞争中生存下去,获得更好的发展。

对新产品的定义可以从企业、市场和技术三个角度进行。对企业而言,第一次生产销售的产品都叫新产品;对市场来讲则不然,只有第一次出现的产品才叫新产品;从技术方面看,在产品的原理、结构、功能和形式上发生了改变的产品叫新产品。营销学的新产品包括前面三者的成分,但更注重消费者的感受与认同,它是从产品整体性概念的角度来定义的。凡是产品整体性概念中任何一部分的创新、改进,能给消费者带来某种新的感受、满足和利益的相对新的或绝对新的产品,都叫新产品。

一、新产品的含义及分类

(一)新产品的含义

从营销角度来讲,新产品是指在市场上首次出现的或是企业首次推向市场的、能满足某种消费需求的产品。新产品是科学进步的重要标志,具有创新性、实用性、先进性和推广性的特点。产品整体概念中,只要有任何一部分做了创新、变革和改变,都算新产品。

新产品的概念及分类

（二）新产品的分类

根据新产品的含义，新产品可以分为全新产品、改进型新产品、模仿型新产品、形成系列型新产品、降低成本型新产品和重新定位型新产品六种类型。

1. 全新产品

全新产品是指应用科技成果，运用新原理、新技术、新工艺和新材料制造的市场上前所未有的产品。全新产品往往是科研技术领域新突破的成果体现，通常会改变顾客以往的消费观和消费方式。例如，电话、汽车、飞机、计算机等产品刚投入市场时就属于全新产品，这类产品的出现推动了社会的发展。全新产品的开发难度大、费用高、成功率低，据调查，该类型新产品只占全部新产品的10%左右。

2. 改进型新产品

改进型新产品是指在原有老产品的基础上进行改进，使产品在质量、性能、材料、款式、包装、结构等方面进行改良之后的产品。它包括产品质量的提高、用途的增加、款式的更新、品种的增加等。如新款式的服装、家具，普通牙膏改进为药物牙膏等。改进后的新产品，其结构更加合理，功能更加齐全，品质更加优质，能更多地满足消费者不断变化的需要。该类型新产品占全部新产品的26%左右。

3. 模仿型新产品

企业模仿市场上已有产品的性能、结构而生产的产品。模仿型新产品应该从专利产品的缺陷入手，进行必要的改造，避免全盘照抄。该类型新产品占全部新产品的20%左右。

4. 形成系列型新产品

形成系列型新产品是指在原有的产品大类中开发出新的品种、花色、规格等，从而与企业原有产品形成系列，扩大产品的目标市场。该类型新产品占全部新产品的26%左右。

5. 降低成本型新产品

降低成本型新产品是以较低的成本提供同样性能的新产品，主要是指企业利用新科技，改进生产工艺或提高生产效率，削减原产品的成本，但保持原有功能不变的新产品。该类型新产品只占全部新产品的11%左右。

6. 重新定位型新产品

重新定位型新产品是指企业的老产品进入新的市场而被称为该市场的新产品。该类型新产品只占全部新产品的7%左右。

二、新产品上市策划与执行流程

新产品上市策划与执行流程是指从创意产生、创意评价发展到最终产品的过程，包括八个步骤：创意产生→创意筛选→新产品概念的形成与测试→制定营销策略→商业分析→产品研制开发→市场试销和正式上市。

新产品上市策划与执行流程

1. 创意产生

产品创意是指企业希望提供给市场的一个可能的产品构想。创意形成即企业系统化地收集开发新产品的主意。创意可以来源于企业内部人员、顾客、竞争者、科研机构和科研人员、中间商、推销员等。但是据统计,100个新产品创意中,39个能进入产品开发程序,17个能通过开发程序,8个能真正进入市场,最终只有1个能实现商业目标。因此,创意形成的目的是创造大量用于新产品开发的新主意。

2. 创意筛选

创意筛选的目的是从众多的创意中选择既符合企业目标和企业资源能力,又有良好发展前景的好创意。筛选过程中,要注意"误舍"和"误用"。企业负责新产品开发的机构要对创意进行评价和筛选。评价和筛选过程中,要分析和解决一系列的重要问题,如该产品对消费者和社会真正有价值吗?它对本企业有没有利益或者有多少利益?它是否符合本企业的长远目标和基本战略?本企业是否具备开发这种新产品所需要的资金、技术、人力等资源?与竞争对手的产品相比,它是否有优势?营销渠道和广告促销是否有问题?具体操作可设计出"新产品创意等级评定表"来进行打分,通过量化分析,经比较后做出筛选。

3. 新产品概念的形成与测试

产品概念是用有意义的消费者术语表达的构思,一个有吸引力的构思必须发展成一组产品概念。新产品概念一旦形成,就必须在一大群消费者中进行新产品概念测试,这群人应该代表未来新产品的目标市场。进行新产品概念测试的主要目的是:能从多个新产品概念中选出最有希望成功的新产品概念,以减少新产品失败的可能性;对新产品的市场前景有一个初步认识,为新产品的市场预测奠定基础;找出对这一新产品概念感兴趣的消费者,针对目标消费者的具体特点进行改进;为下一步的新产品开发工作指明方向。

4. 制定营销策略

在找出最佳产品概念后,应制定该新产品的营销策略,写出营销策略报告书。营销策略报告书的内容包括分析目标市场的规模、结构、行为、产品的定位、市场份额、最初几年的利润等。

5. 商业分析

商业分析主要分析销售额、成本、利润是否符合企业的经营目标,其中包括投资回收期分析、风险分析等。

6. 产品研制开发

企业的研究开发和工程部门按照产品概念、经过产品研制形成实体产品的样品,并进行功能试验和消费者试验。

7. 市场试销

市场试销是指试销商品在小范围内进行销售实验,直接调查消费者对试销商品的反应和喜爱程度,并以此调查资料为依据进行市场预测的方法。市场试销的目的是了解消费者和经销商对新产品的反应,预估新产品的市场规模。试销的方法有很多,如模拟测试营销、控制测试营销等。

知识拓展:
新产品开发
方向应考虑
的因素

8. 正式上市

试销成功的新产品就可以大批量投产上市。企业在推出新产品时,应考虑推出时机、地点、对象、策略等。

新产品开发需按上述程序,由企业内各部门按开发步骤、顺序,在不同阶段先后单独开展其职能范围内的工作,这有助于控制产品项目开发的风险性,提高新产品开发的成功率。

三、新产品开发策略类型

新产品开发策略是指企业通过改进原有产品或增加新产品而达到扩大销售的目的。新产品开发策略在企业市场营销决策中占有非常重要的地位。现代产品管理理论认为,新产品开发策略至少要包含以下四个方面的内容:产品类型和目标市场;新产品开发的目标;取得上述目标的基本途径,如革新的来源、革新的程度和开发的时机等;开发过程的协调与控制的基本原则。

新产品开发策略类型

(一)新产品开发策略分类

1. 防卫型策略

防卫型策略就是在企业对其经营状况基本感到满意的情况下,维持和强化企业现有产品的策略。这种策略的着眼点是确定有限的最高目标,控制风险的出现,尽可能减少因开发失败而造成的损失。

在防卫型策略指导下制订的任何新产品计划都表现为保住市场份额,防止利润下降,维持原有经营状况。所谓维持,是在环境动态变化中的相对维持,因为社会经济发展的总趋势是在向前发展的。这种策略所利用的革新手段主要是在市场营销方面和以降低产品成本、提高产品质量为特征等。其革新的程度通常是很有限的,多开发市场型新产品。技术上以应用适用技术或仿制为主。与这种策略相适应的投放产品的时机,一般不采取领先或抢先进入市场,但也不愿成为落伍者。

2. 进攻型策略

进攻型策略主动出击,进攻的目标就是市场,要求掌握市场投放时机,要么最先投放,要么紧跟第一家,以便取得足够的市场份额。

采用这种策略,在产品开发过程中会伴有更多的创造性活动。同时风险也更大。这种策略的目标就是通过增加销量和提高市场占有率实现企业的较快发展。有的企业进攻型策略的实现完全依附于一两个技术方面的革新成果,而大多数企业则将市场营销和技术改革相结合。

总的来说,进攻型策略要承担更大的风险,以换取高额利润,但与风险型策略相比,仍然属于有节制的冒险。无风险的改革是没有的,关键是看企业有多大的承受能力。

3. 风险型策略

当进攻型策略不完全满足企业希望达到的经营目标,或不适应企业希望达到的经营目标,或企业确认不采取更冒险的策略就无法提高市场占有率时,可以选择风险型策略。采用这种策略需要有雄厚的资金,投放市场时机往往是抢先占领市场或者紧跟第一家投放者。

风险型策略以迅速成长为目标,通常不但强调产品的最终用途的新颖性,而且强调技术的进步作用,并常常以技术的重大突破作为开发工作的重心。以这种策略为指导所开发的新产品,在技术性能、结构特征、品牌与包装等方面的异样化程度应当具有相当的独特性,否则不可能实现企业所确定的大步向前的目标。这样的新产品一旦开发成功,风险即转变为巨大的盈利机会。这正是采取这种冒险策略的企业家所追逐的目标。

4. 反应型策略

反应型策略的目的是对前期所产生的各种问题进行处理。对于风险承担能力有限的企业来说,比较适合于采取反应型策略,以应对以下五种问题。

(1)需要对现有产品或市场投入更多的资源。

(2)新产品革新成果不易保护。

(3)新产品市场太小,难以弥补开发费用的支出。

(4)有可能因为竞争者的模仿而被挤垮。

(5)其他新产品有可能抢走本企业的分销渠道。

5. 预测型策略

积极准备,明确将资源分配到将来准备夺取的领域。有些企业处于非常有利于革新的地位,可以采取预测型策略开发新产品。这些企业的条件有以下几方面。

(1)总体战略目标是成长。

(2)敢于进入新的领域或市场。

(3)拥有开发新产品所需要的资源和时机。

(4)取得保护专利或有保护市场的能力。

(5)有进入高销量或高增值市场的能力。

(6)分销渠道稳定而畅通。

(7)难以被竞争者模仿。

案例:招商银行"一卡通"

? 即兴思考

润妍是宝洁公司在中国本土推出的第一个,也是唯一的原创品牌。因此,无论宝洁公司总部还是宝洁(中国)高层都对"润妍"寄予了厚望,满心希望这个原汁原味倡导"黑发美"的洗发水品牌能够不负众望在中国市场一炮而红,继而成为宝洁向全亚洲和世界推广的新锐品牌。宝洁公司为这个新品牌的推广倾注了极大的心力和大量的推广经费。为了扩展"润妍"的产品线,增加不同消费者选购的空间,润妍先后衍生出六个品种,以更大限度覆盖市场,可是市场的反应却大大出乎宝洁的意料。宝洁推出的润妍洗发水一败涂地,短期就黯然退市。

思考:为什么被寄予厚望的"润妍"洗发水一败涂地,以黯然退市收场?

总之,新产品开发要以满足市场需求为前提,企业获利为目标,遵循"根据市场需要,开发适销对路的产品;根据企业的资源、技术等能力确定开发方向;量力而行,选择切实可行的开发方式"的原则进行。

(二)经营者常用策略类型

采用何种具体策略,则要根据企业自身的实力,根据市场情况和竞争对手的情况而定。当然,这与企业决策者的个人素质也有很大关系,开拓型与稳定型的经营者会采用不同的策略。这方面常用以下策略。

1. 先发制人策略

先发制人策略是指企业率先推出新产品,利用新产品的独特优点,占据市场上的有利地位。采用先发制人策略的企业应具备强烈的占据市场"第一"的意识。因为对于广大消费者来说,对企业和产品形象的认知都是先入为主的,他们认为只有第一个上市的产品才是正宗的产品,其他产品都要以"第一"为参照标准。

因此,采取先发制人策略,就能够在市场上捷足先登,利用先入为主的优势,最先建立品牌偏好,从而取得丰厚的利润。而且,从市场竞争的角度看,如果你能抢先一步,竞争对手就只能跟在后面追,而你不满足占领已有的市场,连续不断地更新换代,开发以前没有的新产品、新市场,竞争对手就会疲于奔命。一个不断变化的目标要比一个固定的靶子更让人难以击中。这样就会取得竞争优势。采用先发制人策略,企业必须具备以下条件:企业实力雄厚,且科研实力、经济实力兼备,并具备对市场需求及其变动趋势的超前预判能力。

2. 模仿式策略

模仿式策略就是等其他企业推出新产品后,立即加以仿制和改进,然后推出自己的产品。这种策略是不把投资用在抢先研究新产品上,而是绕过新产品开发这个环节,专门模仿市场上刚刚推出并畅销的新产品,进行追随性竞争,以此分享市场收益。所以,又称为竞争性模仿,既有竞争,又有模仿。竞争性模仿不是刻意追求市场上的领先,但它绝不是纯粹的模仿,而是在模仿中创新。企业采取竞争性模仿策略,既可以避免市场风险,又可以节约研究开发费用,还可以借助竞争者领先开发新产品的声誉,顺利进入市场。更重要的是,它通过对市场领先者的创新产品做出许多建设性的改进,有可能后来居上。

3. 系列式产品开发策略

系列式产品开发策略就是围绕产品向上下、左右、前后延伸,开发出一系列类似的但又各不相同的产品,形成不同类型、不同规格、不同档次的系列产品。采用该策略开发新产品,企业可以尽量利用已有的资源,设计开发更多的相关产品,如海尔围绕客户需求开发的洗衣机系列产品,适合了城市与农村、高收入与低收入、多人口家庭与少人口家庭等不同消费人群的需要。

在选择不同策略的基础上,企业应根据具体情况选择相应的新产品开发的方式。

(1) 独立研制方式。独立研制方式是指企业依靠自己的科研和技术力量研究开发新产品。

(2) 联合研制方式。联合研制方式是指企业与其他单位,包括大专院校、科研机构以及其他企业共同研制新产品。

(3) 技术引进方式。技术引进方式是指通过与外商进行技术合作,从国外引进先进技术来开发新产品,这种方式也包括企业从本国其他企业、大专院校或科研机构引进技术来开发新产品。

(4) 自行研制与技术引进相结合的方式。自行研制与技术引进相结合的方式是指企业把引进技术与本企业的开发研究结合起来,在引进技术的基础上,根据本国国情和企业技术特点,将引进技术加以消化、吸收、再创新,研制出独具特色的新产品。

(5) 仿制方式。仿制方式是指按照外来样机或专利技术产品,仿制国内外的新产品,它是迅速赶上竞争者的一种有效的新产品开发方式。

四、新产品上市策划的注意事项

（一）明确定位

1. 顾客群定位

企业常常把某些产品指引给适当的使用者或某个分市场，以便根据该分市场的特点创建起恰当的形象。如奔驰的典型使用者形象是事业有成的中年男士，而宝马则是锐意进取、享受生活的青年才俊。

2. 功能定位

功能定位是指产品（或服务）以所提供的独特用途和作用作为卖点，向顾客诉求购买理由的一种定位。

知识拓展：正确制定新产品开发策略要遵循的原则

3. 心理定位

心理定位是以产品能给消费者的心理上的价值定位，突出产品无形的精神功能和给人心理享受与满足，以刺激消费者的购买欲望。如在广告中说"一切尽在掌握""一路上遥遥领先""享受驾驶的快乐"等，突出产品的高级豪华，让消费者觉得体面气派，烘托其高贵的地位与身份，使其获得一种炫耀、辉煌的心理满足。

新产品上市策划的注意事项

4. 价格定位

价格定位就是为了突出该产品优异的性价比或明显的价格竞争优势。其主要策略是陈述产品价格的合理性、适应性以及和同类产品的可比性，并以此来激起消费者的购买欲望。

（二）创造需求

需求是指顾客有能力购买且愿意购买某种商品的欲望。即顾客的需求必须同时具备两个条件：愿意购买和有能力购买。创造需求，就是当以上两个条件都不具备或缺一个条件时，积极创造条件，让顾客既愿意购买又能买得起。

怎样才能创造需求呢？

1. 培训

例如计算机，许多人不会操作，也就觉得买不买无所谓。而一旦厂家先对他们进行培训，使其学会（基本）使用，就能达到刺激欲望的目的。

2. 派发

免费赠送样品，让消费者亲身体验到新产品的妙处，是最生动有力的促销方式。所谓"百闻不如一见，百见不如一验（实验、试用）"，正是这个道理。

3. 示范

若企业没有雄厚的资金去大搞派发活动，可以通过示范方式达到目的。示范是把样品摆在公共场所，由厂家促销员示范给消费者看，也可以鼓励顾客亲自操作。

4. 以旧换新

让消费者拿旧产品来折价兑换新产品,既解决了废旧品的回收利用问题,又起到了创造需求的目的。

5. 先用后付款

如有条件和信誉保证的话,先用后付款不失为一种两全其美的办法。而且在消费心理习惯上,认为敢于"先用后买"的,应该是质量过硬的信得过的产品,这无疑又为新产品增加了说服力。

(三)降低"转移成本"

消费者决定购买新产品时,是要付出"转移成本"的。所谓消费转移成本,是指从老产品"跳槽"到新产品时的转购成本,在这个转购过程中,顾客肯定要付出下列成本(物质的或精神的):老产品的报废弃用成本、新产品的购买成本、新老产品之间过渡对接的费用成本、担心新产品的质量及信誉的心理成本等。所以,新产品的上市绝不像一些人认为的那么简单,它是一个新老兼顾的复杂工程。要妥善处理新产品与老产品之间的关系,降低消费者的转移成本。而过高的转移成本会使消费者对新产品望而却步。

(四)起名很关键

在营销策划界,有句话叫"好名行天下",说的就是一个好的产品或品牌名称,能起到倍乘效应,使广告宣传和市场推广取得若干倍的效果。例如,某餐饮企业的一种菜肴是用鸡掌(爪)、猪掌(蹄)、牛掌(脚)等动物下肢做成的,以前总是打不响,销量寥寥,为什么?因为它的名称不好。后经策划,起名为"降龙(牌)十八掌",重新包装上市,结果取得了很好的效果。

(五)先造势后铺货

新产品上市之前,预先展开宣传攻势,能为上市成功打下良好的基础。在当今供大于求的市场环境下,销售就是"存在即被感知":顾客只相信、购买他们所"感知"(即知道、听说)的产品,任凭你的产品多么优秀,如果不善于广告宣传,没有被顾客"感知",就很难销售出去,就等于"不存在"。那种"先上市、再慢慢宣传"的想法和做法已经落伍了。"酒香不怕巷子深"的时代已经过去,综观所有成功的新产品上市案例,会发现无一不是"先打雷,后下雨"的。先期的宣传具有以下作用。

(1)预先告知消费者,让他们较详尽地了解新产品的有关信息,激发消费欲望,培育市场需求。

(2)广告所带来的知名度、美誉度和吸引力,能够说服经销商,增强他们的经销热情和信心,利于通路的顺利构建。

 边讲边练

2018年后,抖音成为继微信、微博后最火爆的信息分享平台。每5~6个学生一组,作为企业的营销总监,面对新产品,是选择抖音短视频营销推广还是传统渠道上市推广?请进行利弊分析。

案例：新产品开发案例集锦　　知识拓展：成功开发的新产品具有的特征

同步实训

新产品上市推广策划方案

1. 实训目的与要求

通过学习新产品上市策划与执行流程，会进行新产品上市策划，并会撰写新产品上市推广策划方案。要求自行选择企业进行新产品上市推广策划，具体要求包括产品上市背景、市场分析、企业战略选择、产品定位、新产品上市安排、业绩目标和效益分析等内容。最后形成一份新产品上市推广策划方案。

2. 实训背景与内容

以6～8人为一组，以小组为单位，实地调查一家企业，或模拟公司，配合在图书馆、互联网查找资料，可从产品上市背景、市场分析、企业战略选择、产品定位、新产品上市安排、业绩目标和效益分析等多个角度收集资料与进行分析，通过集体讨论、分析，最终得出结果，完成方案的撰写。

3. 实训操作要点

（1）要求教师对新产品上市策划与执行流程模块进行充分说明，增强学生对项目操作的理解能力和可操作性。

（2）要求教师指导学生选择新产品上市推广策划方案的"新产品"，指导学生从产品上市背景、市场分析、企业战略选择、产品定位、新产品上市安排、业绩目标和效益分析等方面进行分析。

4. 实训步骤与方法

（1）学生自由组合，分成6～8人项目学习小组。

（2）以小组为单位，收集、选择拟进行分析的企业的相关资料。

（3）根据资料信息和要求，在小组讨论的基础上，进行新产品上市推广策划分析，最后以小组为单位提交一份新产品上市推广策划方案。

5. 实训考核

（1）采用过程考核与项目作业评价相结合的方式，注重小组讨论、项目成果、汇报交流等环节的评价。

（2）提高新产品上市推广能力的考核权重，重视学生在项目作业中的新产品定位能力。

（3）注重考核学生责任与担当的职业素养，特别强调团队协作能力的考核。

思政德育课堂

曹德旺带领福耀集团改变了世界汽车玻璃行业格局

福耀集团(全称福耀玻璃工业集团股份有限公司)1987年成立于中国福州,是专注于汽车安全玻璃的大型跨国集团,于1993年在上海证券交易所主板上市。

自创立以来,福耀集团矢志为中国人做一片属于自己的高质量玻璃,当好汽车工业的配角,秉承"勤劳、朴实、学习、创新"的核心价值观,坚持走独立自主、应用研发、开放包容的战略路线。经过三十余年的发展,福耀集团已在中国16个省市以及美国、俄罗斯、德国、日本、韩国等11个国家和地区建立现代化生产基地和商务机构,并在中、美、德日设立11个研发设计中心,全球雇员约2.9万人。福耀产品得到全球知名汽车制造企业及主要汽车厂商的认证和选用,包括宾利、奔驰、宝马、奥迪、通用、丰田、大众、福特、克莱斯勒等,为其提供全球OEM配套服务和汽车玻璃全套解决方案,并被各大汽车制造企业评为"全球优秀供应商"。

近年来,董事长曹德旺带领福耀积极探索和实践"工业4.0"及"中国制造2025"。公司以智识引领发展,以创新为驱动,通过智能制造,为客户提供一片有"灵魂"的玻璃,其信息技术与生产自动化方面位居全球同行业前列。近年来,福耀集团先后荣获"中国质量奖""智能制造示范企业""国家创新示范企业""国家级企业技术中心"等各类创新荣誉、资质。

福耀集团多年蝉联《财富》中国500强、中国民营企业500强,多次获得"中国最佳企业公民""中国十佳上市公司""CCTV最佳雇主"等社会殊荣。董事长曹德旺先生从1987年至今个人捐款累计逾160亿元,被誉为"真正的首善";2018年,曹德旺入选"改革开放40年百名杰出民营企业家";于2009年荣膺企业界的"奥斯卡"——安永企业家全球奖;于2016年荣获全球玻璃行业最高奖项——金凤凰奖,评委会称"曹德旺带领福耀集团改变了世界汽车玻璃行业的格局"。

2017年6月,曹德旺在《局面》的专访中提到,他现在所做的一切,不是为了金钱和享受,而是为了中国能够在人民的共同努力之下强大起来。他认为,企业家必须有这样的境界和胸怀,"国家因为有你而强大,社会因为有你而进步,人民因为有你而富强。"

资料来源:https://baijiahao.baidu.com/s?id=1758260227446199580。

思政启示:曹德旺先生用30多年时间将一块玻璃做到世界级企业,并被各大汽车制造企业评为"全球优秀供应商"。他是改革开放以来,一大批有胆识、勇创新的中国企业家队伍的杰出代表。他三十年只为做一块高质量的玻璃,带领中国企业走出去,赢得世界各国车企巨头的认可和赞誉,改变了世界汽车玻璃行业的格局,体现了中国企业家的文化自信、行为自信、能力自信、政治自信。企业家要带领企业战胜当前的困难,走向更辉煌的未来,就要在爱国、创新、诚信、社会责任和国际视野等方面不断提升自己,努力成为新时代构建新发展格局、建设现代化经济体系、推动高质量发展的生力军。

项目四 价格策划

项目目标

　　价格策划是产品营销策划的关键。随着同质化竞争激励程度的加强和消费者需求的不断变化,产业和市场的逐渐成熟,理性的价格策划在市场搏击要素中的地位日益凸显。本项目要求学生掌握定价目标、定价方法、影响价格的因素、价格变动的合理时机和价格组合等,要求学生能运用价格策划的内容和相关知识,熟悉并理解价格策划的程序、步骤、方法,掌握新品上市定价策划、产品调价策划的技巧和策划书编写的基本内容。

项目背景

　　价格策划成功与否对企业经营成败有着决定性的影响。在营销过程中,价格是若干变量中作用最为直接、见效最快的一个变量。价格是决定企业经营活动市场效果的重要因素。企业市场占有率的高低,市场接受新产品的快慢,企业及其产品在市场上的形象等都与价格有着密切的关系。科学的定价策划是企业其他经营手段取得成功的重要条件。
　　本项目内容分成两个任务:新产品上市定价策划和产品调价策划。

项目内容

　　以学期初选择的校企合作单位为参考,以学生团队作为活动单位,安排学生进入企业提前做调研,为企业做价格策划活动提供参考依据。没有合适的企业单位,学生也可结合学院或个人创业项目做样本分析,完成价格策划任务。

项目学习课时

　　建议课内学习时间八课时,课外学习时间八课时。

项目成果

　　学生在项目学习结束时,应递交新产品上市定价策划书一份、产品调价策划书一份。新产品上市定价策划书内容包括市场分析、产品分析、定价目标、定价方法和定价策略等。产品调价策划书包括市场分析、竞争分析、产品调价的策略等。

任务一　新产品上市定价策划

知识目标

1. 了解产品定价策划的概念。
2. 掌握新产品上市定价策略。
3. 掌握影响价格策划的因素。

新产品上市
定价策划

技能目标

1. 能够确定新产品的定价目标和定价方法。
2. 能够撰写新产品上市定价方案。

课程思政

1. 树立"货真价实、童叟无欺"的商业道德与素养。
2. 培养支持国货、支持中国制造的爱国主义情怀。

案例导入

10元以下的蜜雪冰城为何成为奶茶界的黑马

3元一个的甜筒，4元一杯的柠檬水，6元一杯的摇摇奶昔。要知道其他品牌起步都是十几元，二十几元，六十八元的那个就更过分了。相比之下，蜜雪冰城的定价就是一股清流，堪称奶茶界的"慈善家"。

近年来，蜜雪冰城作为知名的手工饮品品牌，备受消费者喜爱。蜜雪冰城依靠只有其他品牌几分之一的价格，在市场上获得巨大成功，引发了广泛的关注和讨论。

首先，成本对于定价的影响是一个重要因素。蜜雪冰城以实惠的价格供应饮品，其产品的原材料成本和制作工艺可控性相对较高。相比之下，其他品牌的原材料和制作要求可能会更为精细和复杂，导致产品成本增加。蜜雪冰城通过更高的销售量来弥补较低的产品单价，从而实现了利润的增长。

其次，市场定位和消费者需求的不同也影响了产品的定价和销售。蜜雪冰城以平民化、大众化的形象和口味定位，更注重产品的价格竞争力。蜜雪冰城更关注普罗大众的需求，提供简单、经济实惠的产品，以吸引大量的消费者。与之相反，有的品牌更注重品牌形象、独特的口感和服务体验，目标消费群体更倾向于高品质的饮品和时尚的消费体验。这两种不同的定位和定价策略吸引了不同群体的消费者。

此外，营销策略和品牌推广也对产品的销售和定价发挥着重要作用。蜜雪冰城通过更为广泛的渠道和促销活动来推广品牌。例如，在社交媒体平台上开展活动、打折或推出限时特价产品，吸引消费者的注意力和购买欲望。这样的策略有效地提高了产品的知名度和销售量。与之相比,有的品牌则更注重高端形象和精细服务的传播,通过精心打造的品牌形象和为消费者带来独特体验的服务来吸引消费者。

10元以下的蜜雪冰城能成为奶茶界的黑马,原因是多方面的。价格的控制和成本的降低、市场定位和消费者需求的不同、营销策略和品牌推广等因素共同作用,促使蜜雪冰城在市场中取得了成功。对于消费者而言,他们通过更实惠的价格选择到了经济实惠、口味独特的饮品,获得了更高的性价比。在这个竞争激烈的市场中,企业需要根据自身特点和消费者的需求来制定适合的定价和营销策略,才能赢得市场份额和消费者的好评。

资料来源:https://baijiahao.baidu.com/s?id=1775618847853434566&wfr=spider&for=pc。

思考:蜜雪冰城是如何制定价格来应对市场竞争的?

一、影响价格策划的因素

价格的制定不是一件简单的事情,会受到很多因素的影响,主要表现在以下几个方面。

1. 产品成本

产品成本是产品定价的基础,决定产品价格的下限。从长远来看,任何产品的销售价格都必须高于成本费用,只有这样,才能以销售收入来抵偿生产成本和经营费用。从营销的角度看,影响产品成本费用的因素主要有生产成本、流通费用和税金等,如当芯片价格上涨,手机的售价也会随之上涨。

2. 市场需求

市场需求影响顾客对产品价值的认识,决定着产品价格的上限。一般来说,人们会从需求弹性来分析和揭示价格与市场需求两者的关系,需求弹性又分为需求的收入弹性、价格弹性和交叉弹性。

3. 市场竞争

市场竞争也是影响价格制定的重要因素,其对定价的影响主要表现为竞争价格对产品价格水平的约束。如果市场竞争激烈,则企业可以采取低价抢占市场,巩固市场地位;如果市场竞争不激烈,则企业可以制定较高的价格,以获取高额利润。企业还应采取适当的方式,了解竞争产品的价格和质量并进行对比,从而更准确地制定出本企业产品的价格。

4. 定价目标

定价目标是整个价格策划的灵魂。一方面,它要服务于产品营销目标和企业经营战略;另一方面,它还是定价方法和定价策略的依据。一般情况下,企业的定价目标有追求利润最大化、保持或扩大市场占有率、应付或防止市场竞争、树立和改善企业形象等不同形式。由于各行业的具体情况不同,市场竞争状况也不一样,因此企业可以根据情况选择定价目标。

5. 其他因素

企业价格策划除受成本、需求、竞争和目标影响外,还受到其他因素的影响,包括营销渠道的设置、政策法规、消费者的心理,以及企业或产品的形象等。

?/ 即兴思考

影响价格策划的因素除了上述因素外还有哪些其他因素？请举例说明。

二、新产品上市定价策略

新产品关系着企业的前途和发展方向，它的定价策略对于新产品能否及时打开销路，占领市场，最终获取目标利润有很大的关系。当企业的新产品上市时，必须制定一个合适的价格，才能让新产品站稳脚跟。新产品上市，既没有竞争产品的价格作为参考，又难以确定顾客对产品的认知价值，因此对新产品定价有一定的难度；定价高于消费者的心理预期，就难以被消费者接受，必然影响新产品顺利进入市场；定价低于消费者的心理预期，消费者乐于接受，企业利益却受损。因此，新产品定价策略要根据市场的情况，采用灵活的方式确定新产品定价策略，主要的定价策略有以下三种。

1. 撇脂定价策略

撇脂定价策略是指在新产品上市之初，将价格定得很高，尽可能在短期内赚取高额利润。这种策略如同从鲜奶中撇取奶油一样，所以叫撇脂定价策略，这是一种短期内追求最大利润的高价策略。运用该策略时必须具备以下条件：①产品的质量、形象必须与高价相符，且有足够的消费者愿意买单。②产品必须有特色，竞争者在短期内不易打入市场。

采用这种定价策略的优点是高价格、高利润，能迅速补偿研究与开发费用，便于企业筹集资金，并掌握调价主动权。缺点是定价较高会限制需求，销路不易扩大；高价会诱发竞争，企业压力大；企业新产品的高价高利时期也较短。撇脂定价策略一般适用于仿制可能性较小、生命周期较短且高价仍有需求的产品。

2. 渗透定价策略

渗透定价策略是一种低价策略，新产品上市之初，将价格定得较低，其目的是获得最高销售额和最大市场占有率。适用条件：①市场需求较大，需求弹性较大，低价可增加销售量。②企业新产品的生产和销售成本随销量的增加而减少。如 2020 年上市的五菱宏光 MINI 纯电动汽车，定价 2.88 万～3.88 万元，品质优秀，价格低廉，销量一路攀升。

渗透定价策略的优点：①低价能迅速打开新产品的销路，便于企业提高市场占有率。②低价获利可阻止竞争者进入，便于企业长期占领市场。其缺点：利润率低，投资的回收期长，价格变动余地小，难以应付在短期内突发的竞争或需求的较大变化。

3. 满意定价策略

满意定价策略是介于以上两种定价策略之间的新产品定价策略，即新产品的价格定在一种比较合理的水平，既保证企业有稳定的收入，又使顾客比较满意。满意定价策略的优点产品能较快被市场接受，且不会引起竞争对手的对抗；可以适当延长产品的生命周期；风险较小，有利于企业树立信誉，稳步调价，在正常情况下可按期实现目标利润。其缺点比较保守，容易使企业失去高额利润或市场机会。

总之，价格是消费者购买决策过程中考虑的关键因素，企业需要综合考虑市场需求、行业竞争状况、市场潜力、产品特征、企业发展的占有率等因素，结合公司经营优势，顺应市场行情，通盘策划，理性抉择，结合消费者的有效需求，制定合理的价格策略去撬动销售。

三、定价策划的类型

1. 差别定价的策划

差别定价是指企业用两种或多种价格销售一个产品或一项服务,但价格差异并不是以成本差异为基础得出的。它有以下几种形式。

（1）顾客差别定价。针对不同的顾客,制定不同的价格。例如,针对潜在顾客和忠实顾客、长期顾客和短期顾客等采用不同的价格标准。

（2）产品差别定价。产品的品种、规格、品牌和样式不同,制定的价格也不同。例如,服装款式吸引人的话,价格会比同类产品高。

（3）地点差别定价。不同地点、区域、场所、位置、方位等可制定不同价格。例如,电影院的包厢收取费用较高,飞机的前舱票高于后舱票。

（4）时间差别定价。不同的季节、日期的产品或服务制定不同的价格。例如,电在同峰期和闲暇期的收费标准就不同。

2. 折扣定价的策划

为了鼓励顾客及早付清货款及大量购买、淡季购买等,酌情降低产品的价格,其主要方式如下。

（1）现金折扣是指企业为鼓励消费者尽早付款,对在规定的时间内提前付款或用现金付款的消费者给予的一种价格折扣,从而达到加速资金周转,减少财务风险的目的。企业采用现金折扣时要考虑折扣比例、给予折扣的时间限制,以及付清全部货款的期限等内容。

（2）数量折扣是指企业为了鼓励消费者大量购买或集中向企业购买产品,按购买产品数量的多少,分别给予消费者不同的折扣,从而达到促进产品多销、快销的目的。数量折扣模式下,消费者购买的产品数量越多,则折扣越大。

（3）功能折扣是指企业为了鼓励中间商大批量订货,在产品分销过程中给予中间商的不同折扣,从而达到提高销售量,与中间商建立长期、稳定的合作关系的目的。

（4）季节折扣是指企业针对某些具有连续生产特征的季节性产品,对在淡季购买该产品的消费者给予一定的折扣,从而保证企业生产和销售的稳定。例如,在夏季购买羽绒服常会有较大的折扣。

（5）回扣和津贴。回扣是指消费者按原价购买产品并付清全部货款后,企业再按一定比例将货款的一部分返还给消费者。津贴是指企业以价格补贴或其他补贴的形式,对特定的消费者给予一定的优惠。这两种方式都能够提高消费者的购买积极性和产品的销售量。

3. 心理定价的策划

企业在制定产品价格时,运用心理学的原理,根据不同类型消费者的消费心理来制定价格,它是定价的科学和艺术的结合,主要有整数定价、尾数定价、习惯定价、声望定价和招徕定价五种方式。

4. 地区定价的策划

企业在不同地区销售的产品进行不同的定价,包括原产地定价、分区定价、基地定价、统一交货定价和免收运费定价五种方式。

5. 组合定价的策划

当一种产品属于企业产品组合的一部分时,其定价目标是整个产品组合的利润最大化,而非单个产品项目的利润最大化,常用方法包括系列产品定价、互补产品定价和互替产品定价等。

四、定价程序

价格的制定是一项复杂的工作,它一般采取以下步骤:选择定价目标→测定需求的价格弹性→分析非价格因素的影响→选定适当的定价策略和方法,确定最后价格。

定价程序

(一)选择定价目标

定价目标是指企业在对其生产或经营的产品制定价格时有意识地要求达到的目的,它是企业选择定价方法和制定价格策略的依据。企业的定价目标既要服从于营销总目标,又要与其他营销目标相协调。一般来说,企业的定价目标主要有以下几种。

1. 追求利润最大化

以最大利润为目标是指企业希望获取最大限度的销售利润或投资收益。最大利润目标并不一定导致高价。当一个企业的产品在市场上处于某种绝对优势时,如有专卖权或垄断等,固然可以实行高价策略以获得超额利润,但随着市场竞争的加剧,企业要想在长期内拥有过高价格,必然会遭到来自多方面的抵制,价格也会随之回落到合理的水平。最大利润有长期和短期之分,有远见的经营者都着眼于追求企业长期利润的最大化,但也有一些中小企业和商业企业经常以短期最大利润为目标。此外,为了获取整个企业的最大利润,企业也可以有意识地将一些易引起人们兴趣的产品的价格降低,借以带动其他产品的销售。例如,美国吉列公司曾以低价甚至是赔钱的价格销售其刀架,目的是吸引更多的顾客购买其互补品剃须刀片,以便从大量销售剃须刀片中获取更多的利润。

2. 保持或扩大市场占有率

市场占有率是企业经营状况和产品竞争能力的综合反映,关系到企业的兴衰。价格的高低对于市场占有率的高低有很大影响。一般来说,为了保持或扩大市场占有率,许多企业经常采用价格手段,制定出对潜在消费者有吸引力的较低价格,以开拓销路。销路越好,销售规模越大,则意味着市场占有率越高;市场占有率越高,则盈利能力越强;盈利能力越强,意味着企业的市场地位越高,竞争实力越强,企业才能进一步发展壮大。

3. 应付或防止市场竞争

应付或防止市场竞争的定价目标是指企业通过服从竞争的需要来制定价格。一般来说,企业对竞争者的行为都十分敏感,尤其是价格。在市场竞争日趋激烈的环境中,企业在对产品进行定价前应仔细分析竞争对手的产品和价格情况,然后有意识地通过自己的定价目标去对付竞争对手。一方面对竞争者挑起的价格竞争进行反击;另一方面可通过价格设置一道无形的进入壁垒,以预防潜在的竞争者。这里要说明的是后一种情形。在生产某种产品的技术水平和成本水平一定的情况下,企业制定高价意味着在短期内能获取较高利润,可能会吸引大量竞争者进入。而制定低价,企业在短期内的获利水平可能是有限的,但也降低了本行业对潜在进入者的吸引力,即降低了企业在未来可能面临的压力。

4. 树立和改善企业形象

良好的企业形象是企业的无形资产和宝贵财富,是企业成功地运用市场营销组合策略取得消费者信任长期积累的成果。它同样也体现在定价决策中。通常为了取得良好的企业形象,企业在定价时需要考虑三个方面的因素:①本企业的价格水平能否被目标消费者所接受,是否同他们期望的价格水平相接近,是否有利于企业整体策略的有效实施。②本企业产品的价格是否使人感到质价相称,独具特色。③本企业定价是否符合国家宏观经济发展目标,是否严格遵从了社会和职业道德规范。

(二)测定需求的价格弹性

测定需求的价格弹性就是要计算需求的价格系数(E),即需求量对价格变化的反应程度。需求的价格系数用公式表示为

$$需求的价格系数(E) = \frac{需求量变化的百分比}{价格变动的百分比}$$

需求的价格弹性主要有三种类型。

(1)当$E=1$时,表示需求量与价格等比例变化,叫作单元弹性需求。在这种情况下,销售量虽然减少,但价格的提高使总收入不变。

(2)当$E>1$时,表示需求量变动的百分比大于价格变动的百分比,叫作富有弹性或需求弹性大。在这种情况下,价格的变化会引起需求量大幅度地反比例变化。

(3)当$E<1$时,表示需求量变动的百分比小于价格变动的百分比,叫作缺乏弹性或需求弹性小。在这种情况下,价格的升降不会引起需求量较大幅度的变化。

企业在制定价格时,可以根据需求的价格弹性采取高价或低价策略,但是还要考虑市场上相关产品的价格对产品需求量的影响,消费的收入变化对产品需求的影响等其他因素。

(三)分析非价格因素的影响

定价是营销组合的因素之一,又是最活跃的因素,所以定价必须与产品、分销和促销策略相匹配,形成一个协调合理的整体营销组合。企业还需综合考虑自身的战略、市场行情变化、政策法律法规的变化、竞争对手的战略和策略的变化等因素对价格策略的影响。

拓展阅读:
价格的秘密

(四)选定适当的定价策略和方法,确定最后价格

产品定价是一门科学,更是一门艺术,需要创造性,也需要正确的做法,企业选定好适当的定价策略后,还需要选好定价的方法来确定最后的价格。常见定价方法主要有成本导向定价法、需求导向定价法和竞争导向定价法三种。

(1)成本导向定价法是指以产品的单位成本为定价基础,再加上预期利润来确定定价的方法。

(2)需求导向定价法是指以市场需求状况和消费者心理为定价依据来确定产品价格的方法,这种方法能够灵活、有效地运用价格差异,使平均成本的产品的价格随着市场需求的变化而变化,且不与成本因素发生直接关系。

（3）竞争导向定价法是指企业通过研究竞争对手的生产条件、服务状况、价格水平等因素，依据自身相关情况来确定产品价格的方法。这种方法适合竞争比较激烈的行业市场。

 边讲边练

每 5～6 个学生为一组，调查小米手机的定价策略，不同系列产品是如何定价的？

 同步实训

新产品上市定价策划方案

1. 实训目的与要求

通过本实训，使学生了解和掌握新产品定价制作的程序、步骤和内容，培养学生对新产品上市定价策划的能力。

2. 实训背景与内容

本实训在对某企业新产品上市价格及竞争产品价格调查与分析的基础上进行定价策划，使学生学习和巩固定价策划中制定定价目标、确定新产品上市定价方法等有关理论知识，并为企业提出新产品上市定价方案。

3. 实训操作要点

（1）要求教师对定价策划实践应用的重要性给予充分说明，调动学生项目操作的积极性与热情。

（2）要求教师对某新产品上市定价策划的程序、内容和方式进行具体指导，其中明确定价目标和定价方法是重点，需要学生对竞争对手的产品价格非常熟悉，并能够结合实际进行定价策划。

4. 实训步骤与方法

（1）采用模拟分权式组织结构，要求学生以六人为单位成立模拟营销策划机构，每个策划机构设策划经理一名、副经理一名、策划专员若干。

（2）策划专员在策划经理的领导下分工合作选定设计产品，根据企业产品的竞争状况确定定价目标和定价方法。

（3）撰写新产品上市定价策划书。

（4）递交作品，在班级内将作品进行展示交流。

5. 实训考核

（1）采用过程考核与项目作业评价相结合的方式，注重小组讨论、项目成果、汇报交流等环节的评价。

（2）提高新产品上市定价能力的考核权重，重视学生在项目作业中的新产品价格策划能力。

（3）注重考核学生"货真价实、童叟无欺"的商业道德与职业素养，特别强调团队协作能力的考核。

任务二 产品调价策划

知识目标

1. 掌握产品降价与提价策略。
2. 掌握企业变价造成的影响。

技能目标

1. 能够针对市场环境的变化分析产品调价的必要性。
2. 能够制定产品调价策略。

课程思政

1. 坚持物美价廉、诚心为民的商业意识。
2. 培养价格策划中的社会责任与担当。

产品调价
策划

案例导入

新能源汽车的价格之争

2021年以来,已有近20家车企官宣涨价,涉及车型已超40款,不仅如此,涨价幅度也是不断扩大,从数千元到数万元,车企涨价势头越来越猛,截至2022年3月最高涨幅已超3万元。小鹏汽车、哪吒汽车、比亚迪、几何汽车、长城汽车、广汽埃安、上汽荣威等众多车企、品牌均宣布了不同程度的涨价。

2022年3月,小鹏汽车宣布将对在售车型的价格进行调整,补贴前售价的上调幅度为10100~20000元。零跑汽车官宣调价,调价之后零跑C11豪华版补贴后全国指导价17.98万元起,尊享版补贴后全国指导价20.98万元起,性能版补贴后全国指导价22.98万元起。从涨价前后对比来看,该车型豪华版和尊享版涨价2万元,性能版涨价3万元。另值得注意的是,尽管哪吒汽车和比亚迪新一轮涨幅未过万,但结合前一轮调价情况来看,部分车型2022年累计涨幅已达到了1万元左右。在众多车企中,特斯拉是涨价次数最多的一家车企。进入2022年3月以来,其已经三次调价,且每一次涨价幅度都在万元以上。不少网友调侃称,特斯拉的涨价速度堪比油价。

在比亚迪和小鹏汽车最新的涨价公告中,关于涨价原因,他们并未提到补贴退坡的影响,而仅仅指出"受原材料价格持续大幅上涨影响"。哪吒汽车和威马汽车亦是如此,按照他们的说法,涨价主要受上游原材料价格上涨及供应链供货紧张等因素影响。广汽埃安此前的公告中虽提到了补贴退坡的影响,但首先提到的仍然是"原材料价格大幅上涨",由此也可见这一因素的重要性。

2023年年初,特斯拉的降价行为最终引发连锁反应,继问界、小鹏后,诸如蔚来、沃尔沃、埃安和非凡等车企跟风降价,新能源市场刮起前所未有的降价潮。

然而,新能源汽车市场的价格之争仍未平息,2024年春节过后,比亚迪带头打响了龙年新能源汽车价格战的"第一枪",并喊出"电比油低"的口号。随后,长安启源、哪吒汽车、上汽通用五菱的新能源品牌纷纷跟进降价,新能源车市从"油电同价"走向"电比油低"。

据了解,小鹏汽车CEO何小鹏和吉利汽车集团CEO淦家阅分别在2024年春节后的开工信中强调,2024年将迎来更为激烈的车市竞争。乘联会秘书长崔东树也发文称,2024年全国乘用车市场价格战仍将激烈。

崔东树表示:"近期乘用车市场价格战的根本原因是新技术取代旧技术、新能源车对燃油车的替代过程,在建立市场新秩序过程中,新老厂商替代的竞争激烈,预计这一过程会持续几年的时间,直到新的格局形成。同时,随着新能源车渗透率快速提升,传统燃油车市场规模逐步缩小,庞大的传统产能与逐步萎缩的燃油车市场矛盾带来更激烈的价格战。规模决定成本和企业生存状态,多数厂商优先保份额,必然形成价格竞争的进一步加剧。"

资料来源:http://auto.ce.cn/auto/gundong/202203/23/t20220323_37426242.shtml.

思考: 引发新能源汽车价格调整的主要原因有哪些?

企业在对产品进行定价后,随着客观环境和市场情况的变化,需要对价格进行调整。为了生存和发展,实现企业的经营战略,企业有时需要主动降价或提价,有时还要对竞争者的变价做出适当反应。

一、主动调价策划

主动调价策划是企业在竞争中对某些产品的供求状况已有较准确的预测,为了取得竞争的主动权,企业主动调高价格或降低价格。

(一)调高价格

调高价格是指在市场营销中,企业为了适应市场环境和自身内部条件的变化,而把原有价格调高。

1. 调高价格的原因

(1) 由于产品成本上涨,妨碍了企业合理利润的取得,企业只能通过涨价来转嫁负担。这是企业调高价格的最主要原因。

(2) 由于产品供不应求,企业必须通过提价来抑制部分需求,以缓解市场压力。

(3) 改进产品。企业通过改进产品的质量、性能、结构来提高市场竞争力。

(4) 竞争策略的需要。以产品的高价位显示产品的高品位。

2. 调高价格的方式

企业采用主动调价策略时,一般有以下两种方式可供选择。

(1) 直接调高。直接调高就是直接提高产品价格。例如,某种型号的彩电,原先一台卖3000元,现在卖3500元。

(2) 间接调高。间接调高是指企业采取一定的方法使产品价格表面保持不变但实际隐性上升,方式主要有减少服务、减少折扣、取消优惠等。例如,缩小产品的尺寸、分量;使用便宜的代用原材料;减少价格折让等。

一般降价容易涨价难,调高产品价格往往会遭到消费者和中间商的不满。因此,在使用涨价策略时必须慎重,尤其应掌握好涨价幅度和时机,并做好与消费者和中间商及时沟通。

?/ 即兴思考

2023年10月31日晚间,贵州茅台发布公告,将于11月1日起,调整53%vol贵州茅台酒(飞天、五星)出厂价格,平均上调幅度约为20%。请思考作为白酒第二品牌五粮液是否也要提价?

(二)降低价格

降低价格是指企业为了适应市场环境和内部条件的变化,把原有产品的价格调低。

1. 降低价格的原因

企业降低价格的原因比较复杂,有市场因素,也有企业内部因素,还有社会其他方面的因素,归纳起来有以下几种。

(1)企业的生产能力过剩。这时企业库存积压严重,需要扩大业务,但是企业又不能通过产品改良和加强促销等手段来扩大销售。在这种情况下,就必须考虑通过降价来提高销售量。

(2)在强大的竞争压力下,企业的市场占有率下降,迫使企业降低价格来维持和扩大市场份额。

(3)企业为了控制市场,通过降低成本来降价。企业通过销售量的扩大来进一步降低成本费用,从而降低价格。

(4)市场需求不振。在宏观经济不景气的形势下,价格下降是许多企业借以渡过经济难关的重要手段。

(5)根据产品生命周期阶段的变化进行调整。相对于导入期时较高的价格,在进入成长期后期和成熟期后,市场竞争不断加剧,通过下调价格来吸引更多的消费者。

2. 降低价格的方式

因企业产品所处的地位、环境以及降价原因的不同,企业选择降价的方式也会各不相同,具体来说有以下两种。

(1)直接降价。直接降价就是直接降低产品价格。如柯达公司在20世纪70年代突然将其生产的彩色胶片降价,立刻吸引了众多消费者。

(2)间接降价。间接降价是指企业保持价格目录表上的价格不变。通过送货上门、免费安装、调试、维修、赠送礼品或者增大各种折扣、回扣,以及为消费者提供保险等手段,在保持名义价格不变的前提下,降低产品的实际价格。

(三)调价时应注意的问题

适当的价格变化能够产生良好的效果。但是,若变化不当,则适得其反。无论是调高价格还是降低价格,企业都应注意以下几个方面。

1. 消费者对变价的反应

衡量企业定价成功与否的重要标志是消费者能否在认可其定价的基础上接受其产品。当企业准备调价时,首先应考虑的是调整后的价格能否为消费者所接受,消费者将如何理解这种调价行为。一般情况下,消费者对调价会做出多种反应。对于那些价值高和经常购买的产品的价格变动较为敏感,而对于那些价值低和不经常购买的小商品的价格变动则不大注意。分析消费者对调价的反应主要看两个方面:①看消费者的购买量是否增加;②要了解消费者如何理解这次调价,以便采取相应措施。通常,企业在调价前,要着重分析消费者可能出现的各种反应。并在调整的同时,及时与消费者进行沟通。

2. 竞争者对变价的反应

企业在调价时,除了要考虑消费者的反应,还要考虑竞争者对变价的反应。竞争者的反应直接决定着企业制定某种价格、采用某种价格策略的效果。当竞争者的策略保持不变时,企业降价可能会起到扩大市场份额的作用;而当竞争者也随企业同幅或更大幅度降价时,企业降价的效果就会被抵消,销售利润也会不如调价前。同样,在企业调高价格后,如果竞争者并不随之提价,那么企业原来供不应求的市场就可能变成供过于求的市场。鉴于此,企业预先必须对竞争者的反应进行估计。如果企业在行业中处于优势地位,则作为整个行业价格变动倡导者的企业的主动降价行为,势必会引发同业竞争者间的降价大战。如果企业在行业中处于劣势地位,则企业主动调价要非常谨慎,以免导致行业中的优势企业对自己进行报复。反之,劣势企业如果把握好时机,主动调价,也会令优势企业措手不及,从而迅速扭转不利的市场局面。除此之外,企业在实施调价行为前,还必须分析竞争者的企业目标、财务状况、生产、销售以及消费者的忠实程度等状况。

二、被动调价策划

企业被动调价是指由于竞争者首先调整了价格,迫使企业必须随之调价的一种策略。一般而言,当竞争者在同质市场上降价时,企业也必须随之降价,否则消费者就会购买竞争者的产品,而不购买本企业的产品。如果某一企业提价,且提价会给整个行业带来利益,则所有企业会同时提价。若其中一家企业不认为提价对自己有利,则它的不合作将促使市场领导者和其他公司撤销提价决定。而在异质市场上,企业对竞争者变价的反应有更多的回旋余地。这时消费者选择供应商主要考虑服务、质量、可靠性以及其他一些因素,这些因素会降低消费者对较小价差的敏感性。

如果企业决定对竞争者的降价行为采取有效的行动,那么它可能会有以下几种反应。

(1)降低价格。企业可将价格降低到竞争对手的价格水平,以便与竞争者的价格相匹配。企业可以这样做的原因:①随着销量的增加,产品生产数量上升,成本下降;②市场对价格十分敏感,不降价就会使市场份额下降。市场份额一旦下降,以后就将难以恢复。

(2)维持原价。企业可能会维持原价,这是因为:①如果降价,会使利润减少过多;②如果不降价,市场份额不会失去太多;③需要时自己夺回市场份额。

(3)提高认知质量。企业也可以改进产品、服务和沟通方法,强调与竞争者的低价产品相比,自己的产品具有更高的相对质量。

(4)提高价格并改善质量。较高的质量可以用来证明较高的价格,较高的价格能使企业保持较高的利润。

(5)推出低价进攻性产品。企业最好的做法是在产品线中增加较低价格的产品,或者单独创立一种较低价格的品牌。当正在丢失的细分市场对价格很敏感且不会对较高质量的说法感兴趣时,这样做就很有必要。

边讲边练

每 5～6 个学生一组,针对麦当劳 2023 年 12 月 27 日起 90％小食类产品全线提价 0.5 元事件,采用角色模拟法,验证提价是否能够被市场和消费者所接受。

 同步实训

企业产品调价方案

1. 实训目的与要求

通过本实训,使学生了解和掌握企业提价或降价的方法,培养学生在调查分析的基础上学会制订企业产品调价方案。

2. 实训背景与内容

以某企业产品为例,在竞争对手产品变价的情况下,需要进行调价策划,为其制作恰当的调价方案。

3. 实训操作要点

(1) 要求教师对企业应对竞争企业的变价而采取产品调价的重要性给予充分说明,调动学生项目操作的积极性与热情。

(2) 要求教师对企业调价方式进行具体指导,需要学生对几种调价方式非常熟悉,并能够结合实际进行调价方案的设计。

4. 实训步骤与方法

(1) 采用模拟分权式组织结构,要求学生以六人为单位成立模拟营销策划机构,每个策划机构设策划经理一名、副经理一名、策划专员若干。

(2) 策划专员在策划经理的领导下分工合作选定企业,根据企业产品的竞争状况制订调价方案。

(3) 撰写企业调价策划方案。

(4) 递交作品,在班级内将作品进行展示交流。

5. 实训考核

(1) 采用过程考核与项目作业评价相结合的方式,注重小组讨论、项目成果、汇报交流等环节的评价。

(2) 提高新产品调价能力的考核权重,重视学生在项目作业中的产品调价策划能力。

(3) 注重考核学生"物美价廉、诚心为民"的商业意识与职业素养,特别强调团队协作能力的考核。

 思政德育课堂

蜂花呼吁支持国货!坚守 36 年包装,10 年仅涨价 2 元

在当下经济全球化和消费者趋于多元化的背景下,许多国内品牌面临巨大的市场压力和竞争。然而,有这样一个品牌,坚守初心,持续为消费者提供高质量的产品,并在多年间保持稳定的经营策略和价格。这就是大家熟知的蜂花。

1. 坚守初心，长久稳定

在经济风云变幻的今天，众多品牌在市场的大潮中涌进涌出，为何蜂花能够以其独特的魅力和坚韧，稳坐洗护市场的重要位置呢？答案其实源于其坚守初心，长久的稳定发展策略。

蜂花品牌背后的上海蜂花日用品有限公司早在1985年就已经成立。成立之初，该公司就秉承为消费者提供优质、实惠的洗护产品为核心使命。

这种对产品质量和消费者的坚持，使得它在38年的历程中未曾受到任何行政处罚，这在当今竞争激烈、法规严格的市场中实属罕见。这不仅代表了蜂花在产品质量方面的优越性，更体现了其对社会责任和道德规范的坚守。

而在价格策略上，蜂花更是呈现出了与众不同的稳重。当市场上众多品牌为了迎合消费者趋势，频繁调整价格，而蜂花却能在10年间仅有2元的涨价。这不仅仅是一种对消费者的尊重和负责态度，更是蜂花品牌对自己坚定不移的市场定位的自信表现。

2. 洗护市场的"另类"

在当今这个经常提及"颜值"的社会里，许多品牌花费了大量的精力和资源来研究、改进和创新自己的包装设计，希望以此来赢得消费者的青睐。包装被视为产品的"第一印象"，因此，它们相信持续地进行包装上的创新和升级，能够带来销售量的增长，而蜂花，则选择了一条完全不同的道路，成为洗护市场的"另类"。

蜂花在过去的30多年里，选择了保持其产品包装的稳定。这种看似保守的选择，在当前的市场形势下无疑是另类的。但是，蜂花这种另类的选择并非无的放矢。首先，长期保持熟悉的包装，对于许多长期使用蜂花产品的消费者来说，代表了一种情感的连接和信任的建立。

蜂花在包装稳定的同时，却并没有停止在产品质量上的研究和创新。其坚持的绿色设计产品评价技术规范，显示了品牌在环保和产品质量上的深厚积累。通过稳定的包装策略，蜂花实际上降低了其在生产和物流上的成本，从而进一步确保产品的价格优势。

3. 规避缺点，吸收优点

蜂花明确自己的品牌定位和价值主张。在经营初期，品牌可能面临许多诱惑，从价格竞争到产品多样化，但蜂花始终坚持自己的初衷，提供高质量、实惠的洗护产品。这种坚持，虽然可能使品牌在短期内错过了某些市场机会，但长远来看，确保了品牌的稳定性和诚信度。在消费者心中，蜂花成为一个值得信赖的品牌。

蜂花认识到，消费者更加看重的是产品的实用性和性价比，而不仅仅是外观。这种深入洞察使得蜂花能够规避盲目跟风的风险。

蜂花非常注重与消费者的互动和沟通。当品牌的某些产品因为产能原因出现短缺时，蜂花选择公开地与消费者进行沟通，而不是选择回避。与此同时，蜂花还鼓励消费者去关注和支持其他国货品牌，展现出其大局意识和对国货产业的支持。

资料来源：https://baijiahao.baidu.com/s?id=1777085895815510612&wfr=spider&for=pc。

思政启示：蜂花的成功故事，不仅仅是一个品牌的兴起和发展，更是一个坚守和创新并存的典范。在当前的市场环境下，有太多的品牌为了追求短期的利益而放弃了长远的发展策略。而蜂花所展现出的坚韧和稳健，无疑给人们带来了深刻的启示。为了消费者，为了长远的发展，坚守初心，与时俱进，才是真正的成功之道。

项目五 促销策划

项目目标

促销策略是市场营销组合的基本策略之一。促销策略是指企业如何通过人员推销、广告、公共关系和营业推广等各种促销方式,向消费者或用户传递产品信息,引起他们的注意和兴趣,激发他们的购买欲望和购买行为,以达到扩大销售的目的。本项目通过促销策划的学习及相应企业促销项目训练,领会人员推销、广告、公共关系和营业推广的意义,学会广告策划、公关策划及促销活动策划,提高促销策划所需的各项技能。要求学生能运用促销策划的内容和相关知识,熟悉并理解促销策划的程序、步骤、方法,掌握广告策划、公关策划、促销活动策划的技巧和懂得策划书编写的基本内容。

项目背景

企业要想发展壮大,提高销售额是盈利的关键。通过强势有力的促销,可以提高企业的品牌知名度和美誉度,进一步拓展市场占有率,从而在激烈的竞争中获得有利地位。本项目内容分成三个任务:广告策划、公共关系策划和营业推广策划。

项目内容

以学期初选择的校企合作单位为参考,以学生团队作为活动单位,安排学生进入企业提前做调研,为企业做促销策划活动提供参考依据。没有合适的企业单位,学生也可结合学院或个人创业项目做样本分析,完成促销策划任务。

项目学习课时

建议课内学习时间六课时,课外学习时间六课时。

项目成果

学生在项目学习结束时,应递交广告策划书一份、广告作品一份、公关策划书一份、企业促销活动策划书一份。

广告策划书的内容包括产品分析、竞争分析、目标消费者分析、广告目标、产品定位、广告诉求方式、广告文案表现和广告媒体选择。

广告作品包括广告脚本文案及视频成品。

公关策划书包括确定公关活动目标、确定公关活动主题、设计公关专题活动方案和制订公关活动效果评价方案。

企业促销活动策划书包括促销活动目的、促销活动对象、促销活动主题、促销活动方案和促销活动效果评估。

任务一　广告策划

知识目标

1. 了解广告策划的含义和特性。
2. 掌握广告策划的运作过程。

技能目标

1. 能够确定广告产品的广告目标。
2. 能够确定广告产品的广告诉求。
3. 能够对广告产品进行广告创意。
4. 能够编制广告预算，确定广告媒体，并进行广告效果评估。

课程思政

1. 坚持诚信经营、品质第一、顾客至上的经营理念。
2. 培养团队合作与协调能力，树立大局观。

案例导入

瓶身玩出新高度：农夫山泉创意瓶身广告

饮料饮品喜欢在瓶身上做文章已经成了极其普遍的事情，几乎每一个品牌都这样做，而利用瓶身玩出新高度的却寥寥无几，最近热映的两部清代宫廷电视剧就吸引了农夫山泉通过蹭热点，推出了故宫版矿泉水。

农夫山泉此次推出"故宫瓶"的瓶身由两部分构成，以康熙、雍正、乾隆三代帝王的人物画像以及嫔妃为背景，再配上人物历史背景的文案，每喝一瓶水都像是在了解一个帝王或嫔妃的历史故事，仿佛在穿越千年与他们对话。看到这些文案顿时倍感亲切，谈起皇帝、嫔妃，总有种尊贵而遥不可及的距离感，而农夫山泉的"故宫瓶"文案则将这种距离感拉近了，似乎身处在官殿里的人，也和我们一样有着自己平凡日子里的小温情和小烦恼，文案还带着些许幽默，与当下年轻人的风趣口吻融合，想象一下，熬夜加班已经快要秃头的时候，看到一句"工作使朕快乐"，会不会不自觉地就扑哧一笑，使人顿时感到轻松。

除了借助最近热映的电视剧,农夫山泉还曾联合网易云,推出网易云版矿泉水。

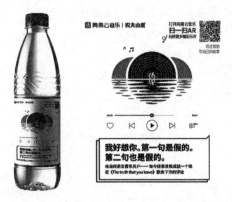

网易云音乐与农夫山泉展开了跨界合作,精选了30条文案,印到了4亿瓶农夫山泉上:"每一首歌都是一瓶水,只有喝水的人才知道其中的冷暖滋味。"

思考:广告媒介有哪些?农夫山泉如何进行创意广告?

广告活动主要由计划(plan)—实施(do)—评价管理(see)三部分组成。这三部分的作业流程不单纯是一种线性运动程序,而是呈连续性和不断更新的循环方式。在市场分析的基础上,要对具体的广告活动进行精心策划,制定相应的战略战术。广告活动的成功与否,在很大程度上取决于广告实施前的策划工作是否周密准确,这是争取实现广告传播的预期效果的起点和基础。

一、广告策划的含义

策划一般是指对某一活动的运筹和规划,是动态的计划。汉语"策划"一词,又可作"策画",最早见之于《后汉书·隗嚣传》中:"是以功名终申,策画复得。"这里有策略、主意之意,也具有动态的筹划、谋略含义。我国有重视策划的传统,有关这方面的事例和描述比比皆是,如"深谋远虑"(贾谊《过秦论》);"多算胜,少算不胜"(《孙子·计篇》);"运筹帷幄之中,决胜千里之外"(司马迁《史记·高祖本纪》)等。

我国港台地区经常用"企划(画)"一词,实际上是从日语"企画"转化而来,与英语"plan"意思相近。美国"哈佛企业管理丛书"编纂委员会认为,策划是一种程序,在本质上是一种运用脑力的理性行为。基本上所有的策划都是关于未来的事物,也就是说,策划是针对未来要发生的事情做当前的决策。改革开放以来,"策划"一词的使用率在我国日渐增多,首先表现在市场运作过程中,继而被其他行业和领域所认识与运用,甚至出现了"策划学"和"策划人"这样的学说与职业。20世纪80年代中后期,我国广告界提出"以创意为中心,以策划为主导,为客户提供全面服务"的经营理念,广告策划在广告活动中的地位和作用越来越受到重视。

广告策划是指企业为配合市场营销计划实施,由企业营销部门或委托广告代理企业对广告活动整体的、系统的筹划,是为提出广告决策、实施广告决策、检验广告决策的全过程进行预先的考虑设想。

在进行广告策划时,首先必须明确目标市场和购买动机,进行市场调查与系统分析,然后制订出广告计划方案所需要的五项主要决策,即所谓的5M。

(1) 广告的目标是什么?(任务,mission)
(2) 预算中有多少钱可供使用?(金钱,money)
(3) 应传递什么信息?(信息,message)
(4) 应使用什么媒体?(媒体,media)
(5) 应如何评估广告效果?(测定方法,measurement)
广告策划的构成如图 5-1 所示。

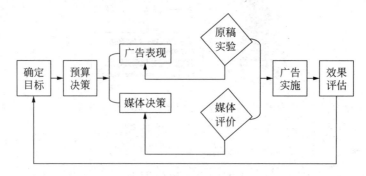

图 5-1　广告策划的构成

二、广告策划的特性

广告策划是企业经营管理中的一个重要组成部分。对企业管理决策来说,广告策划是一个子系统,但就自身来看,它又是一个有着特殊规律的系统工程。尽管企业的经营模式、策略等各有不同,每次广告活动的任务和要求截然不同,但进行广告策划时,却要遵循一些共有的基本属性。

1. 目标的明确性

不论开展何种活动,总要有一定的目的,围绕着既定的目标而展开,广告策划也不例外。企业在经营过程中,以时间、范围、类别等的不同,可能制定出多种目标。在企业目标和营销目标指导之下的广告活动,也必然会出现多种目标需要决策。但是,每次广告活动只能实现其中的一两个目标,因此,广告策划必须明确选择本次活动的主要目标,为达到特定的目的而采取相应的战略战术,进行合理的资源配置,避免东一榔头西一棒槌,无的放矢,造成人力、物力、财力和时间等的浪费。

明确了目标,实际上就是明确了广告活动的指挥调度中心,就可以把广告活动的各个环节串联起来,把广告活动的各种功能调动起来,把广告传播过程中的无序转化为有序,为实现既定的传播任务奠定基础。当然,明确的目标必须正确,这需要在广告决策时精心运筹把握。

2. 运作的层次性

广告策划是一个系统工程,每一个环节、步骤,都是按照一定的序列组合起来的,层次结构具有统一性。广告策划的过程构成了一条链条,其中的某一个环节、要素发生变化,都会影响其他环节、要素发生相应变化和调整。认清广告策划的这一特性,也是很有意义的。广告策划人员应善于把握广告策划活动的性质、职能、特点和运动规律,分清和把握好层次结构,既发挥各层次的能动作用,又确保在整体方针指导之下依照严格的程序进行运作;既调动个人的积极性、主动性,又注意集体智慧的整体融合。

3. 筹划的全局性

广告策划需要涉及广告活动的方方面面,是指导整个传播活动的纲领。广告策划的各个方面,又是一个相互关联、相互依存、彼此制约、相互影响的有机整体。因此,策划时要考虑周全。从横向方面看,要使策划活动的各个组成部分、各个环节系统能够协调、统一,保持总体的最优化;从纵向方面看,策划的各个阶段和过程都要缜密思量,减少无序性和不确定性,处理好全局性和局部利益、长远利益和眼前利益的关系,多从全局和长远着眼。整个计划一旦确定下来,一般不会随意变动,否则,就会牵一发而动全身,造成被动。

4. 决策的事前性

广告策划是先于广告实施而进行的,但并不是允许盲目行事。预谋、决策要建立在对整个广告活动充分了解和把握的基础上。因此,特别要注意做好调查研究工作,掌握各个方面、各种要素的情况,确保广告策划的主观性与客观性相一致。要有预见性,能比较准确地把握广告投入后可能发生的情况,预测广告传播后可能产生的效果。

5. 变动的调适性

世界上没有一成不变的东西,任何事物都在运动变化之中,广告活动也不例外,广告策划也是一个动态的过程。要随时注意影响广告活动的各种因素的发展变动。当广告所面临的各种环境有所变动时,策划需要因时而变,因势而动,能够相应地做出适当的修正和调整。

三、广告策划的运作过程

(一)确定广告目标

广告目标是指广告活动要达到的目的。广告策划的首要任务就是明确广告传播活动将要实现的目标。广告目标规定着广告活动的方向,其他广告活动,如媒体的选择、表现方式的确定,广告应突出哪些信息内容,都要围绕广告目标来考虑。广告目标也是衡量广告传播效果的一个重要依据。

1. 广告目标的种类

由于企业任务不同,其具体的目标也不相同。企业广告目标可归纳为以下三种类型。

(1)创牌广告目标。为实现创牌广告目标的广告活动一般属于开拓性广告。其目的在于开发新产品和开拓新市场。它通过对产品的详尽宣传介绍,提高广大消费者对产品的认知度,重点在于提高消费者对新产品的认知度、理解度和对商标、厂牌的记忆。

(2)保牌广告目标。为达到保牌广告目标的广告活动多属于守成性广告。目的是巩固已有的市场阵地,并在此基础上深入开发潜在市场。它主要通过连续广告的形式,加深对已有商品的认识,使现实消费者形成习惯与偏爱,潜在消费者发生兴趣与购买欲望。诉求重点在于保持消费者对产品或企业的好感、偏爱和信任。

(3)竞争广告目标。为实现竞争广告目标的广告活动一般属于争夺性广告。其目的在于争夺市场和消费者。诉求重点是本产品的独特之处,使消费者认知本产品给他们带来的比较利益,以增强偏爱,巩固已形成的消费习惯。

2. 广告目标的确定

企业确定恰当的广告目标，需要考虑以下几方面的因素。

（1）企业所面临的市场机会。在对广告环境进行分析的基础上，进一步把握企业可能获取的市场机会。企业面对这个市场将要采取什么措施，实现何种目标。广告目标要依据企业目标和营销目标来确定。

知识拓展：
常用13种
广告目标

（2）目标消费者进入市场的程度。目标消费群体的一般消费行为、购买习惯、消费方式，对本产品以及同类产品的认知度处于何种状况，是以保持现实消费者为主，还是重点在于开发潜在消费者等，也是需要考虑的方面。

（3）产品的生命周期。每一种产品或劳务都有一定的生命周期，产品处于不同的生命周期，采取的广告目标往往有所不同。如引入期往往采取创牌广告目标，成熟期则以保牌广告目标为宜。

（4）广告效果指标。广告传播将要达到的效果有一个指标体系，一般从产品销售情况、消费者消费行为和沟通效果三方面进行衡量。广告效果与广告目标有着密切的关系，广告目标可根据广告效果指标来设定，而后又针对广告目标来测定广告效果。

（二）明确广告对象

广告对象是指广告信息的传播对象，即广告信息的接收者。作为一种付费的传播活动，广告应该有的放矢，向广告商品的购买者或可能的购买者，即现实的和潜在的购买者传递有关信息，这些现实的和潜在的购买者，就是广告目标市场。

需要注意的是，确定广告目标市场，不应与企业目标市场有较大的偏差。广告目标市场应有一定的市场潜力，不但有利于保持现实消费者，而且能够开发潜在的消费对象；借助广告媒体，能够发挥其特点和优势，使目标消费者能最大限度地接触到广告信息。

在确定广告目标市场之后，还要进一步了解目标市场的消费者的基本情况、消费心理、物质需求、消费行为等，为确定广告传播的内容、采取相应策略提供依据。

（三）提炼广告主题

广告主题是广告的中心思想，是广告的灵魂，它统率广告作品的创意、文案、形象、衬托等要素。它像一根红线贯穿于广告之中，使广告各要素组合为一个完整的广告作品。

对广告主题进行构思、提炼，要以广告的宏观环境分析为基础，还要分析和研究企业的内部经营环境。

在把握了商品和企业的特点后，即根据商品的直接效用、展开效用和附加特性，根据企业形象，运用定位的方法，构想、提炼出广告主题。

（四）制定广告战略

广告战略是指按广告目标的要求，确定广告活动的方式方法，包括广告表现战略和广告媒体战略。广告表现战略主要包括广告表现目标、广告诉求方法、重点和表现创意方式的确定。

1. 广告诉求

广告诉求是商品广告宣传中所要强调的内容，俗称"卖点"，它体现了整个广告的宣传策略，往往是广告成败关键之所在。倘若广告诉求选定得当，会对消费者产生强烈的吸引力，激发起消费欲望,从而促使其实施购买商品的行为。广告诉求是广告内容中很重要的部分。广告要进行有效诉求,必须具备三个条件:正确的诉求对象、正确的诉求重点和正确的诉求方法。

广告诉求

(1)诉求对象。广告的诉求对象即某一广告的信息传播所针对的那部分消费者。

① 诉求对象由产品的目标消费群体和产品定位决定。诉求对象决策应该是在目标市场策略和产品定位策略已经确定之后进行的,根据目标消费群体和产品定位而做出。目标市场策略已经明确指明了广告要针对哪些细分市场的消费者进行,而产品定位策略中也再次申明了产品指向哪些消费者。

② 产品的实际购买决策者决定广告诉求对象。根据消费角色理论可知,不同消费者在不同产品的购买中起不同作用。例如,在购买家电等大件商品时,丈夫的作用要大于妻子;而在购买厨房用品、服装时,妻子的作用则大于丈夫。因此,家电类产品的广告应该主要针对男性进行诉求,而厨房用品的广告,则应该主要针对女性进行诉求。儿童是一个特殊的消费群体,他们是很多产品的实际使用者,但是这些产品的购买决策一般由他们的父母做出,因此儿童用品的广告应该主要针对他们的父母进行。

(2)诉求重点。广告活动的时间和范围是有限的,每一次广告都有其特定的目标,不能希望通过一次广告就达到企业所有的广告目的;广告刊播的时间和空间也是有限的,在有限的时间和空间中不能容纳过多的广告信息;受众对广告的注意时间和记忆程度是有限的,在很短的时间内,受众不能对过多的信息产生正确的理解和深刻的印象。广告中向诉求对象重点传达的信息称为广告的诉求重点。制约广告诉求重点的因素有以下两点。

① 广告目标。广告的诉求重点首先应该由广告目标来决定。如果开展广告活动是为了扩大品牌的知名度,那么广告应该重点向消费者传递关于品牌名称的信息。如果广告目的是扩大产品的市场占有率,那么广告的诉求重点应该是购买利益的承诺;如果广告目的是短期的促销,那么广告应该重点向消费者传递关于即时购买的特别利益的信息。

② 诉求对象的需求。广告的诉求重点应该是直接针对诉求对象的需求,以及诉求对象最为关心、最能够引起他们的注意和兴趣的信息,因为企业认为重要的信息,在消费者看来并不一定非常重要。

(3)诉求方法。广告诉求方法从性质上可分为理性诉求和感性诉求两类。理性诉求广告向消费者"推介产品",诉诸目标受众的理性思维,使消费者能够对产品的特质、功能等有一个清楚的了解,从而决定是否购买。感性诉求广告主要诉诸消费者的感性思维,"以情动人",使消费者在感动之余认同该产品。当然还可用情理结合的诉求策略,即用理性诉求传递信息,以感性诉求激发受众的情感,从而达到最佳的广告效果。

2. 创意与表现策略

(1)广告创意。简单来说,广告创意就是通过大胆新奇的手法来制造与众不同的视听效果,最大限度地吸引消费者,从而达到品牌传播与产品营销的目的。创意是广告策略的表达,其目的是创作出有效的广告,促成购买;广告创意是创造性的思维活动,这是创意的本质特征;创意必须以消费者心理为基础。

创意的产生主要来源于意识和技巧,具体表现在以下三个方面。

① 直线思维。直线思维包括垂直思考和水平思考。垂直思考用眼,想到的是和事物直

接相关的物理特性；水平思考用心，不拘泥于物理特性，而是进行抽象的思考，联想到与之相关的情绪、感觉等层面的事物。

② 发散思维。发散思维是由单点向四周各个方向发散，将思路由点和线拓宽到面、空间。

③ 联想和想象。联想不是胡思乱想，要使想象的过程中有逻辑的必然性。联想在创意过程中占有重要位置，善于联想，常常可以由已知达到未知，实现各种创意。

(2) 广告表现。广告表现就是借助各种手段将广告的构思创意转化为广告作品的过程，即创意的物化过程。广告表现得好坏直接影响着广告效果的实现。常见的广告表现策略有以下两种。

① 理性广告表现策略。理性广告表现策略是指直接向消费者实事求是地说明产品的功能、特点、好处等，让接收广告信息的消费者进行理性的思考，做出合乎逻辑的推理、选择、判断。

② 感性广告表现策略。感性广告表现策略是指依靠图像、音乐、文字的技巧诱导消费者的情绪，使其产生购买欲望的广告表现形式。感性广告表现策略容易引人注目，但使用时需注意，只有在品牌特性很难明显地用语言表述和广告主不喜欢表现时，诉之于情才会有效，否则就会显得很牵强、做作，让消费者倒胃口。感性广告表现策略的手法主要来源于日常生活中最易激

十四行诗

发人们情感的生活细节。具体可分为：a. 生活片段型，是指模拟某一类似真实生活中的场面，表现两人谈论或使用商品的情况，以此来证明商品给消费者带来的好处。b. 歌曲型，就是利用广告歌曲的形式传达广告主题。c. 解决难题型，是指广告主把消费者经常碰到的难题用夸张的手法展现出来，然后出现广告产品的形象或介绍产品的特点，以此帮助消费者解决难题。d. 演出型，即将广告编成一个节目，以此增添娱乐性，从而获得观众的注意。e. 幽默型，即用幽默的人物或幽默的情节表现广告内容。

实际上，纯粹的理性诉求或纯粹的感性诉求的广告所占的比例是相当少的，绝大多数广告表现都是情理交融的，所不同的是有的侧重于理，有的侧重于情，归类的时候，就把侧重于理的归为理性诉求，把侧重于情的归为情感诉求。具有代表性、典型性的情理交融的广告，一般方案和情景比较长。

3. 广告媒体战略

制定正确的广告媒体战略，目的在于在有限的广告预算内得到最大的广告效益。广告媒体战略和策略不对，即使已有优秀的广告作品，也等于是明珠暗投，发挥不了沟通作用。

广告媒体战略

(1) 广告媒体的种类与特点。从媒体的角度来说，报纸、电视、广播、杂志这四种媒体常被称为传统媒体，它们在互联网和新媒体还未普及之时独领风骚，风靡广告行业，是消费者接受广告信息的主要途径。但互联网和新媒体的发展使它们受到了较大冲击，现在消费者获取信息的途径已发生较大的变化，这导致目前的广告媒体也发生了变化。

新媒体是近年来兴起的一种新型媒体形态，它借助互联网、移动设备和社交平台等数字技术，实现信息制作、传播和交互。与传统媒体相比，新媒体具有信息量大、传播速度快、互动性强等优势，但也同时面临激烈的市场竞争和不断变化的用户需求。新媒体是指以互联网和数字技术为基础，通过各种数字平台进行信息传播和沟通的媒体形式。它包括社交媒体、博客、微信公众号、在线短视频等，具有互动性、实时性和多样化的特点。

传统媒体广告主要有以下几种类型。

① 电视广告。电视是传播广告信息的主要媒体之一。电视普及率高,收视对象层次广泛,能在极广的地域范围内迅速传递信息,很容易配合新产品上市等促销活动。观众一般都在休闲的状态下收看电视,容易产生亲近感;同时,电视的播出形式是视听兼备,声画统一,具有较强的感染力,能给观众留下深刻的印象。

但是,电视广告片因受时间限制,广告信息容量较少,不能详细传播商品特性。电视广告瞬间即逝,如播出次数少,传播效果则会不明显;只有反复重复播出,才可能实现预期的效果,但这样就要支出很大的广告费。电视广告的制作费用也很贵,因而不利于中小企业的市场开拓。同时,观众收看电视的状况,也会对传播效果产生负面影响。观众只能按电视节目顺序观看,而不能随意选择节目,尤其在收看广告的时候心不在焉,往往随意换台或离开而影响实际的收视率。

② 报纸广告。在新媒体的冲击下,报纸销量较之前明显减少,报纸报告的接触率也在降低。报纸的读者分布广泛,所拥有的读者群相对比较稳定,层次比较高,消费能力较强,广告信息比较容易推广。报纸可以随身携带,可以不受时间和空间的限制,阅读方便,有较强的选择性和说服力。读者可以随心所欲地翻阅报纸,接收需要的广告信息,确认广告内容。报纸广告制作比较简便,广告价格相对较低。报纸拥有特殊的版面空间和语言,对广告信息有较强的表现力,能比较详尽地对广告信息做描述和介绍,增强对广告的理解力。报纸广告的保存性好,可以根据广告主的要求,比较自由地选择刊登的时间和版面,并能在短时间内调整广告内容,适应性和机动性较强。

但是,报纸的读者需要具有一定的阅读能力,报纸的大众化又使读者阶层范围比较广泛,缺少一定的针对性。报纸的时效性较短,只有一天甚至更短的时间,因而广告内容被反复阅读的可能性很小。报纸的版面也较多,广告分散在里面,读者很难完全注意到广告,传播效果不稳定,还容易出现"跳读"的现象,越过刊载广告的版面,从而影响广告的阅读率。

③ 杂志广告。杂志最大的特点是针对性强,保存期长,记录性好。读者层次和类别较为明确,尤其是专业性杂志,读者群大多比较稳定,对所订阅的杂志认同感较强,由此对刊登的广告也显现出较高的关心度和信赖度。杂志广告可承载的信息较多,可以比较自由地运用文字、图片、色彩等手段表现广告内容。但是,杂志出版周期长,出版速度慢,发行范围有限,读者层面较狭窄,市场覆盖率低。由于发行间隔时间较长,缺乏即时性,因此对有时效性的广告,传播时间上较难适应。

④ 广播广告。广播传播速度快,时效性强,收听不受时间、地点限制,具有很强的机动性和灵活性。广播广告语言的口语化程度也较高,比较通俗,感性诉求力强。制作过程也简单,播出费用不高。收听对象特性明显,地区性电台能做有效的地方性广告,针对性强,促销效果明显。但广播只能用声音诉诸听众,而且时间短暂,保留性差,难以吸引听众,给听众留下深刻印象。听众接收信息时的注意力也不是很集中。

⑤ 其他广告媒体。首先是户外广告。如霓虹灯、路牌、灯箱等。它能够对过往行人进行反复诉求,使消费者产生多次重复记忆。但流动性差,信息无法流动传播。其次是销售点广告。简称POP广告,即所有在商店、建筑物内外的,能够促进销售的广告物,如店内悬挂物,橱窗和柜台的设计、陈列等。POP广告可在销售现场为消费者起到引导、指示的作用,促成和便利购买,所以有人称POP广告是临门一脚。再次是直接广告。直接广告包括邮寄广告、电话广告、夹报广告等。之后是交通广告。它是利用交通工具及其周围场所等做的广

告。交通广告价格低廉,流动性强。最后是网络广告。目前,网络广告市场正在以惊人的速度增长,可能成为传统四大媒体之后的第五大媒体。

(2) 广告媒体计划。媒体计划的实质,是确定媒体的选择方案。媒体计划主要围绕四个方面展开。①传播对象。广告活动对谁开展?广告传播的目标对象是谁?这是制订媒体计划时首先要明确的。②沟通渠道。要依据媒体的情况、目标对象接触媒体的情况来进行,使目标对象尽可能地接收到广告信息,保持信息沟通渠道畅通。③何时进行。④如何进行。何时以及如何进行这两个方面,主要是考虑广告投放的时间和方式,特别是要根据广告预算的要求来考虑如何推出。媒体计划要做出具体的安排,做好广告排期表。

广告预算是确定的,媒体计划要在广告预算费用允许的条件下进行。选择媒体的程度,要与购买媒体所需的费用联系起来。尽管许多媒体都很理想,但如果广告费用的预算不允许,也只能放弃,重新进行选择和调整,使之既符合预算的要求,也能达到预想的传播效果。

?/ 即兴思考

在广告预算有限的情况下,如何优化媒体选择?

(3) 广告媒体评估。评估广告媒体时,要充分考虑媒体普及状况和受众成分、媒体使用条件、媒体广告费用和媒体传播效益。

① 媒体普及状况和受众成分。这主要是考察广告目标公众和媒体受众的关系。可以从三个方面考虑,也可以进行量化:a. 要看某一媒体或节目的影响程度,包括发行或覆盖的区域,受众规模和构成等。这是对媒体或节目基本情况的了解和认识。b. 要看广告目标公众与媒体受众覆盖程度,也就是媒体被广告的目标对象接触的程度。c. 要看媒体被受众接触的程度,即媒体被受众阅读、收看、收听的状况。媒体的覆盖范围并不等于媒体被受众接触的程度,还要通过一些具体指标,如反复性(是否被反复收听、收看)、注意率(媒体不同时间或空间被注意的状况)、传阅率(读者相互传阅的情况)、吸引力、机动性、保存性等来进行评估。这个评估,还应该包括广告信息被接触的状况在内。

② 媒体使用条件。这一问题可通过三个方面来考察:a. 考察购买媒体的难易程度。这关系到广告能否在合适的时段、合适的空间传播出来,能否及时有效地被目标消费者接触到。b. 考察媒体对广告的表现程度。有些媒体因为固有的特性,表现广告内容有一定的局限性。这要考察媒体对于广告的色彩、动静、声像等要素的再现能力。c. 考察媒体制作广告的水平、风格。

③ 媒体广告费用。不同媒体刊播广告的费用有很大的差别。但是,在费用上很难比较使用哪一种媒体更合算一些。可用计算相对广告费用的方法来做参考和比较。

④ 媒体传播效益。通过对以上几个方面的综合评价,可以看出媒体的传播效益如何。综合评价可运用比较的方法,即与广告目标相比较,分析某种媒体适合做哪种形式的广告,对广告目标的适应性如何;把各种媒体进行相互比较,看哪种媒体更易实现广告目标,且相对费用更便宜。

媒体选择实际上是在尽可能有效地接触目标受众和广告费用许可这两个条件的约束下进行的。需要考虑各种广告媒体的传播特点、广告商品的特性、消费者接触媒体的方式和习惯、广告目标的要求、市场竞争的状况、广告费用的支出等各种因素。在此基础上,按一定步骤对媒体进行选择。首先提出媒体选择的目标,然后确定媒体类型;其次在选定的媒体类型中,再选定具体的媒体;再次确定在媒体上发布广告的方式以及进行媒体组合;最后提请广告主审定媒体选择方案。

(五) 编制广告预算

广告预算是企业投入广告活动的费用计划。通过广告预算,主要是为了更有计划地使用广告经费,减少浪费,使广告更有效率。正确编制广告预算,是广告策划的重要内容之一,是企业广告得以顺利开展的保证。

广告预算编制

广告预算是广告策划的重要内容,不但直接影响到广告活动的效益,而且影响到企业的整体效益。广告预算包括广告费用总额预算和广告费用分配两个方面。

1. 广告费用总额预算

企业在广告上应该投入多少广告费用,是一个比较复杂的问题。一般来说,广告效果与广告费用有着正相关的关系:广告投入多,广告效果明显;广告投入少,广告效果要低一些。从这个角度看,广告的投入应该越多越好。但是,广告费用的总投入量,一方面受到企业经济承受能力等方面的制约。另一方面还受到广告效果的影响。广告效果与广告费用投入量并不一定完全是正相关的关系。目前,可以采用的广告费用总额预算方法有以下几种。

(1) 销售额百分比法。销售额百分比法是以一定期限内的销售额的一定比率预算广告费的方法。由于执行标准不同,又可细分为计划销售额百分比法、上年度销售额百分比法、平均销售额百分比法及计划销售增加额百分比法四种。其计算公式为

广告费用＝销售总额×广告费用与销售总额的百分比

例如,某公司上年度的销售总额为 1000 万元,今年拟投入的广告费用占销售总额的 4%,那么,今年的广告预算:广告费用＝1000 万元×4%＝40(万元)。

销售额百分比法简单易行,其优点是计算简单,广告支出与产品销售状况直接挂钩,销售状况越好,广告费用也越高,企业不至于感到财务压力。但该方法也有很大缺陷,即因果倒置。广告活动目的是要创造消费,提高销售额,而不是以销售来决定广告。因此在广告实践中,这种方法很容易造成广告费用支出的机械性,当市场景气时,广告支出多,而当销售降低时,广告支出反而减少了,从而会进一步恶化。

(2) 历史预算法。所谓历史预算法,就是根据往年的广告费用安排方法与额度来确定本广告年度的广告预算。它的前提是外在环境基本没有什么变化或变化不大,内部环境也基本没有什么变化或变化不大。否则,就无据可依,就要根据形势的变化而变化。

(3) 对手参照法。对手参照法,就是在确定广告费用预算时,与竞争对手持平或更超前。当然,前提是假设对手的运营方式是正确的。

(4) 直觉判断法。实际上,这就是基于经验基础上的带有科学成分的一种"感性投放"。这要根据企业高层领导的"胆色及高见"来确定,带有很大的冒险成分。一旦成功,那么回报也是不菲的;但如果失败,也可能会把企业搞垮。

(5) 利润预算法。利润预算法包括前预算和后预算。前预算主要来源于历史利润的考虑,而后预算则主要是对未来利润的预测。这有点本末倒置的味道,但如果操控得好,那么效果也是可观的。

(6) 量力而为法。量力而为法是根据企业所拥有的资源来决定其投入,有点本末倒置

的味道。对于绝大部分新进入者或小企业而言，这是必须经历的。

（7）市场份额预算法。市场份额预算法是根据战略目标市场来确定的。这种预算方法往往用于那种强势品牌进行产品扩张或者专业品牌进军某重点区域市场或收复某区域市场的情形。它的背后是一种不计成本而只考虑战略意义的投入。

以上仅是在制定广告预算时比较常用的一些方法。实际上任何一家企业在做广告费用预算时，都不是单独地使用某一种方法，而是将好几种方法进行综合使用。

2. 广告费用分配

（1）广告费用在项目之间的分配。

一般而言，广告费用主要包括：①广告媒体费，主要是购买媒体的时间和空间的费用，占广告费用总额的80%～85%；②广告设计制作费用；③广告调查研究费；④广告部门行政费用。

（2）广告费用的分配方法。

① 按广告时间分配。广告费用按时间可以分为两种情况：一是按广告活动期限进行经费分配；二是按广告信息传播时机进行经费分配。许多产品的销售经常随着时间和季节的变化而变化，对这类产品合理地把握广告时机是抢占市场制高点的关键。因此，广告经费的分配要满足市场销售时机的要求。

② 按市场区域分配。按市场区域分配是指企业将整个目标市场分解成若干部分，而后按各个区域来分配广告经费。

③ 按广告对象分配。一般来说，以工商企业、社会团体用户为对象的广告，可以少使用广告费用；而以最终消费者为对象的广告，所占广告预算费用比重较大。

④ 按传播媒体分配。按传播媒体分配是根据广告计划所选择的广告媒体以及媒体刊播频次计划，分配广告经费的方法。这种预算分配的目的在于使用综合的传播媒体，以实现广告规划所预期的信息传播范围和效果。

（六）进行广告效果测定

1. 传播效果评估

广告传播效果是广告接受者对广告本身的记忆、回忆、认识、理解的情况。测定传播效果的项目有注意度、知名度、记忆度、视听率等。通过这些项目的测定来判定广告对消费者的心理效应的大小。

2. 销售效果评估

销售效果评估是指通过广告宣传后，对销售面和销售量进行测定。计算方法如下。

（1）广告效果比率法。广告效果比率是指一定时期内销售量（额）增长率与广告费用增加率的比率。计算公式为

$$广告效果比率=\frac{销售量（额）增长率}{广告费用增加率}\times100\%$$

按这种方法计算，广告费用增加率越小，销售量（额）增长率越多，广告效果比率就越大。

（2）广告效益法。广告效益是指广告引起的销售额增加数与广告费用之比。计算公式为

$$R=\frac{S_2-S_1}{P}$$

式中,R 为每元广告效益;S_2 为本期广告后平均销售额;S_1 为本期广告前平均销售额;P 为广告费用。

(3) 广告费比率法。广告费比率是一定时期内广告费与同期商品销售额之比。计算公式为

$$广告费比率 = \frac{一定时期内的广告费用}{一定时期的商品销售额} \times 100\%$$

按这种方法计算,广告费用越小,广告效果越大;反之,广告效果越小。

对于销售效果的测定,还应注意以下几点:①比较广告前后的实际销售水平,看销售额增长速度如何;②商品的市场占有率是否提高;③广告投入后,企业利润是否增加;④广告媒体的选择是否合理;⑤广告策略是否运用得正确;⑥广告目标是否实现。

(七) 广告作品制作

1. 广告语

广告语又称广告词,有广义和狭义之分。广义的广告语是指通过各种传播媒体和招贴形式向公众介绍商品、文化、娱乐等服务内容的一种宣传用语,包括广告的标题和广告的正文两部分。而狭义的广告语是指广告的主题,或者说,广告语是为了加强诉求对象对企业、产品或服务的印象而在广告中长期、反复使用的简短口号性语句,它要基于长远的销售利益,向消费者传达一种长期不变的观念。所以,也可称为广告口号。它是广告中令人记忆深刻、具有特殊位置、特别重要的一个短语或一句话。

2. 广告语创作规则

广告语是广告的生命。要创作出好的广告语,就必须分析现代消费者所处的广告环境和接受广告的方式。广告语的创作应把握以下几点规则。

(1) 简洁甜美。广告语要简短、意思明确;不简短就不便于重复、记忆和流传。广告语在形式上没有太多的要求,可以单句,也可以对句。一般来说,广告语的字数以 6~12 个字(词)为宜。所谓甜美,就是说广告语要让消费者感觉到一种纯净、永恒的美好意境。消费者总希望接收美好的信息,会按照个人喜好、兴趣、心理愿景选择信息。

(2) 与众不同。广告语要能在广告信息海洋中脱颖而出,要有个性。消费者总是在不经意的情形下接收广告信息的。如果广告语不能做到与众不同,自然不会引起消费者的注意。

(3) 熟悉易懂。广告语要在消费者熟悉的情形下一目了然、直截了当地进行诉求。再深奥的产品知识传递给消费者的就是简简单单的一句话、一幅画。

(4) 准确形象。准确就是要找准广告诉求点。这里的诉求点,就是指产品的独特卖点和消费者对本产品的独特心理需求。形象,就是说广告语要能深深打动消费者的心,要带给消费者美好的享受。

广告语创作是一项复杂的工程,绝不是玩文字游戏,要在策略指导下进行,只有这样,才能抓住产品独特的销售主张、品牌精髓,才能使广告语一语击中目标消费人群,以促进销售。因此,严格地说,广告语不是写出来的,而是策划出来的。

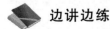
边讲边练

每 6~8 个学生一组,要求各组学生对某企业产品提炼一种广告语。

评价关键点:广告语是否简洁易懂,是否准确形象,是否具有创新性。

3. 电视广告制作

(1)电视广告的创意。电视广告可谓是"广告中的广告",是市场推广中杀伤力最强的重武器之一。圈里有"15秒定江山"之说。电视广告不但制作费用高,而且播放费用也高,广告效果的好与坏也反映得最明显、最直接。因此广告主及广告人都十分重视广告片的创意制作。

当广告的策略制定好后,"对谁讲""讲什么"都弄明白了,"怎么讲"就是最见广告人功力的时候了。我们可以把电视广告创意比作火柴,目标受众是蜡烛,火柴只有先点燃自己,才能点燃蜡烛。所以广告人首先要让好创意"点燃"自己,才能"点燃"观众。

(2)将创意变成制作的过程。

① 电视广告创意与制作是一对好兄弟,缺一不可。"烂广告"好比是一个口才极差的人,他要用50句话才能讲清一个道理;而"好广告"好比是一个口才极好的人,再复杂的道理,他用两句话就说明白了。电视广告不是写出来的,而是首先要在脑海里想出来,然后画出来,要的就是一个画面感觉。例如,你可以写"英俊潇洒的男人",但是,什么样子的男人才是英俊潇洒的男人呢?则各有各的看法。

② 画创意比写创意更有镜头感觉。电视广告是视听艺术,首先是画面,其次是声音。有些广告甚至连一句解说词都没有,观众也能看懂它的意思,因为画面把它的意思表达得很清楚了。

③ 电视所具有的视听结合的特性,为当众示范表演、说明验证产品提供了可能性。电视广告优于其他媒体之处在于能使消费者"眼见为实"。30秒长的电视广告,如果开头4秒不能引起观众的兴趣,那么这条广告就算失败了。有些客户最关注的是画面上何时展示产品、亮品牌。要知道观众看广告是无意识的,如果观众对你的广告不感兴趣,根本不看,那么你出产品、亮品牌又有什么用?所以每条广告都要有让观众感兴趣且能记住的点。

(3)广告片制作流程。在创意思路得到客户认可之后,可进入广告片拍摄制作前的准备工作。广告片拍摄制作前的工作涉及导演、演员、摄影、灯光、美术、置景、音响、服装、化妆、道具等。电视广告片往往要在30秒内表现全部创意的内容,故需精雕细刻,每一个镜头的秒数都要加以精密计算。拍摄完毕就进入冲洗胶片、胶转磁、编辑合成阶段,同时进行配音、配乐、加字幕、加特技等工作。

4. 短视频广告制作

好的短视频在平台上进行高质量的投放,可以帮助企业带来好的转化,有利于推动产品推广,提高品牌知名度。在短视频平台上推广的商家数量众多,竞争很激烈。想要让短视频广告有更高的播放量,就需要掌握一些短视频广告的制作技巧,具体包括以下几个方面。

(1)介绍产品。在广告短视频的拍摄过程中,需要介绍产品信息,但要尽量避免开头直接引进广告,否则会引起消费者的反感,对产品的推广不利。可以在视频内容中,稍微婉转地植入广告信息,这种软推广的效果也是很好的,让用户愿意主动了解产品信息。

(2)搭建拍摄场景。要拍摄出具有推广效果的短视频,在搭建拍摄场景时可以用一些小技巧,如可以将品牌 Logo 作为视频拍摄的背景,营造出品牌的宣传氛围,带给用户更直观的视觉感受,留下深刻印象。

(3) 短视频广告的时长。短视频广告的时长一般在 15～30 秒,时间太长会影响用户的观看体验,会有厌烦的感觉。想要通过几十秒的视频起到好的宣传效果,视频开头的 5 秒一定要精彩,让用户对视频内容感兴趣,这样才能够留住用户。

(4) 短视频广告的创意。短视频的创意是视频广告取胜的关键。制作短视频广告时,可以先参考同行优质的视频广告,再设计自己的拍摄方案,在短视频广告中,既要突出产品卖点,也要让视频富有创意,这样才能够赢得用户的好评。

(5) 短视频广告的后期制作。拍摄好短视频广告之后,视频的后期制作同样重要。可以使用万兴喵影等剪辑软件,对短视频进行剪辑制作,也可以使用软件中的素材资源,丰富短视频的内容。短视频广告制作,一定要借助专业的视频剪辑工具,这样可以提高视频制作效率,得到高质量的短视频作品。

(6) 注重文案策划。短视频广告中可以添加字幕,生动的文字能够增加短视频的趣味性,提高视频的创意。一个好的短视频广告题目能够突出视频亮点,吸引人们关注。

 同步实训

广告策划方案

1. 实训目的与要求

通过本实训,使学生了解和掌握广告策划的程序、步骤和内容,培养学生对产品进行定位,明确诉求对象,对广告文案进行策划的能力。

2. 实训背景与内容

本实训在对某企业新产品上市、产品促销或企业形象广告调查与分析的基础上进行整体广告策划,使学生学习和巩固广告策划中制定广告目标、确定广告任务、广告媒体策划、编制广告预算、编制广告策划书等有关理论知识,并为企业提出整体广告策划方案。

3. 实训操作要点

(1) 要求教师对广告策划实践应用的重要性给予充分说明,调动学生项目操作的积极性与热情。

(2) 要求教师对某产品广告策划的程序、内容和方式进行具体指导,其中明确广告诉求对象、广告诉求方式和广告创意表现是重点,需要学生对竞争对手的产品广告文案表现非常熟悉,并能够结合实际进行广告创意与设计。

4. 实训步骤与方法

(1) 采用模拟分权式组织结构,要求学生以六人为单位成立模拟营销策划机构,每个策划机构设策划经理一名、副经理一名、策划专员若干。

(2) 策划专员在策划经理的领导下分工合作选定设计产品,根据广告目标,确定广告受众对象。

(3) 确定广告主题,对产品进行广告策划,主要包括产品定位、广告诉求方式、广告文案表现和广告媒体选择。

（4）撰写产品广告策划书。

（5）递交作品，在班级内将作品进行展示交流。

5. 实训考核

（1）采用过程考核与项目作业评价相结合的方式，注重小组讨论、项目成果、汇报交流等环节的评价。

（2）提高广告策划能力的考核权重，重视学生在项目作业中的广告定位与诉求策划能力。

（3）注重考核学生诚信经营、品质第一、顾务至上的经营理念，特别强调树立大局观的考核。

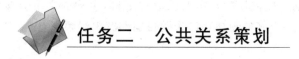

任务二　公共关系策划

知识目标

1. 了解公共关系策划的概念及原则。
2. 掌握公共关系策划的步骤。
3. 掌握公共关系策划方案的内容。

技能目标

1. 能够确定公关活动目标。
2. 能够确定公关活动主题。
3. 能够设计公关专题活动方案。
4. 能够制订公关活动效果评价方案。

课程思政

1. 坚持"攻城为下，攻心为上"的公关精神。
2. 培养公关策划中的大局观、整体观。

 案例导入

大灾见真情，鸿星尔克彰显国货担当

2021年7月的鸿星尔克捐款事件让鸿星尔克一夜爆红，堪称最为成功的事件营销之一。7月21日，鸿星尔克通过郑州慈善总会、壹基金向河南捐赠5000万元救援物资。这一捐款善举，引发了网络热议，一夜之间冲上微博热搜。成功出圈之后，鸿星尔克的线上直播间、线下门店卖货异常火爆。

鸿星尔克"慷慨"的捐赠行为意外引发了网友们的疯狂追捧,迅速冲上热搜。一时间,"鸿星尔克濒临破产,为河南灾区捐赠5000万元物资"的消息火遍全网,鸿星尔克被网友捧为"国货之光"。7月22日,话题#鸿星尔克的微博评论好心酸#登上微博热搜榜榜首。相关话题微博阅读量超10亿。不仅如此,网友开始在线上直播间和线下门店开始疯狂消费。7月22日鸿星尔克的直播间单场观看人数暴增到201.7万人,当晚的销售额超过了1500万元。到7月24日,鸿星尔克的淘宝直播间观看人次更是达到近2000万。而仅在一周前,该数据最多也不过5000人次,暴涨4000倍!根据飞瓜数据显示,在抖音连续直播近48小时后,鸿星尔克抖音直播间点赞量4.2亿,成为抖音直播最高纪录,鸿星尔克3个抖音直播间的累计销售额超过1.3亿元。与此同时,线下门店销售同样异常火爆。武汉鸿星尔克线下门店一天销售额甚至暴增130余倍。

鸿星尔克的一夜爆红,是一个善引发善,爱传递爱的故事,国内消费者支持鸿星尔克,实际上是人们对"好人有好报"的正义观的坚持!如此一来,鸿星尔克传为佳话,成为国货之光。

资料来源:https://baijiahao.baidu.com/s?id=17857012471044180388&wfr=spider&for=pc。

思考:如何看待鸿星尔克的捐款事件?对公共关系营销策划有何启示?

一、公共关系策划的概念

公共关系策划是指公关人员通过公众进行系统分析,利用已经掌握的知识和技能对公关活动的整体战略与策略运筹规划,是对于提出公关决策、实施公关决策、检查公关决策的全过程做预先的考虑和设想。

二、公共关系策划的原则

公共关系策划作为整个公共关系活动的核心环节,在策划的整个过程中,虽然会出现很多高超的艺术性处理,但也必须遵循以下基本原则。

1. 统一性原则

首先,公共关系策划目标要和组织目标相统一。一个社会组织的公共关系工作只是按这个社会组织总目标的要求来进行的、要对完成总目标起到良好的辅助作用。其次,公共关系策划要符合作为公关主体的本组织的自身现状,不同的公关主体类型要求的公共关系策划模式以及工作重心各不相同。例如,行业协会的公共关系与政府的公共关系活动要求必然有较大的差别。

公共关系
策划前瞻

2. 可行性原则

可行性原则要求公共关系活动的策划既具备可操作性又具有现实可能性这两个方面的内涵。这主要是指在公共关系策划上,主要要求领导者分析形势、进行策划时,要考虑多方面的条件,争取有较多的把握,最后取得胜利。因此良好的策划除要求有奇思妙想以外,更多地要考虑如何落到实地。再好的方案,不具备现实完成的条件,也就只能如《猫和老鼠》寓言中的这群老鼠一样望猫兴叹了。

3. 伦理道德原则

公关从业人员的职业道德中明确指出，公关人员注定永远是低调的幕后英雄。从事公关策划的人员，对于企业的商业秘密应严加保守。在信息传播的过程中，不应该留下任何人工雕琢的痕迹，这应该是公共关系策划的最高境界。然而，在当代中国公关事业迅猛发展的背景下，出现了大量的无良策划者，他们只图一时的轰动效果，有时不惜以牺牲宝贵的道德为筹码，满嘴谎言、欺骗公众的案例比比皆是。鉴于此，当前的公共关系策划应该更加重视策划的道德底线、自觉地将道德原则作为策划的出发点和落脚点，才能产生良好的社会效益，从而维护公共关系本身的良好形象。

案例：猫和老鼠

4. 真实性原则

公共关系策划必须以准确丰富的信息做依据，才能保证策划出植根于现实、符合公众需要的有说服力的真实方案。因此，公共关系策划必须包含以下几个方面的信息。

（1）社会环境信息。社会环境信息包括政治、经济、文化、科技、外交、社会、舆论等方面的信息。

（2）公众信息。公众信息包括相关的公众特点、态度、行为、需求、目前各方面的状况等。

（3）组织自身信息。组织自身信息包括组织发展总目标、组织领导层对公共关系工作提出的任务和要求、组织的运作情况等。公共关系工作目标信息是策划的重要依据，也是策划的起点。

（4）具体公共关系工作条件信息。具体公共关系工作条件信息包括公共关系组织建设、人员构成、经费预算、物资设备和技术、场地等。

5. 创新性原则

公共关系策划作为一种思维活动，一方面需要发挥大脑的主观能动性，创造性地提出一些思想、观点、看法。另一方面，公共关系工作要获得良好的传播效果，必须有效影响公众，善于引起公众注意，符合公众心理，调动公众参与合作的热情。要达到此目的，策划必须有创意，以新颖的、奇特的目标、主题、活动方式等吸引公众。当然创新要区别于哗众取宠的庸俗的"创新"，要符合健康向上的审美情趣。

案例：五个公关营销创新让 Uber 火得一塌糊涂

公共关系策划尽量要求新、奇、特。公共关系策划的"新"，要求点子出得新，主题新颖，活动方式不落俗套。公共关系策划的"奇"，要求角度选得巧，时机把握得准，对势的运用恰到好处，要能调动公众的参与热情。公共关系策划的"特"，要求策划方案中有独特的东西，具有独创性。如果只是跟在别人后面模仿或套用已有的思路和方法，很难吸引公众的注意，而且使策划显得平庸，没有充分发挥策划的作用。

三、公共关系策划的步骤

广义上的公共关系策划通常应遵循的步骤如图 5-2 所示。

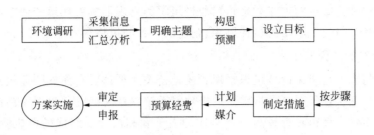

图 5-2 公共关系策划一般程序

(一) 收集公共关系策划信息、明确公共关系策划主题方向

公共关系策划过程推进于公共关系调查程序之后,这意味着这一过程从一开始便拥有得天独厚的信息占有上的优势,但这并不表明策划过程可以坐享其成,要想制定出标的清楚、指向正确的策划主题,还必须完成对现有信息的重新筛选和组合利用等工作。这其中最为重要的是那些与组织经营决策和形象荣誉相关的信息,具体包括以下内容。

1. 公众对组织形象的评价信息

公共关系工作的核心就是围绕着形象这一主题开展的,研究组织形象的价值和作用有助于确立其在公共关系中的战略地位。这主要考察两个方面:①组织形象塑造的综合方面形象,这是贯穿公共关系策划活动始终的核心线索,它主要是判断社会公众对于组织形象的总印象和总评价,是主客观印象的统一体。②公众对组织的实际行为反馈,运用公共关系塑造组织形象是指一个组织通过各种信息传播手段,与公众进行沟通,使公众在客观的基础上对组织的认知和评价与组织的追求和实际行为趋于一致。

2. 组织自身状况的信息

组织自身状况的信息主要从两个方面入手分析:一个是组织的"本我";另一个是组织的"超我"。

所谓组织的"本我",就是组织的实际社会形象,是指社会组织对一个组织真实的看法与评价。它是组织形象的客观存在,是组织真实现状的反映。了解组织的实际形象(即"真我"定位)是制定公共关系目标的基本依据。所谓组织的"超我",又可以叫作组织的理想形象,这是组织的内部公众以及公共关系工作人员对自身形象的自我期望,也可以说成是自我的社会定位,即该组织希望在社会公众心目中塑造的形象,这往往存在一定的主观感情超然的色彩,有时可能出现定位过高、曲高和寡的情况。

3. 整体形象和特殊形象

组织的整体形象是指社会公众心目中对组织的全部看法和评价,组织的特殊形象是指与组织有特殊利益关系和对组织有特殊要求的公众对组织的看法与评价,这是特殊公众从特定的角度对组织形成特定的看法和评价。

组织必须善于处理好特殊公众和其他公众的关系,使特殊形象和整体形象达到平衡统一,以保证为组织营造良好的生存和发展环境。

4. 外观形象和内在形象

组织的外观形象是指社会公众对组织的名称、标记、环境、建筑、设备、设施、组织行为等方面的看法和评价。组织的内在形象是指通过组织的外观形象表现出的内在品质给公众留下的印象,如组织的信誉、职工的精神风貌、企业的特征与风格等。

5. 组织危机的预警信息

应变心理与能力是指无论是组织管理者还是公关人员都要有强烈的危机意识和危机应变的心理预备。危机预警系统是指建立危机预警系统以及时捕捉危机爆发前的预兆。危机预警系统包括组建一个由具有较高专业素质的人员和高层领导组成的危机管理小组;建立高度灵敏、准确性强的信息监测系统;建立自我诊断制度;面对员工开展危机管理教育和培训,增强全体员工的危机管理意识和技能。

(二) 制定公共关系策划目标、确定公共关系对象

公共关系目标对于整个公共关系策划具有鲜明的导向作用,它具体是指组织单位通过公共关系活动的实施所希望达到的形象状态和理想标准,其主要是有针对性地解决在公共关系调查环节当中所发现的组织潜在的和现实的各种问题,并在了解和明确目标公众的基础上构建目标体系。公共关系策划目标按照不同的标准可以分成很多类型,以下选取较为常用的按照组织目标的功能定位划分,最为常见的公共关系目标有以下四类。

1. 以信息传播为公共关系目标

这主要是通过信息传播让公众增加对组织的知晓,在某个特定的时期,如组织刚刚成立之时,或者组织刚刚发生重大的变动、组织正式出台了一个重要的政策、发生了一个重大的人事变更、推出了一个新的服务项目或产品,或者有重要的信息需要迅速地传播给特定公众,这时组织的公共关系部门都需要策划,推出旨在有效快速地传播重大信息的公共关系目标与工作项目,扩大组织的知名度和特定对象公众对组织一系列信息的知晓度。

2. 以联络感情为公共关系目标

对特定对象公众情感的投资既是一个组织的公共关系人员的一项长期工作目标,也是在较短时期内有助于组织公共关系形象维护与加强的深层次工作。因此,联络公众感情的公共关系目标既要在整个组织的公共关系工作之中,努力建立特定公众,特别是关键公众、重要公众对本组织较为牢固深厚的情感基础,也要专门策划和制定专项的联络感情的公共关系目标项目,以便在短期内达到联络组织与对象公众感情的良好效果。例如,美国通用食品公司在联络公司众多股东情感时所使用的公共关系方法,是在每年的圣诞节为每位股东寄上公司新出的罐头礼品,并提供一系列的公司产品购买优惠政策,定期联络与各位股东的感情,加强股东对公司的归属感、自豪感和感激之情,以便公司的各项政策与措施能得到各级股东的大力支持。这些公共关系活动都服务于联络特定公众情感的公共关系目标。

3. 以改变态度为公共关系目标

一般来说,社会公众对某一组织的态度可以近似地划为正面态度与负面态度两种基本类型,正面态度包含同情、亲近、了解、信赖、好感等心理倾向;而负面态度则包含敌视、偏见、冷淡、怀疑、无知等因素。在公共关系实务活动中,以知晓为主要目标的信息传播经常难以改变公众持有的对组织较为坚定的负面态度,而公共关系人员改变公众态度的公共关系行动就是要有效地使用多种传播手段与信息,努力促进这些特定对象对本组织的了解与好感,促成公众对组织正面态度的生成与巩固。

4. 以改变行为为公共关系目标

改变行为是以改变态度为前提的,但即使改变了态度,公众也未必产生相应的行为反应,所以改变行为的公共关系目标就在于促使公众行为的改变,是直接策划或引发对象公众对本组织实施具体良性的行为。一般公共关系人员在考虑需要引发公众什么样的行为之前,都要仔细地考虑对象公众的基本情况、对组织已有的信息知晓度、态度情感状况等基本资料,然后才可能制定正确得当的引发行为目标。

在进行目标策划时应注意以下几点:公共关系目标应具体明确,可直接操作。如"提高现有销量的22%"的目标与"提高产品销售量"的目标相比,前者可以直接操作。公共关系目标应具有可行性和可控性。

公共关系目标是一个完整的目标体系,总目标与各个子目标之间应形成一个严密的逻辑关系,公共关系人员所制定的公共关系目标体系应要求本组织的所有部门、人员都知晓、理解并赞同,以便于进行全员公共关系,形成强大的合力。

(三)制订策划方案、推进策划实施

制订策划方案环节具体应完成以下几方面工作。

1. 选择适当媒介

这项工作的实质就是找到在特定的对象公众与社会组织之间建立起畅通无阻的信息双向沟通的渠道,并挖掘目标公众与社会组织两者沟通的相关信息的最佳方式。现存的主要大众媒介的特点和传播效果各不相同,同时也都各有利弊。对不同目标公众,选择适合的媒介进行传递将事半功倍。同时对公众而言,各种媒体的权威性、报道客观与否、品质是否公正、信息传播技巧是否运用得当、传播过程能否蕴含真情实感、能不能更多地关注公众利益等这些细节,都会让传播活动的影响力相差甚远。因此,选择媒体工作时应该精心策划。

2. 编制经费预算

公共关系活动同样是一种市场行为,虽然不像促销行为那样追求立竿见影的营销效果,但作为一项长期投资,其必须考虑投入和产出的关系,这就需要对公共关系活动进行经费预算,使策划具有可行性和现实性。公共关系预算的构成如下。

(1) 劳务工时报酬。

(2) 行政办公经费,包括办公用品、电话费、房租、水电费、保险费等。

(3) 专业器材和成品制作费用。

(4) 宣传费用,包括公共关系广告费用及各项大众媒介宣传费用。

(5) 实际活动费,包括座谈会、宴会、参观、大型纪念活动或庆典活动及其他接待应酬的开支等。

(6) 赞助费,如赞助社会文化、教育、体育和各种福利事业或慈善事业的费用。

3. 审定方案、促进方案实施

审定方案是推进公共关系策划实施的桥头堡,它是对公共关系策划活动进行再分析,起着承上启下的作用,即对前期策划工作进行总结和即将启动方案实施的过渡作用。审定方案一般是由组织领导、专家及具体工作人员对方案进行咨询、答辩、论证,对既有的公共关系策划方案进行修改、完善和定稿。

4. 评估公关效果、总结策划经验

真实、有价值的公关效果评价应包括以下基本环节。

（1）评价目标的明确性。

（2）选择适宜的评价标准。

（3）收集必要的资料。

（4）资料分析，用于做出综合评价。

（5）效果评价结果的运用。必须及时将结果汇报组织管理层，以综合利用公共关系策划成果、协调组织全面工作。

四、公共关系策划的类型

（一）宣传型公共关系活动策划——新闻发布会

宣传型公关活动模式是运用大众传播媒介和内部沟通方法，开展宣传工作，树立良好组织形象的公共关系策划活动模式，从而达到提高本组织的知名度，同时形成有利于组织自身的社会舆论环境的活动模式。其基本特点是主导性强、时效性强、传播面广、推广以及塑造组织形象效果明显、使用频率较高。

开展宣传型公关活动策划，主要可分为以下几种形式。

1. 运用公关广告形式

按照本组织的意图，在报纸、杂志、广播、电视等新闻媒介上宣传自己、树立形象，争取有关公众的好感。公关广告的策划程序如下。

（1）确定广告主题。做好公关广告，首先要有明确的主题，比较好的办法是以企业政策作为广告主题来强化企业形象。主题的选择可围绕组织的"声望""服务""经济贡献""员工关系""特殊事件""人事关系"等角度进行。

（2）选准诉求对象。由于企业所面临的问题及所处具体公关环境时有变化，所以，在进行公关广告对象策划时，应该有所不同，但要尽可能广泛地向所涉及的公众诉求。例如，三菱重工在中央电视台播放的广告"三菱重工愿为中国人民的现代化建设作贡献"。

（3）有效把握发布时机。具体包括：①配合节日发布公关广告；②利用组织的各种纪念日发布公关广告；③利用工作成就发布公关广告；④利用政府举办活动的时机；⑤利用重大事件。

2. 策划专题活动，制造"公关新闻"

这是一种不支付费用的宣传方式，在效果上比公关广告更有说服力和吸引力，更有利于提高本组织的知名度。因此还可在策划新闻的基础上进行新闻发布会的策划，获得最大化的传播收益。

（1）公关新闻策划的基本技巧。

① 应该就公众在这段时期内最关注的话题制造新闻。

② 制造新闻比一般新闻更富有戏剧性，更能迎合新闻界及公众的兴趣。

③ 能明显提高组织的社会知名度。

④ 必须符合新闻规律，要真实可靠。注意不允许捏造事实，欺骗舆论。

⑤ 应该抓住"新、奇、特"这三点去制作新闻。
⑥ 制造新闻时,要有意识地把企业和某些权威人士及社会名流联系在一起。
⑦ 应与传统的盛大节日或纪念日联系在一起,制作有关企业的新闻。
(2) 新闻发布会的策划特征。
① 正规隆重。形式正规,档次较高,参加者要有一定的身份和地位。
② 沟通活跃。发布信息,相互问答,双方沟通时间较长,接触较深。
③ 传播迅速。舆论反馈明显,发布信息速度快,扩散面广,社会影响大。

3. 开放参观活动策划

开放参观活动策划较为繁杂,但能有效帮助组织树立良好的形象。具体策划时应注意以下几点。

(1) 选好开放的时机和缘由,获得较多的好奇心,不能为了开放而开放,要定位好开放的要旨。

案例:
刘强东怼英语怼阿里,看京东如何借力 CNBC 搞公关

(2) 明确开放的内容,一般包括现场观摩、介绍、实物展览三种。一般社会组织采用的策划程序是事先准备好宣传手册,现场发给参观的公众,配合口头讲解和现场观摩,让公众参观工作现场,以实物或员工的实际行动来说明社会组织的内在面貌。最后是实物展览,以资料、模型、样品的陈列等对公众做补充说明。

(3) 以真诚和热情的态度对待每一个参观者。

4. 庆典活动策划

庆典活动策划应注重在充分调查研究基础上进行主题的定位和选择。基本要求:主题明确、有号召力;项目题目新颖、别致,不落俗套,以期最大限度地吸引公众的注意力,产生社会轰动。要求整个策划的基调应该是以"喜庆"贯穿始终,并讲求基本细节。

(二) 交际型公共关系活动策划

交际型公共关系活动策划是以感情沟通为主要方式,而不借助其他任何媒介,通过策划与公众直接接触的活动方案,在日常的人际交往中开展公共关系活动,有效建立感情,以获取关键性公众或某些重要公众对组织的支持,加深本组织关键性公众以及重要公众对组织的感情与了解,从而增加日后进行业务与公共关系活动时的成功把握。

1. 基本策划形式

(1) 团体交往。团体交往包括各式各样的招待会、座谈会、宴会、茶话会、慰问会、舞会等。

(2) 个人交往。个人交往包括交谈、拜访、祝贺、信件的往来等。

2. 策划的开展

交际型公共关系是一种有效的公关方式,它使沟通进入情感阶段,具有直接性、灵活性和较多的感情色彩。

实施策划这类活动需要在平凡之处见真情,具体要求有以下几点。

(1) 情真意挚。对公众要报以真挚的感情,真心实意地交往。要说真话,向公众提供真实的信息。对公众要一视同仁,不受社会地位、经济条件、文化程度的影响,一律平等对待。

(2) 讲究礼仪、礼节。公关人员要按基本礼仪规则行事,注重个人的仪表、言语、行动和

精神风貌,要以良好的形象出现在公众面前,并善于巩固和推进友谊。

(3) 关照日常工作细节。要将交际公关的意识深刻灌输于企业员工的脑海,以备在具体情境转化时,能以合理的感情进行交流,提升沟通效果。

(三) 社会型公共关系活动策划

社会型公共关系活动策划就是组织利用举办各种社会性、公益性、赞助性的活动,扩大组织的社会影响,提高组织的知名度,塑造组织良好形象的公共关系活动的策划。社会型公共关系活动往往不会给组织带来直接的经济效益,并且短期内会增加组织的额外费用,但从长远来看,它为组织树立了完美的社会形象,并创造了良好的外部公关环境。

1. 基本策划切入点

(1) 以组织本身的重要活动为中心开展策划。

(2) 以赞助社会福利、慈善事业,赞助公共服务设施的建设等。

(3) 资助大众传媒举办各种活动,提高组织的知名度。

2. 实施策划这类活动的基本策略

(1) 善于运用各种时机,灵活策划各种公关活动,以期引起新闻界和公众的兴趣与重视,通过大众传播达到扬名在外的目的。

(2) 坚持利他原则,特别是尊重公众利益,重视社会整体效益。例如,北京某餐厅本无名气,一次举行"支援非洲日,义卖三天"的活动,引起了新闻界的极大兴趣,并做了专题报道,知名度迅速提高。

(3) 社会型公共关系活动要充分结合宣传型公共关系活动共同完成。

(四) 危机型公共关系活动策划

1. 概念

危机型公共关系活动策划是指社会组织在遇到问题与危机,公共关系严重失调,组织形象受到损害时,为了扭转公众对组织的不良形象或已经出现的不利局面而开展的公共关系活动的策划。

2. 策划的特点

由于公关危机的出现不可预测,因此这种类型的策划往往是要随机应变、灵活处置的。其目的是对严重受损的组织形象及时纠偏、矫正,挽回不良形象,转危为安,重新树立组织的良好形象。其策划特点:一是方案要"及时",及时发现问题,及时纠正问题,及时改善不良形象;二是道歉要真诚迅速,信息渠道要畅通;三是应策划出"示弱"的形象,以赢得大众的同情。

3. 危机型公共关系的策划重心

危机型公共关系的策划重心是查明原因、充分澄清事实,以及尽快恢复他人对产品的信任,重修形象。

？/ 即兴思考

如何看待东方甄选小作文事件?如果你是东方甄选的管理者,发生小作文事件危机时会如何进行公关?

（五）征询型公共关系活动策划

1. 概念

征询型公共关系是以采集社会信息为主，掌握社会发展趋势的公共关系活动模式，其目的是通过信息采集、舆论调查、民意测验等工作，加强双向沟通，使组织了解社会舆论、民意民情、消费趋势，为组织的经营管理决策提供信息服务，使组织行为尽可能与国家的总体利益、市场发展趋势以及民情民意一致；同时，也向公众传播或暗示组织意图，使公众的印象更加深刻。

2. 策划的工作方式

（1）产品试销和销售调查、市场调查。

（2）访问重要用户、供应商、经销商。

（3）调查内外公众意愿，如征询客户使用意见，鼓励职工提合理化建议。

（4）开展各种咨询业务，建立信访制度和相应的接待机构，设立监督电话，处理举报和投诉等。

3. 策划的重心

征询型公共关系活动策划的重心在于活动具体操作设置上的科学性以及实施过程中的精细和诚意，并且要求能开展有效的互动，以达到保持组织与社会环境之间的平衡。具体的实施过程：当组织进行一项工作后，就要设法了解社会公众对这项工作的反应。经过征询，将了解到的公众意见进行分类整理，加以分析研究，然后提出改进工作的方案，直到满足公众的愿望为止。

（六）网络型公共关系活动策划

网络型公共关系活动作为一种新型的公共关系类型，是指社会组织借助网络、计算机通信和数字交互式媒体，在网络环境下实现组织与内外公众双向信息沟通与网上公众协调关系的实践活动。这种新型的公共关系由于其独特的价值效应，日益受到广泛重视，掌握这种公共关系模式的运作，是在未来新媒体迅猛发展下赢得商机、获得良好的网络公共关系形象的制胜法宝。

案例：大众汽车的网上推广策略

 边讲边练

6～8个学生为一组，为某企业模拟召开新闻发布会。

 同步实训

公共关系策划方案

1. 实训目的与要求

通过本任务的训练，掌握公共关系策划的运作过程。在明确公共关系目标的基础上，能够用尽可能少的预算费用进行较好的公共关系活动策划，如公共关系专题活动策划等，同时能够根据一定的市场背景，制订和实施公共关系活动计划，最后能够对公共关系活动效果进行评估。

2. 实训背景与内容

针对上个项目调研分析的结果,为该企业撰写公共关系活动策划书 1 份,包括公共关系目标、公共关系主题、公共关系专题活动、公共关系费用预算及公共关系效果预测等内容。

3. 实训操作要点

(1) 要求教师对公共关系活动实践应用的重要性给予充分说明,调动学生项目操作的积极性与热情。

(2) 要求教师对公共关系活动设计的程序、内容和方式进行具体指导,其中公共关系活动现场布置及管理是重点,需要学生对现场地理位置及周边环境非常熟悉,并能够结合实际进行方案的设计。

4. 实训步骤与方法

(1) 采用模拟分权式组织结构,要求学生以六人为单位成立模拟营销策划机构,每个策划机构设策划经理一名、副经理一名、策划专员若干。

(2) 策划专员在策划经理的领导下分工合作,了解项目竞争者的公共关系策略,同时在企业形象调查的基础上,设计相应的公共关系专题活动。在此基础上制定公共关系预算,并进行效果预评估。

(3) 撰写公共关系活动策划书。

(4) 递交作品,在班级内将作品进行展示交流。

5. 实训考核

(1) 采用过程考核与项目作业评价相结合的方式,注重小组讨论、项目成果、汇报交流等环节的评价。

(2) 提高公共关系策划能力的考核权重,重视学生在项目作业中的公关专题活动策划能力。

(3) 注重考核学生"攻城为下,攻心为上"的公关精神,树立公关策划中的大局观、整体观。

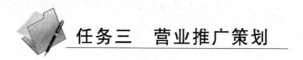

任务三 营业推广策划

知识目标

1. 了解营业推广策划的概念及特点。
2. 掌握营业推广策划的步骤。
3. 掌握营业推广策划方案的内容。

技能目标

1. 能够确定营业推广的目标和方式。
2. 能够根据企业需求撰写重要节日的营业推广策划方案。

> **课程思政**
> 1. 坚持诚信经营、杜绝虚假的经营理念。
> 2. 树立"爱国、敬业、诚信、友善"的价值观。

 案例导入

西贝莜面村携手抖音心动大牌日营造火热气氛

2023年10月下旬,随着西贝莜面村携手抖音心动大牌日举办"西贝那达慕羊肉美食节",西贝迎来品牌声量及销量双爆发的关键营销时机,也是战略转换关键期,最终官方账号直播营收破730万元,14天GMV超过2100万元,增长950%,西贝莜面村用多样玩法焕活品牌年轻力,通过明星直播专场、达人趣味探店、热点话题引爆等核心营销动作,引导更多年轻客群关注西贝,再结合线上"种草"、线下"拔草"的用户消费路径养成,实现品效销一体化。

1. 线上线下精准辐射,打包预热引爆社交媒体

为了实现线上线下双渠道同时打开流量,制造活动前期预热话题,西贝莜面村成都王府井店+武汉万象城店制作抖音心动大牌日主题包店,超过300家门店全面铺设"抖音心动大牌日"联合物料,打造线下那达慕羊肉美食节氛围感,抖音心动大牌日全国大屏规模上刊,精准辐射西贝亲子、家庭聚餐等目标客群。通过星图达人宣发、短视频达人探店、投稿,营造火热打卡气氛,并邀约明星在线下发起新闻发布会做前置预热、达人发布那达慕美食节内容,实现线上线下内容传播互动,引爆社交媒体,持续深化用户品牌心智。

2. 短视频+直播策略升级,拉动正餐消费稳步增长

更重要的是,通过西贝那达慕羊肉美食节的短期爆发性传播,打开了更广阔的"羊肉"消费者市场,最终建立"吃烤羊,来西贝"的消费者心智认知,带动线上线下消费增长,实现品效合一。除了前期的预热宣发,活动期间的短视频、直播矩阵也为其增添了不少助力。

西贝莜面村联合平台级IP"抖音心动大牌日",重点打造品牌大型活动"西贝那达慕羊肉美食节",在放大品牌声量的同时,实现声量和销量双赢,进一步加强年轻消费群体对西贝莜面村的品牌认知,带给用户更快乐更独特更有品质的美食体验。

资料来源:https://news.tom.com/202312/4538904083.html。

思考: 西贝莜面村如何营造火热气氛,其营销策划成功的关键之处是什么?

一、营业推广策划的概念及特点

1. 营业推广策划的概念

营业推广策划就是根据企业的营销目标,在充分研究市场的基础上,确定企业在某一阶段或某一产品的营业推广目标,针对不同的促销对象,在适当的时机,选择富有创造性、激励性的营业推广方式,制订有效的营业推广促销行动方案。

2. 营业推广策划的特点

(1) 营业推广策划通常是短期考虑。营业推广策划通常是为了立即反应而设计,所以常常都有限定的时间和空间。同时，营业推广这种方式具有强烈的刺激性，因此，它不能长期地经常使用。否则消费者就会感到疲倦，而使其失去强烈刺激性的特点。

(2) 营业推广策划注重的是行动。要求消费者或经销商亲自参与，行动导向的目标是立即销售。

营业推广策划认知

(3) 营业推广策划的工具多样性。营业推广由刺激和强化市场需求的花样繁多的各种促销工具组成。现今的营业推广活动已比以往的折扣、商店内示范样品、赠券、产品配套竞赛、抽奖、以赞助为目的专门性音乐会、交易会、购买点陈列等方式有了更加丰富多彩的内容，还出现了联合促销、服务促销、以顾客满意（CS）为目的和标准的满意促销等。

(4) 营业推广策划目标的针对性。营业推广策划往往是为了诱使消费者购买某一特定产品而在某一特定时间提供给消费者一种激励，所以它的针对性较强。

(5) 营业推广策划效果的即时性。营业推广策划见效快，销售效果立竿见影，对销售的增加具有实质的价值。

二、营业推广策划的步骤

（一）确定营业推广策划的目标

企业进行营业推广活动，首先要根据目标市场的需求，企业的营销计划来确定营业推广的目标。企业营业推广的目标主要有以下三类。

(1) 针对消费者的促销目标。促进新用户试用，促进新顾客购买，鼓励重购，鼓励提高单次购买量，提前购买时间，强化对品牌的忠诚度，说服消费者放弃竞争对手品牌转用本企业品牌等。

(2) 针对中间商的促销目标。鼓励大批量购买，鼓励购买新品牌，鼓励重复购买，鼓励销售过时、过季的库存商品，强化中间商对本品牌的信任和偏好，鼓励改进商品陈列，鼓励规范渠道管理等。

(3) 针对企业内部销售人员的促销目标。鼓励实现销售目标，完成销售任务，推广某种新产品，开拓新市场，开发新客户，提高业务技能，提高工作积极性等。

（二）选择营业推广方式

1. 针对消费者的促销

1) 折价促销

(1) 折价促销的含义。折价促销也叫价格折扣，是指厂商通过降低商品的正常售价，激发消费者的购买欲望，促进商品销售的一种促销方式。

(2) 常见的折价促销方式。

① 直接打折，如"全场8折""9折销售"等。直接打折的优点是消费者可以明确知道该商品此时购买能便宜多少，能比较强烈地引起消费者的注意，并刺激消费者做出购买决策，促使消费者改变购买的时间（提前或推后），或增加购买的数量。据估测，折扣率至少应该达到10%~20%才能对消费者产生影响，一些实施高质低价定位战略的商品折扣率在5%左右也能发挥促销作用。对于品牌知名度高、购买频率高、消费者关注度比较高的日用消费

品,直接打折效果比较明显。对于同质化程度比较高的商品而言,如果品牌知名度不高,即使采取较高的折扣,效果也不会十分明显。

② 数量折扣是指对大量购买某种商品或服务的消费者提供的一种价格折扣。数量折扣通常是按照购买数量的多少,分别给予不同的折扣,购买数量越多,折扣越大;数量折扣可以使消费者一次购买某种商品达到一定数量或金额,或者一次购买某几种指定或不指定商品达到一定数量或金额,或者一段时期内累计购买商品达到一定数量或金额给予一定的折扣优惠。数量折扣的目的在于鼓励消费者大量购买或集中购买,因此适用于那些购买频率高,消费者需求量大的日用消费品。

(3) 折价促销的优缺点。

优点:这种促销方式具有促销效果明显、促销活动容易操作和控制、有效打击竞争性产品、有利于培养新顾客、有效维系老顾客等优点。

缺点:凭借折价打开销路毕竟不是长久之计,经常性的折价销售会对品牌形象造成贬损,折价促销不利于形成顾客的忠诚度,容易引发竞争对手的强烈反击而导致两败俱伤。

折价促销策划的主要工作有价格政策分析与调整、制订折价促销计划、费用估测、折价品数量预估、折价品包装设计与运用等。

2) 优惠券促销

优惠券又称折价券,是企业通过一定形式向目标顾客免费赠送的,持券人在指定地点购买商品时,可以享受一定优惠的促销方式。

按照优惠形式不同,一种优惠券是标明优惠折扣比率,持券人可以按此折扣比率打折购买商品;另一种优惠券是标明优惠金额,持券人购买时免付一定金额。优惠券按照发放对象划分,可以分为两大类:①零售商型优惠券,只能在某一特定商店或连锁店使用;②厂商型优惠券,一般可以在各零售点使用。

优点:优惠券其实是一种变相的折价优惠,除具有折价优惠的所有优点外,特别适用于有针对性地向特定的目标顾客促销。在新产品上市时,常常将优惠券与免费试用装同时使用,促使那些免费试用过该产品的目标顾客使用优惠券回头购买商品。营销实践中,企业还可以利用回收优惠券的机会,进行市场调查。

缺点:消费者的兑换率较难预测;兑换时间分散,部分优惠券持有者经常是已经过了很长一段时间后才来兑换;优惠券对新产品、知名度低的产品效果不明显;不成功的优惠券设计会损伤品牌形象;与折价促销相比,增加了额外的工作量和成本。

发放方式可以划分为三大类:①直接送达消费者。可以采取街头散发、零售点自取、邮寄等办法将优惠券送达目标顾客手中。②借助媒体发送。这种方式是将优惠券印制或夹塞在报纸、杂志等媒体上,或者通过网络下载等方式将优惠券送达消费者。③随商品销售发放。可以通过将优惠券印制在包装、购物小票或购物袋上,或者直接塞入包装内等方式送达消费者。这种方式的优点是方便灵活,渠道广泛;缺点是增加印制成本,优惠券只能在下次购买时使用(效果明显减弱),不便于统计和管理。

优惠券促销的策划主要涉及优惠券设计、优惠券制作、兑换比率的测定、兑换成本的核算、优惠活动实施细则的制定以及如何避免误兑等工作。

3) 赠送样品促销

赠送样品促销是指向目标顾客免费赠送商品样品,以鼓励目标顾客试用的促销方式。

某些单位价值较低、易于以独立小包装的形式分送的日用消费品,可以采用赠送免费样品的促销方式。

优点:容易获得消费者参与;能够充分地向目标顾客展示商品的特性;能够有效地培养品牌忠诚者;能够灵活机动地选择促销对象;有效提高产品的尝试购买率和重复购买率。

缺点:促销成本较高,促销管理难度较大,适用于这种方法的产品有较大限制。

赠送样品的方式:一般有直接邮寄、逐户分送、定点分送及展示、借助媒体分送、零售点分送、与其他商品组合分送、凭优惠券兑换及入包装分送等形式。

4) 退款促销

退款促销是指企业根据顾客提供的购买某种商品的购物凭证给予一定金额的退款,以吸引顾客,促进销售。退款可能是商品购价的一部分,也可能是全部或超额。一般来说,售价20%以上的退款才能引起消费者的兴趣。

优点:退款促销会使顾客感到厂商的真诚回馈,从而提升品牌形象;退款促销相对于折价促销而言较为隐蔽,不会损害产品品牌形象,也不会引发价格战;由于退款促销有一定的时限,到期后因种种原因,退款率常常会低于预算成本;退款促销可以有效激励消费者购买较高价值的商品或较大包装的商品。

缺点:退款成本或促销效果难以预测,这是因为高额退款一定程度上可以提高品牌知名度,但如果顾客参与率过高,可能会导致销售失控或厂商付出巨大的退款成本。因为不是即刻退款,所以对消费者即刻行动的刺激力不大。退款促销还会增加额外的管理成本,如特殊的广告宣传、退款凭证的印制、回收物品的处理、资料整理、公证等额外支出。

退款促销的策划:退款促销的策划主要涉及退款成本核算、退款程序设计、参与率测定、退款标的策划、回收物品的处理、退款时限的设计、退款促销细则的制定等。

5) 赠品促销

赠品促销是指厂商为了鼓励或刺激消费者购买其产品而向消费者免费赠送奖品或礼品。一般是买某件产品,赠送该品牌旗下的其他种类产品,也可能是其他厂商的产品。

营销实践中,赠品促销的一种特殊形式是消费者除支付所购商品费用外,还需要支付一定的费用才能领取到赠品,这种方法解决了赠品成本较高的问题,可使消费者对赠品的选择余地更大。一般消费者需要支付的费用在赠品市价的30%~50%最为理想。

(1) 赠品选择的原则:①赠品的价值要在允许的成本范围内对消费者有吸引力;②赠品应该设计独特、制作精良,一般不易在零售店内买到;③赠品最好和促销产品有关联(如买锅送围裙、买自行车送雨衣);④赠品要相较符合目标顾客的心理特点;⑤避免与竞争对手采用同样的赠品;⑥尽量挑选目标顾客喜闻乐见的产品做赠品。

(2) 赠品赠送的方式:赠品可以放在促销商品包装内赠送,也可以与促销商品捆绑赠送,还可以凭借购物票据到指定地点领取,或者由消费者将购物凭证邮寄到指定部门,然后由促销人员邮寄给顾客。

(3) 赠品促销策划的主要工作:赠品选择、赠送方式策划、活动费用估算、活动计划的制订等内容。

(4) 赠品促销需要注意的问题:①不宜长期使用同一赠品。赠品是诱饵,不是常规产品的组成部分,因此一旦赠品没有了吸引力,就应该马上更换。②不宜无节制地使用赠品。现在促销中有一种怪现象：产品卖不动就送赠品、做特价、搞抽奖。天天都有的赠品，还能起到促销作用吗？只会让消费者对赠品产生依赖：没有赠品，就不买账。③不要用产品做赠品。产品作为赠品最省事，却是最容易让消费者厌倦的做法，而且直接降低了产品的心理价位。如果非要这么做，只能是专门的小规格包装，并正式注明"赠品"，以免消费者将赠品作为产品重新估价。

6）集点换物促销

集点换物也称印花促销或积分优待，是指消费者凭借购买凭证换取相应的奖励，作为积分的凭证通常是产品包装，或者是包装上的某一特殊标志，如瓶盖、商标贴或包装内的小卡片，也可以是厂商发放的积分卡或者积分记录。这种方法适用于购买频率高、消耗快的产品，特别是当各种品牌之间无明显差异，导致消费者难以选择时，举办此类活动可以吸引消费者对产品的注意。

优点：如果参加了某一集点换物活动，消费者就会主动地积累印花，从而有效地鼓励消费者重复购买，形成稳定的顾客群；在同类商品中可创造产品的差异化；在建立品牌形象的活动中，其效果较好，但其成本却较低。

缺点：该方法对大多数消费者不具有吸引力；并非所有商品都适合此活动方式；这种方法需要消费者长时间收集集点券，往往会令顾客失去耐心或大失所望。

集点换物促销的策划：主要内容有目标设定、购物凭证或集点券的设计、赠品的选择与设计、促销成本的核算、优惠时间、兑换手续与部门安排等。

7）有奖销售

有奖销售是指消费者在购买某种商品或累计购买达到一定数额时，可以参与厂商事先安排的抽奖活动，最后由厂商从参加者中抽出幸运者并赠送其奖品的促销方法。抽奖的形式有摇奖、摸奖、转奖、兑奖及刮奖等。

优点：以购买为前提的有奖销售能够直接促进销售额的提升；促销奖品的费用比较稳定和容易控制；适当的奖品有助于提升品牌形象；对产品的宣传力度也较大。实践证明，抽奖的促销效果是明显的，它迎合了人们追求刺激、希望"以小搏大"的侥幸获奖心理，满足了消费者获得意外收获的心理需求。

缺点：各国都有相应的规章条款限制与规范抽奖活动，因此这种促销方法受法律的限制比较大；会引起获奖消费者的不满；对促销方案设计和活动组织实施的要求比较高，通常需要大规模的广告宣传吸引足量的购买者，活动才能取得效果。

有奖销售的策划：主要内容有奖品的设置、费用预算、法律咨询、规则的制定等。策划有奖销售应该了解活动与相关法规有无抵触，以及整个促销活动的公证事项，必要时还需要经过当地工商部门的审批。

8）会员制促销

会员制也称俱乐部制，是指企业以某项利益或服务为主题将人们组成一个俱乐部形式的团体，开展宣传、销售与促销活动。顾客成为会员的条件可以是缴纳一定的会费或购买一定数量的产品等，成为会员后就可以在一定时期内享受入会时约定的权利。以组织和管理会员的方式开展网上商务活动的优点：①了解顾客信息，认证顾客身份；②通过会员制绑定目标顾客群。

常见的会员制有三种形式：①优惠类会员制，凭借会员卡可以享受优惠；②积分类会员制,凭借累计积分领取奖品;③便利类会员制,定期接收促销信息、送货上门等。

优点:会员制促销可以增强企业的营销竞争力,建立长期稳定的市场,培养顾客品牌忠诚度,还可以规避直接竞争,特别是会费收入有时也相当可观。

缺点:会员达到一定规模时,效果才显现出来,因此其市场回报时间较长;会员初期的活动需要较高的费用投入,可能具有一定的风险性;对组织者的要求较高;存在一定的商业道德风险。

2. 针对中间商的促销

1)进货折扣促销

进货折扣使用广泛、操作简便、效果显著,是厂商吸引中间商的重要促销方式。常见的进货折扣促销方式有以下几种。

(1)现金折扣。现金折扣是指厂商对于在约定时间内提前付清货款或用现金付款的客户给予一定比例的折扣。例如,合约规定客户需要在 30 天内付清货款;如果 10 天内付款,将给予 2% 的折扣;如果超过 10 天,在 30 天内付款,不给予折扣。

(2)数量折扣。数量折扣是指厂商向大量购买本企业产品的中间商提供价格折扣。厂商通常和客户事先约定,按照购买数量或金额的多少给予不同的折扣。数量折扣分为累计性购买数量折扣和一次性购买数量折扣。例如,购买饮料,进货 5 箱折扣 2%,进货 6~10 箱折扣 5%,进货 10 箱以上折扣 10% 等。

(3)附加赠送。附加赠送是指厂商根据中间商的购买数量,向其赠送一定数量的相同产品。例如,进货 50 件送 5 件产品。附加赠送实质上还是一种数量折扣的形式,但与数量折扣相比,这是一种减少库存的好办法,对于厂商而言,更愿意采用这种促销方式。

(4)提前采购折扣。提前采购折扣是指厂商对在销售淡季购买或提前购买产品的客户给予一定比例的折扣,以减少积压,转嫁存货风险。

(5)职能折扣。职能折扣是指厂商根据中间商承担的营销职能情况给予不同的折扣。这些营销职能主要是指商品分销中储存运输、广告宣传、销售服务等。显然,中间商承担的职能越多,应该享受的折扣也就越大。

(6)协作表现折扣。协作表现折扣主要是指厂商根据中间商的忠诚度与协作状况给予不同的折扣。一般在以下几个方面考察中间商的表现:①对本企业产品的陈列数量、场所、位置等;②中间商遵守厂商规定的统一出货价格或遵守销售责任区域划分制度等;③客户对厂商开展的促销活动的配合与支持表现;④中间商对厂商产品所做的售点广告宣传或橱窗展示的情况。

(7)进货品种折扣。进货品种折扣是指厂商根据中间商进货品种结构状况给予一定的折扣优惠。主要目的在于促使中间商兼顾畅销品与滞销品、新产品与老产品的销售。

进货折扣的支付方式一般有四种情况:①现金支付,折扣采用现金的形式,或者在支付货款时直接扣除,或者在季度末、半年末或年底结算支付;②公积金支付,是指厂商把折扣金额积存下来,等到年底一次性支付,或者在客户整修店面、购买销售设备时支付;③实物支付,即厂商用提供销售工具等实物的形式来支付客户的折扣,如货架、货车、柜台、冰箱等;④产品支付,厂商用相当于折扣金额的产品给中间商。

2) 随货赠品促销

(1) 箱外赠送。箱外赠送是指厂商按照中间商进货的多少赠送一定数量的物品。这些赠品一般放在箱外随货送出。箱外赠送一般适用于对批发商的促销。

这些物品可以是本企业生产的其他商品或其他企业生产的产品,也可以是赠品券、折价券、抽奖券、优惠券等。但赠品一般是与产品有一定关联的物品,例如,饭店销售某一品牌的酒水,赠送的物品可能是大到冰柜、计算机等,也可以是小到挂历、计算器、烟灰缸、茶杯、牙签筒、桌布、打火机等物品,还有是厂商赠送刮刮卡或抽奖券等。

(2) 箱内赠送。箱内赠送就是将赠品放在封装好的包装内,这主要适用于对零售商或整件批量购买的消费者的促销。放在箱内可以避免批发商遗忘或从中克扣,保证零售商开箱后得到赠品,感受到实实在在的优惠。

3) 销售奖励促销

(1) 年度销售奖励。年度销售奖励是指厂商在年初事先设定销售目标,如果中间商在一个经营年度内达到或者超额完成了这个目标,则给予奖励。

销售目标可以是单一的销售量指标,也可以是分阶段的月度、季度及年度指标,还可以是综合销量、品种、回款、价格执行等因素的综合指标。

奖励形式除传统的返利外,还有运输工具、销售工具、计算机、灯箱广告等物品形式,也有提供人员培训、旅游、考察、度假机会,以帮助中间商提高经营管理水平。

(2) 阶段性销售奖励。由于短期奖励更具有即时兑现的激励作用,同时也可以在不同阶段保持和抢占高的市场份额,为了实现某一段时间内的销售目标,厂商也会进行阶段性的奖励促销。

4) 销售竞赛促销

由厂商主持与组织,在中间商之间依照一定规则,对销售目标完成情况展开竞赛,并对优胜者进行奖励。这是厂商常用的激励中间商的促销方式。

(1) 销售量竞赛。一定时期内,中间商销售本企业产品的数量和金额作为竞赛项目,优胜者获奖。当然,不同的中间商会因负责市场区域不同和自身因素不同在销售量上不具有可比性。此时,可以选择目标完成率进行比较,或者将中间商划分等级,对实力相当、情况相近的中间商进行比较。

(2) 陈列竞赛。陈列竞赛是指根据中间商陈列本企业产品的数量、位置和陈列美观性进行比较。

(3) 店铺装饰竞赛。店铺装饰竞赛是指厂商根据中间商利用厂商提供的 POP 广告或者利用自有器材对店铺的装饰效果进行评比。

(4) 销售技术竞赛。销售技术竞赛主要以中间商业务员或店员为对象,从接待技巧、劝说技巧、推销口才、商品知识、商品功能现场演示、包装技巧、理货速度、计算技能、库存管理、商品货架摆放技巧、售后服务技术等方面进行评比。

(5) 创意竞赛。创意竞赛是指针对广告用语、新产品命名、新产品开发、老产品改进、商品陈列、售点广告等方面进行设计而展开的竞赛。

5) 补贴促销

厂商还常常对中间商采取各种补贴的措施,以激励他们的支持、合作与努力销售。常见的补贴方式主要有以下几个方面。

（1）售点广告补贴。售点广告补贴是指由厂商因中间商在销售现场布置售点广告发生费用支出而给予一定的补贴。可以全部承担，也可以双方合理分担。

（2）合作广告。合作广告是指厂商与中间商签订合同，约定共同分担广告费用，为厂商的产品在当地进行广告宣传。

（3）商品陈列展示补贴。厂商支付中间商一定补贴，条件是要求中间商把厂商商品陈列在显要的位置上。例如，把商品大量陈列在通路两旁，或进行橱窗展示，或在店头设置专柜陈列，以增加销售机会。

（4）产品示范表演和现场咨询补贴。如果厂商派专员占用中间商场地与设施进行产品功能演示或咨询活动，一般要支付中间商一定的补贴。

（5）降低零售价补贴。如果厂商要求零售商参加促销活动，在指定时间内降低售价以优惠消费者，一般也要给零售商相应的补贴，以弥补其损失。

（6）点存货补贴。点存货补贴是指厂商为了促进产品销售，承诺在某次促销活动中根据实际销售量给予中间商一定金额的补贴。其主要做法是，在促销活动开始时盘点存货，加上促销期间新进商品量，再扣除促销结束时的剩余库存量，其差额就是厂商应该补贴的实际销货量。

（7）恢复库存补贴。在促销活动结束，点存货补贴结束后，中间商通常不太愿意进货。为了解决这个问题，厂商为了向中间商施加压力，恢复销售活力，往往开展"恢复库存补贴活动"。其做法是，厂商承诺，如果中间商将库存恢复到促销活动开始时的库存量（或者历史最高库存），则对于新进货量，厂商给予中间商一定金额的补贴。

（8）延期付款或分期付款。为了解决中间商资金周转困难的问题，厂商有时也给予中间商一定信用额度与期限的延期付款或分期付款政策。

（9）赊销或代销。赊销或代销是指厂商供货给中间商销售并承诺滞销货物可以退回，中间商承诺按照约定期限结算货款的办法。但这种促销方式对厂商来说存在较大风险，常常出现中间商恶意拖欠货款或者卷款而逃的情况。这就需要厂商在选择与监控中间商方面多下功夫。

6）其他促销方式

除上述五类主要的促销方式外，厂商还经常采用各种各样的促销方式激励中间商。例如，采取厂商将设备、房屋等商品让渡给买方使用，将其价值分期收回的租赁促销；采取互通有无，既是买方又是卖方的互惠贸易促销方式；采取订货会与展销会，以实物形式将商品集中展现在顾客面前的促销方式。

3. 针对销售人员的促销策划

针对企业内部销售人员的促销方式可分为以下三大类。

1）销售竞赛

销售竞赛是指在一定的时期内，在企业内部销售小组或销售人员之间开展多种形式的竞赛活动。竞赛项目可针对销售额、销售增长率、目标达成率、拜访客户数、开发新客户数、货款回收率、销售毛利、销售知识与技术以及客户服务技巧等方面。奖励可以是物质奖励，也可以是晋升、晋级、授予荣誉称号、颁发荣誉证书等精神奖励，还可以是免费观光旅游、带薪休假、教育培训等综合性奖励。

2)销售赠奖

销售赠奖是指厂商在销售人员政策的薪酬制度之外,按照事先约定的奖励规则,根据其销售业绩的目标完成情况支付一定奖励的促销方法。

3)其他措施

其他措施包括培训和协助等措施。培训是指对销售人员进行入职培训和继续培训,目的在于通过提高销售人员的总体素质以促进销售。协助是指厂商向销售人员提供统一职业装束、用具、产品样品或模型、销售手册等销售道具,目的在于提高销售人员的销售额。

三、营业推广策划方案的内容

一个完整的营业推广策划方案应该包含以下内容。

1. 活动目的

对市场现状及活动目的进行阐述:市场现状如何?开展这次活动的目的是什么?是处理库存,是提升销量,是打击竞争对手,是新品上市,还是提升品牌认知度及美誉度?只有目的明确,才能使活动有的放矢。

2. 活动对象

活动针对的是目标市场的每一个人还是某一特定群体?活动控制在多大范围内?哪些人是促销的主要目标?哪些人是促销的次要目标?这些选择的正确与否会直接影响到促销的最终效果。

3. 活动主题

在活动主题部分主要解决两个问题:①确定活动主题。选择什么样的促销工具和什么样的促销主题,要考虑到活动的目标、竞争条件和环境及促销的费用预算和分配。②包装活动主题。在确定了主题之后,要尽可能艺术化地"扯虎皮做大旗",淡化促销的商业目的,使活动更接近于消费者,更能打动消费者。这一部分是促销活动方案的核心部分,应该力求创新,使活动具有震撼力和排他性。

4. 活动方式

活动方式部分主要阐述活动开展的具体方式。重点考虑两个问题:①确定伙伴。是寻求政府支持或和媒体合作?是厂家单独行动,还是和经销商联手?或是与其他厂家联合促销?得到政府支持或和媒体合作,有助于借势和造势;和经销商或其他厂家联合可整合资源,降低费用及风险。②确定刺激程度。要使促销取得成功,必须使活动具有刺激力,能刺激目标对象参与。刺激程度越高,促进销售的反应越大,但这种刺激也存在边际效应。因此必须根据促销实践进行分析和总结,并结合客观市场环境,确定适当的刺激程度和相应的费用投入。

5. 活动时间和地点

促销活动的时间和地点选择得当会事半功倍,选择不当,则会费力不讨好。在时间上尽量让消费者有空闲参与,在地点上也要让消费者方便,而且要事前与城管、工商等部门沟通好。不仅发动促销战役的时机和地点很重要,也要深入分析持续多长时间效果会最好。持续时间过短,会导致在这一时间内无法实现重复购买,很多应获得的利益不能实现;持续时间过长,又会引起费用过高而且不能形成市场热度,降低产品在顾客心目中的地位。

6. 广告配合方式

一个成功的促销活动,需要全方位的广告配合。选择什么样的广告创意及表现手法?选择什么样的媒介炒作?这些都意味着不同的受众到达率和费用投入。

7. 前期准备

前期准备分为人员安排、物资准备、试验方案。在人员安排方面,要"人人有事做,事事有人管",无空白点,也无交叉点。谁负责与政府、媒体的沟通?谁负责文案写作?谁负责现场管理?谁负责礼品发放?谁负责顾客投诉?各个环节都要考虑清楚,否则就会临阵出麻烦,顾此失彼。在物资准备方面,要事无巨细,大到车辆,小到螺钉,都要罗列出来,然后按单清点,确保万无一失,否则必然导致现场的忙乱。尤为重要的是,由于活动方案是在经验的基础上确定的,因此有必要进行试验来判断促销工具的选择是否正确,刺激程度是否合适,现有的途径是否理想。试验方式可以是询问消费者、填调查表或在特定的区域试行方案等。

8. 中期操作

中期操作主要是活动纪律和现场控制。纪律是战斗力的保证,是方案得到完美执行的先决条件,在方案中应对参与活动人员各方面纪律做出细致的规定。现场控制主要是把各个环节安排清楚,要做到忙而不乱,有条有理。同时,在实施方案过程中,应及时对促销范围、强度、额度和重点进行调整,保持对促销方案的控制。

9. 后期延续

后期延续主要是媒体宣传的问题,如对这次活动将采取何种方式?用哪些媒体进行后续宣传?

10. 费用预算

对促销活动的费用投入和产出应做出预算。一个好的促销活动,仅靠一个好的点子是不够的。

11. 意外防范

每次活动都有可能出现一些意外。例如,政府部门的干预、消费者的投诉甚至天气突变导致户外的促销活动无法继续进行等。必须对各个可能出现的意外事件做必要的人力、物力、财力方面的准备。

12. 效果预估

预测这次活动会达到什么样的效果,有利于活动结束后与实际情况进行比较,从刺激程度、促销时机、促销媒介等各方面总结成功点和失败点。

当然以上12个部分只是促销活动方案的一个大体框架,在操作时还需根据实际情况加以充实和完善。另外,负责人还应大胆想象,小心求证,进行分析、比较和优化组合,这样才能实现最佳效益。

 **同步实训**

节假日促销策划方案

1. 实训目的与要求

通过本实训,使学生了解和掌握零售终端节日促销策划的步骤及要点,并在一定程度上培养学生与节日文化相结合的策划创意能力。

2. 实训背景与内容

假设你是某百货商场销售部经理,"五一"劳动节即将来临,总共有三天假期,你希望在这个重大假日取得良好的销售业绩,现请设计一个针对消费者的"五一"劳动节促销策划方案,内容应包括目标、对象、具体方案、推广媒介和手段、时间安排、预算等。

3. 实训操作要点

(1) 要求教师对节日主题促销策划实践应用的重要性给予充分说明,调动学生项目操作的积极性与热情。

(2) 要求教师对促销策划设计的程序、内容和方式进行具体指导,其中促销主题设计、促销方式设计是重点,需要学生对几种促销推广方式非常熟悉,并能够结合实际进行方案的设计。

4. 实训步骤与方法

(1) 采用模拟分权式组织结构,要求学生以六人为单位成立模拟营销策划机构,每个策划机构设策划经理一名、副经理一名、策划专员若干。

(2) 讨论节日的特殊性和消费者在节日期间的消费行为,为该商场寻找此次促销方案的切入点。

(3) 每一策划机构的成员互相讨论确定促销主题和促销目的,并通报各小组的促销主题,激励大家进一步深入讨论。

(4) 制订方案,包括参加促销活动的商品选择及相应的促销力度,促销活动宣传计划的确定,促销费用预算等。

(5) 制订评估方案。根据此次促销目的,制订评估方案,制订有针对性的效果评估指标体系,如销售额、客流量、客品数、品单价、毛利率、净利润、现金流等。

5. 实训考核

(1) 采用过程考核与项目作业评价相结合的方式,注重小组讨论、项目成果、汇报交流等环节的评价。

(2) 提高营业推广策划能力的考核权重,重视学生在项目作业中的节日促销策划能力。

(3) 注重考核学生诚信经营、杜绝虚假的经营理念,特别强调团队协作能力的考核。

 思政德育课堂

诚信经营,杜绝虚假广告宣传

近年来,随着市场竞争的加剧,企业为了追求更多的市场份额和利润,往往采取一些不正当的手段来进行宣传,其中虚假宣传是最为常见的一种。虚假宣传是指企业或个人通过各种媒介或平台,如电视、广播、报纸、互联网等,以直接或间接的方式向消费者传递不真实的信息或者误导性信息,以达到扩大市场份额、提高产品销量等目的。例如,"创办一年,成交量就已遥遥领先"这句广告词曾频繁出现在电视、网络,甚至地铁站的广告牌上,打响了瓜子二手车的名气,也引来不少争议。2018年11月15日,金瓜子科技发展(北京)有限公司因在广告中使用瓜子二手车因"创办一年,成交量就已遥遥领先"的不实宣传语,并且无法自证"遥遥领先"四个字,被罚款1250万元。

思政启示:虚假宣传是一种不负责任、不道德的行为,其后果不仅会损害企业的声誉和形象,还可能对消费者的权益造成损害。因此,企业在宣传自己的产品和服务时,应该坚守诚信经营理念,遵守广告法和相关法律、法规的规定,始终传递真实、准确、可信的信息。只有这样,才能赢得消费者的信任和忠诚度,从而获得长远的商业利益和社会效益。

项目六 企业形象策划

项目目标

本项目通过对企业形象策划课程的学习,要求学生了解企业形象及类型,理解企业形象的重要作用,以及塑造良好的企业形象的必要性和关键性,理解企业形象的主要特征及其对塑造企业形象的意义,掌握企业形象形成各阶段塑造形象的主要策略并熟练运用于工作之中,为做好新时代市场营销人打下良好基础。

项目背景

当今世界,塑造独特而美好的企业形象已经成为企业提升竞争力的重要手段。企业形象是人们通过企业的各种标志而建立起来的对企业的总体印象,是企业文化建设的核心,也是企业精神文化的一种外在表现形式,它是社会公众与企业接触和交往过程中所感受到的总体印象,这种印象是通过人体的感官传递获得的,著名品牌专家Keller对企业形象所下的定义是消费者在记忆中通过联想反映出对组织的感知。

项目内容

企业形象策划是一项完整的、复杂的系统工程,策划人员需要结合企业的经营理念、产品质量、服务水平、技术革新、发展战略和各种营销手段来进行一系列的策划与设计,最终建立企业在公众心中的形象,获得良好的口碑和忠诚度。纵观当今各大知名企业,几乎每一个成功的企业都有着自己独特的企业形象战略。

项目学习课时

建议课内学习时间六课时,课外学习时间八课时。

项目成果

在项目学习结束时,应递交某知名企业的形象策划报告一份。报告中建议有以下内容:该企业的现状介绍;该企业之前面临的营销困境及解决办法;该企业如何合理运用企业形象策划方面的内容获得较高的社会声誉等。

报告内容包括封面、目录、前言、正文、封底。

封面内容一般包括某知名企业形象策划调查报告、制作团队名称、制作时间、指导教师姓名。

正文部分包括该企业相关背景介绍;案例陈述;企业形象策划选择过程;内容文案展示、效果评估及既有达成成果等几个方面。

案例:另辟蹊径,别具一格——星巴克的企业形象营销之路

任务一　CIS调研分析与导入方案

知识目标

1. 掌握CIS的概念。
2. 掌握CIS的特点和优势。
3. 掌握CIS的作用和功能。
4. 掌握CIS导入的方法和技巧，为项目方案的制订打下基础。

技能目标

1. 能够制订CIS调研分析报告。
2. 能够制订CIS导入方案。

课程思政

1. 培养CIS调研中求真务实的精神。
2. CIS策划中培养企业使命感和责任担当。

CIS调研分析
与导入方案

 案例导入

华为崛起，树立崭新的中国企业形象

华为的崛起代表了中国科技实力的提升和国际地位的增强。华为公司成立之初，中国的通信行业处于外国企业的垄断地位，中国科技企业的创新能力相对较弱。然而，华为通过不断创新和努力拼搏，成功打破了外国企业的垄断，迅速崛起为全球通信行业的领跑者。

华为的崛起不仅在技术上达到了世界领先水平，也在市场上取得了巨大成功。华为的产品和技术受到了全球用户的认可和信赖，华为的品牌形象逐渐走向国际。华为在国际市场的业务规模和市场份额也在不断扩大，成为中国科技企业在国际舞台上的代表和标杆。

华为的崛起不仅仅是一家企业的成功，更是中国科技实力提升和国际地位增强的象征。华为以其创新和市场竞争力，展现了中国科技企业的实力和活力，也为中国科技产业在全球范围树立了新的形象。华为的成功不仅是中国科技企业的骄傲，也为中国的经济发展和创新能力增强注入了新动力。

华为的成功之道既体现在产品和技术的创新上，也体现在企业文化和战略上。在华为的发展历程中，华为始终坚持以客户为中心的价值观，推动公司持续发展。同时，华为也高度重视社会责任，在社会公益活动、环境保护等方面积极参与，并通过技术的创新为社会作出贡献。此外，华为还坚定地坚守"爱国"理念，推出针对中国市场的产品和服务，满足国内用户的需求。这些举措不仅证明了华为作为一家中国企业对国家发展和繁荣的责任感，也体现了其对中国技术和科技创新的信心和支持。

华为,是"中国制造"的一个亮丽品牌,是中国形象的一张新名片。华为的成功,也是中国梦的一个缩影。

资料来源:https://baijiahao.baidu.com/s?id=17820614485244446442&wfr=spider&for=pc.

思考: 在互联网大潮汹涌的今天,华为在哪些方面将企业品牌形象建设发挥到了极致?

一、企业形象识别系统的概念及兴起

企业形象识别系统译自英文 corporate identity system,简称 CIS,是企业对组织的理念、行为和视觉形象等进行系统化、标准化、规范化设计所形成的科学管理体系。企业形象识别系统是一个企业区别于其他企业的标志和特征所形成的系统,目的是在公众中占据特定位置,进而树立独特的企业形象。

CIS 的早期实践可以追溯到 1914 年德国的 AEG 电器公司首创 CIS。AEG 在其系列电器产品上,首次采用彼德·贝汉斯所设计的商标,成为 CIS 中统一视觉形象的雏形。紧接着,1932—1940 年,英国实施伦敦地下铁路工程,该工程由英国工业设计协会会长佛兰克·毕克负责,被称为"设计政策"的经典之作。

第二次世界大战后,国际经济复苏,企业经营者意识到或者察觉到建立统一的识别系统,以及塑造独特经营观念的重要性。自 1950 年,欧美各大企业纷纷导入 CIS。1956 年,美国国际商用计算机公司以公司文化和企业形象为出发点,突出表现制造尖端科技产品的精神,将公司的全称 International Business Machines 设计为蓝色的富有品质感和时代感的造型"IBM"。这八条纹的标准字在其后四十几年中成为"蓝色巨人"的形象代表,即"前卫、科技、智慧"的代名词,也是 CIS 正式诞生的重要标志。20 世纪 60 年代以后,欧美国家的企业 CIS 导入出现了潮流般的趋势。20 世纪 60 年代的代表作是由无线电业扩展到情报、娱乐等八种领域的 RCA;20 世纪 70 年代的代表作是以强烈震撼的红色、独特的瓶形、律动的条纹所构成的 Coca-Cola 标志。总之,20 世纪 60 年代到 80 年代,是欧美 CIS 的全盛时期。日本企业在 20 世纪 70 年代以后开始创造自己的 CIS,我国企业在 20 世纪 90 年代以后也开始创造,从而使之发展成为一个世界性的趋势。

二、企业形象识别系统的构成

企业形象识别系统包括三个构成要素,分别是理念识别系统、行为识别系统和视觉识别系统,即 CIS 的三个子系统,如图 6-1 所示。

图 6-1 企业形象识别系统构成要素

(1) 理念识别系统(mind identity system, MIS)即企业的经营理念,是CIS战略运作的原动力和实施基础,是CIS的灵魂,被称为企业识别系统的"心脏"。其主要内容包括企业的事业领域、价值观、企业精神、企业使命、经营宗旨(信条)、企业风格(品格)、行为准则、座右铭等内容。完整的企业识别系统的建立,有赖于企业经营理念的确立。

(2) 行为识别系统(behavior identity system, BIS)是企业经营理念的动态化体现,被称为企业识别系统的"手",包括对外回馈、参与活动、对内组织、管理和教育,是企业实现经营理念和创造企业文化的准则。企业的行为识别系统由两大部分构成:一是企业内部识别系统,包括企业内部环境的营造、员工教育及员工行为规范化;二是企业外部识别系统,包括市场调查、产品规则、服务水平、广告活动、公共关系、促销活动、文化性活动等。

(3) 视觉识别系统(visual identity system, VIS)是企业形象的静态表现,也是具体化、视觉化的传达形式,它与社会公众的关系最为密切,影响面也最广,从而使其成为企业对外传播的一张"脸"。视觉识别系统分为基本要素系统和应用要素系统两方面。基本要素系统主要包括企业名称、企业标志、标准字、标准色、象征图案、宣传口语等;应用要素系统主要包括办公事务用品、生产设备、建筑环境、产品包装、广告媒体、交通工具、衣着制服、陈列展示等。视觉识别系统在CIS系统中最具有传播力和感染力,最容易被社会大众所接受,据有主导的地位。

CIS是一个整体系统,它由MIS、BIS、VIS三个子系统构成。MIS比较抽象,是企业的宗旨、灵魂,是企业赖以生存的原动力,是企业独特的价值观的设计,它规定了CIS策划系统的整体方向,BIS、VIS都是由MIS来引导和发展的。BIS比较复杂,是动态的识别形式,规范了企业的行为方式,实际上是企业选择的运作模式。VIS比较直观,是静态的识别符号,可以最直接、最全面地向社会公众传递企业信息。MIS规定了BIS,并通过VIS来展示,三者共同塑造了企业独特的形象,达到企业识别的目的。

三、企业形象识别系统的功能

(1) 识别功能。识别功能是CIS最基本的功能。CIS的基本功用,就是将企业本身及其产品、品牌与竞争对手区别开来。CIS识别的优势在于将整个企业作为行销对象,将企业的理念、文化、产品等形成统一的形象概念,借助视觉符号表现出来,全方位传播,可以让公众从多视角、多层面地对企业加以鉴别,决定取舍。而不管从哪个角度、哪个方面,都能感受到相同的、一致的信息,最终形成统一的形象评价结果。

(2) 管理功能。CIS不仅在对外传达企业形象方面发挥强烈的识别功能,同时在规范企业内部管理方面也发挥有利作用。CIS的管理功能,体现在给管理者确定了一个明确的企业形象塑造目标,提供了一系列处理纷繁杂务的既定原则,使管理者能迅速准确地做出正确的决定。但是,CIS的管理功能不是独立存在的,它要同企业原本的质量管理、成本管理、财务管理等结合,相辅相成,才能有效发挥作用。

(3) 传播功能。CIS塑造企业形象的过程,主要是通过传播予以实现。正是因为CIS设计系统具有准确、有效、经济、便捷传播的功能,才能达到树立优良形象的目标。

(4) 协调功能。CIS有助于企业信息传播的可信性、真实性和统一性,使企业的公共关系活动得到顺利发展,达成企业同社会各方面的协调与平衡。企业的公共关系包括员工关系、顾客关系、金融界关系、合作关系、竞争关系、政府关系、新闻界关系、社区关系等,各种关系不同,但 CIS 均能发挥独特作用。CIS 的贯彻能进一步改善与发展企业同政府的关系、新闻界的关系,创造企业同社会协调一致的外部经济环境。这便是 CIS 发挥的协调功能。

(5) 竞争功能。在竞争激烈的市场中提高企业的竞争能力,是 CIS 的核心功能。以上四大功能在一定程度上说都是为提高企业的竞争功能服务的。

四、导入 CIS 策划

(一) CIS 导入的前期工作

1. 设定 CIS 目标

一般而言,CIS 目标的设定直接影响 CIS 导入计划的制订。因为,在 CIS 目标设定时,不能仅凭"专家"的主观臆断或直觉,应该遵循以下四个步骤去具体地发现问题,确认目标。

(1) 现状整合和设计标准化,即不必改变原本象征其企业的设计基本要素,而是以整合现状及导入标准化系统为目的的 CIS 开发。这是尽量利用企业现状的 CIS 导入的方法,因而也是设定 CIS 目标的捷径。中国国际航空公司和中国北方航空公司导入 CIS 就属于这一类型。在原有标志不变的基础上,进行视觉形象整合和理念系统的建立与开发,并在原有标准化管理的基础上,实施行为规范,取得明显效果。

(2) 对目前使用中的企业标志或标准字体等基本设计要素,在认为不适当的情况下,大胆细致地进行革新设计,以适合新条件的需要。同时,必须在视觉识别应用要素的开发中做到系统、规范、科学和富有冲击力。这种 CIS 导入主要集中在视觉识别(VI)方面。目前,著名企业的 CIS 导入大都属于这种类型。例如,知名度很高的长虹、邯钢等企业标识均显陈旧、落后,很不适应市场竞争需求,也难以同国际接轨,则需用革新的方式导入 CIS。

(3) 导入企业信息传达系统。在这一阶段,CIS 导入的主旨是从企业的全局出发,注重企业信息传达战略、标志战略或前卫性设计等。简而言之,就是通过 CIS 导入,有组织地创造企业适应高度发达的信息化时代的"企业信息价值"。

(4) 导入文化战略程序。通常情况下,企业视其为经济组织,并以这种观念为标准来思考和评价自己的行为,这是十分自然的。但如果在 CIS 导入的过程中处处以经济效益为准则,往往会导致意料不到的失败。因此就应将企业视为一种文化组织,以创造性的战略为企业设定更高层次文化的目标,也即应当从"经营市场"走向"文化市场"。

以上几个步骤,是从 CIS 理论的角度设定的一般原则,而每一个企业导入 CIS 的具体情况不同,则应从实际出发设定 CIS 目标。例如,新兴的企业可以从创业之初就导入 CIS,以全新的形象设计出现,令人耳目一新,很快建立起企业形象与品牌。而老的国有大中型企业,则适用于革新调整的方式导入形象战略目标。我国最大工业企业大庆石油管理局导入 CIS 则又是一个特殊案例。创业 30 年,在国内外具有很高知名度的"大庆",在计划经济体制下竟然没有自己的企业标志,因此,大庆决定导入 CIS。如同新兴企业一样,从企业标志导入视觉识别系统开始。

2. 明确 CIS 导入的动机

企业导入 CIS 的目的和原因很多,但一般情况下都要针对企业面临的实际需要,有针对性地设定 CIS 导入目标,实施 CIS 战略。根据众多的成功范例,企业导入 CIS 的动机大致有以下几个方面。

(1) 改变企业经营不振的现状,克服经营困难,活化企业组织,振奋企业精神。

(2) 改变陈旧、落后的企业形象,树立崭新的企业形象。

(3) 变更企业名称,扩大经营范围,实现多角化经营。

(4) 转变企业经营方针,重整企业理念,适应"二次创业"需求。

(5) 顺应"国际化"潮流,改变不能同国际市场接轨的形象识别系统,适应国际竞争需要。

(6) 导入新的市场战略,开发新产品上市,借助 CIS 导入迅速打开市场。

(7) 强化企业的对外宣传、公共关系和促销活动,改变企业实力强大,但形象传播力弱的现状,提升企业实力形象。

(8) 实现企业的改组、整顿,提高管理效率。

(9) 消除负面影响,克服不利因素,创新企业形象。

3. 设置组织机构

CIS 委员会是企业 CIS 导入的决策机构,它由 CIS 导入企业的主要负责人和 CIS 专家共同组成。

(1) CIS 委员会的组建原则。CIS 委员会由特定的个人或单位来担任。在组建 CIS 委员会时,必须依照下列原则。

① 代表性原则。CIS 委员会与组成成员要有一定的代表性,要能代表企业运行的各个方面,通过 CIS 委员会自身就可以了解到企业的整体运行状况。因此,CIS 委员会的成立应来自企业的各个部门,并能代表所在部门收集情况和发表意见。

② 权威性原则。CIS 委员会一旦组成,就能独立开展工作,能在企业内部全面实施 CIS 计划,并能在整个企业内政令畅通。因此,CIS 委员会的组成人员必须有企业主要负责人参加,以防止 CIS 导入过程受阻。同时,CIS 导入专家应该具有较高的权威性,他的意见能够影响整个 CIS 委员会。

③ 创见性原则。CIS 委员会的组成人员要有创见性,他们不但能够独立发表意见,而且能够发表创造性的见解,以便提高 CIS 导入的整体水平。

④ 协调性原则。CIS 委员会是 CIS 导入的正式权威机构,它必须保持高度的协调性。一方面,要实现 CIS 委员会的内部协调,即成员间团结协作,畅所欲言,又能听取他人意见,真正做到行动上的高度统一。另一方面,CIS 委员会与外部的协调。因此 CIS 设计的过程和导入开发的过程,都有赖于企业全体员工的支持,所以这就要求 CIS 委员会的成员首先具有良好的人际关系,其次应具有主动帮助各个部门协调好关系的能力。

(2) CIS 委员会的人员组成。

① 决策人员。决策人员主要是企业主管,他们有权决定企业的一切行为,CIS 导入和开发有赖于他们的全力支持。

② 职能人员。职能人员大多是企业各主要职能部门的负责人。他们的基本任务是,既向 CIS 委员会介绍本部门的全部情况,收集 CIS 策划所需要的信息,又在全面掌握 CIS 设计内容的基础上,积极主动地在本部门全面实施 CIS 导入计划。

③ 策划人员。策划人员主要由专门的策划专家组成,他们负责企业 CIS 策划和设计的全部工作。

(3) CIS委员会的职能与任务。CIS委员会的作业内容和基本任务涵盖、贯穿CIS导入过程的始终,大致包括:确认CIS系统,对CIS导入的方针和计划等加以立案,并确定CIS导入的时间与日程;根据CIS导入的方针和内容,策划前期调查,管理调查作业的进行,并开展企业内部员工教育活动;依据调查结果设定CIS概念,确定CIS导入的价值取向,并将立案后的CIS导入计划报送企业最高决策人;按照上级主管部门审批的CIS概念和计划,制作配合理念表征和识别系统的具体企划案;依照识别系统计划,制作新识别的设计纲领,为开发新识别系统而采取适当行动与措施;审议CIS设计表征的内容,审定CIS设计的各种方案;以企业内外发布CIS开发的结果;反馈CIS导入信息,确认日后的活动计划和管理结构;不断总结CIS实施中出现的新问题,为进一步的CIS导入开发行动做好准备。

(4) CIS执行小组。CIS执行小组是隶属于CIS委员会的一个具体从事CIS策划、设计与导入推广工作的专门机构。CIS委员会负责CIS设计的大政方针、信息提供和后勤保障,CIS执行小组则专司CIS导入的具体工作,CIS执行小组的人员构成包括以下几个方面。

① 策划专家。策划专家主要负责CIS设计过程中的整合创意与策划。

② 市场调研人员。市场调研人员根据策划专家的创意要求,组织实施具体的市场调查、资料收集及分析预测,为CIS策划提供决策依据。

③ 平面设计师。平面设计师主要负责导入CIS的全部平面设计工作。

④ 宣传人员。宣传人员主要根据CIS设计过程中的全部文案工作,以及CIS导入过程中的内外传播与新闻报道。

CIS执行小组的主要任务:预测CIS导入的时机和具体时段,预算CIS导入的经费,提交CIS设计的论证报告,对企业内外部环境进行调查分析,对企业的理念、行为、视觉识别和传达系统进行策划、创意和设计,形成CIS导入计划方案,负责对CIS设计效果进行追踪反馈和评估。

4. 内部员工的动员与参与

导入企业识别系统是整修企业的活动,其最终目的是提高企业内部员工的素质,使每一个人都成为企业形象的捍卫者和塑造者。如果没有普通员工的积极参与,导入活动则无法在企业内生根发芽。因此,必须采取多种方法,动员全体员工贡献一份力量,奠定企业新形象的基础。倘若员工对此漠不关心,企业仍然存在各种各样的素质问题,那肯定是一场失败的导入。

动员全体员工积极主动地参与,并不是简单地开一个动员大会,做一个一般性的号召就能成功。CIS委员会与活动办公室在这方面应针对企业的情况采取以下具体做法。

CIS委员会与活动办公室应利用业余自办的各种媒体(如公关报刊、公关电子媒介、海报、简报、布告栏等)进行宣传,并且请专业人士有针对性地讲授企业识别系统的基本知识,使企业所有员工都能了解这方面的知识,认识到企业导入CIS系统的意义;同时要创造各种形式吸引员工的兴趣,并为他们提供参与的方便措施。

(1) 在决定导入CIS系统后,应发表"CIS系统导入公告书",并在企业内主要场所张贴海报等。

(2) 从开始阶段起,就应成立"CIS新闻"编辑组,定期发表这方面的消息,定期报道导入活动实施过程中各阶段的进展情况。

(3) 设置意见箱或"CIS系统导入活动建议台",以便让每个员工都能随时随地提出自己的看法、建议、批评和希望等。

（4）涉及企业的经营理念、行为规范、企业的名称与标志等，都应尽可能广泛地听取员工的意见；新的视觉识别设计作品方案也可以交由员工讨论。

5. 专业 CIS 公司的聘请

无论是全面导入型还是部分导入型，最好都聘请专业性的企业识别设计公司进行策划和设计。

首先，如果整个导入计划全由本公司担任，必然造成工作负担过重，特别是对那些中小型企业来讲，如此浩繁的作业是很难独立完成的。其次，在策划水平与设计技术上，专业 CIS 设计公司确实有着得天独厚的优势。特别是在视觉识别要素的设计方面，专业公司要有足够的专门人才，如工业设计家、广告设计家等。他们受过系统的专业教育，处理过许多案例，有着丰富的市场信息与设计经验。这些是公司内的人员无法比拟的。最后，专业 CIS 设计公司能够保持客观性和科学性。美国的许多企业在导入企业识别系统时，经常被部属问到两个问题，即"为什么我们不自己来策划与设计？"或"为什么不将策划与设计交由我们的广告代理商去做？毕竟我们已给他们不少钱了"。美国 CIS 针对第一个问题的回答是：医生一般不给自己最亲的亲人动手术，这些医生既有知识又有技术，但是，他们缺少客观性。外聘专业 CIS 设计公司的理由与此相同。关于第二个问题，美国 CIS 研究人士认为，广告代理商关心的是眼前利益，广告易变，不稳定，很少考虑长远的问题。与此相关，实力雄厚、人才济济，拥有数十万职工的我国最大工业企业大庆石油管理局导入 CIS，聘请亚太 CIS 战略研究所专业策划设计机构，就是典型案例。

从上述理由来看，聘请专业性的 CIS 公司是很有必要的。

聘请专业 CIS 公司需要注意一些事项，这关系到导入企业识别系统的质量，关系到双方的合作能否成功，关系到双方应负的责任。包括收集欲聘专业 CIS 公司的各种情报与资料，了解该 CIS 公司的业务领域和活动范围及主要设计人员的情况，过去取得的成绩和现在的服务水准，该公司的策划书或导入 CIS 计划书的内容与水平如何，为完成计划所需的费用及其各个项目的估价明细表。

（二）导入 CIS 的基本程序

在外界 CIS 专业公司的协助下，企业决定导入 CIS 计划，同时让全体员工均有参加 CIS 的机会，此时，企业所应重视的不仅是结果，更重要的是导入 CIS 的过程。首先，企业必须确立 CIS 计划的基本程序，其程序主要分为五个阶段。

1. 准备计划

以公司最高负责人为中心的筹备委员会，首先，研究 CIS 计划，明确公司必须施行 CIS 计划的理由，了解 CIS 施行的意义和目的。其次，再决定 CIS 计划的大略范围，是只改变企业标志等视觉要素，还是要彻底、重新改变整个企业理念？

同时，公司还可以邀请专家来公司演讲，或选派几位主管到已经实施 CIS 计划的企业听取他人的经验和意见，这是很有意义的活动。

一旦决定施行 CIS 计划，就要组织 CIS 委员会。在此阶段，必须决定委托哪一家 CIS 专业机构或专业公司从事具体 CIS 实施工作。

2. 现状分析

现状分析包括企业内部环境和外部环境，关于企业内部环境的分析，必须进行意识调查,与企业最高负责人面谈,和各部门负责人面谈,与员工面谈,通过企业形象调查视觉识别审查等活动,找出公司目前存在的问题,使 CIS 计划的问题明确化。

企业外界环境的分析是指对现代社会的分析、当前市场的分析和其他竞争企业形象的分析等相关分析活动,以掌握本公司在同行业中的地位,并摸索、探讨公司今后的存在位置。

3. 企业理念和事业领域的确定

通过对上述现状的把握,可重新探讨企业理念和事业领域。以企业的经营意志和社会、市场背景为基础,分别预测 5 年后、10 年后、20 年后的情况,以确定公司的事业领域。同时,将现存的企业理念与现在、未来相对照,据此构筑出企业活动的方向。

4. 整合企业结构

根据企业理念、事业领域来探讨企业内部结构,也是开始着手改善企业体制的阶段。在外界 CIS 专业公司或外部智囊人员的协助下,设定企业内部组织和体制,以及信息传递系统,以形成新的企业体制。

5. 整合行动识别和视觉识别

行动识别是指通过企业结构的整合过程,必须表现出新的企业活动。员工行动方面,可积极地推行内部促进运动,展开全公司的企业理念的贯彻实施计划,使企业整体的行动统一化。

视觉识别是指人人看到的信息传递媒体。换而言之,企业在视觉媒体的表现上也必须加以统一。根据心理学的研究表明,在人摄取外界信息的五个感觉中,视觉感觉获取的信息约占 83%。所以应特别注意视觉识别系统的统一,以统一的视觉识别系统,把企业的理念有效地传递给社会公众。设计的统合是传递企业形象的有效武器,它和信息传递的效率化、媒体制作的效率化也有密切关系。

此阶段的工作可细分为基本设计要素的开发,应用设计系统的开发,实施设计和实施各系统的开发等几个阶段。

(三) CIS 调查的方法和原则

科学正确的 CIS 调查,可以保证调查质量和效果,可根据所要调查的内容、对象特点,采取以下几种不同的方法,既可交叉使用,又可同时使用。

1. CIS 调查的方法

(1) 访谈调查法。访谈调查法简称访谈法,是指调查员通过与调查对象进行交谈,了解公众对企业形象的看法,收集口头资料,而又结合问卷调查的方法。

(2) 观察调查法。观察调查法是调查者到现场进行直接查看倾听。它一般是在调查对象毫无准备的状态下进行的,分为直接观察法、实际测定法和行为访录法。

(3) 问卷调查法。问卷调查法是目前国内外社会调查中使用较广泛的一种方法。问卷是指为统计和调查所用的,以设问的方式表述问题的表格。问卷调查法就是研究者用这种控制式的测量对所研究的问题进行度量,借助问卷测验的形式,了解公众的意见,从而收集到可靠的资料的一种方法。

(4) 文献分析法。文献分析法是通过研究文献等来洞察企业的形象,是指调查人员对各种媒介所传播的有关组织形象的信息(包括各类公众对企业的评价的记载及各类相关文献资料)进行调查分析的一种方法。

关于CIS调查方法，这里以亚太CIS战略研究所为大庆石油管理局导入CIS策划前期进行的形象调查工作为例。他们重点采用了局领导访谈、现场观察、文献分析等几种方法结合进行。其中，通过大庆人一次创业、二次创业电视资料片，铁人王进喜纪念馆，油井现场观察，大庆社区形象观察等形式，对大庆企业形象、企业精神及未来企业形象战略目标的设置均有了很大助益，从而奠定了《大庆石油管理局导入CIS战略决策划报告》的拟定客观基础。

2. CIS调查的原则

由于CIS是企业发展的战略，CIS调查不能等同于一般的市场调查，因而在进行CIS调查时还需要把握以下几个原则。

(1) 要有针对性，避免盲目无计划。确定CIS的目标要经过CIS委员会的认可，要有职工的认同和理解，在明确指导思想后，成立由专家或有实际调查经验的人员组成的班子，并设计调查目标、范围、问卷，确定调查方法。

(2) 方法要得当。一定要在确定目标之前展开小范围的调查，由表及里、由浅入深。CIS是一个渐进的过程，而早期的调查更有这一特点。一开始就大规模全面铺开进行，很可能会有各种欠缺，也消耗了人力、财力。所以，调查范围不宜过大、过全。

(3) 对CIS的方案进行系统的审视和评估。CIS调查的目的是CIS计划的导入，所以在调查前对初步的CIS设计方案进行考察，做到有针对性地设计调查，更能找到切入点。

(4) 不必大而全，要逐步推进。CIS是一项长时间的工作，并非是一两项工作就可以解决的。可以根据某个企业的实际情况作为突破点，渐进地开展，只要目标合理，同样能取得好的效果。

(5) 确定合理、可能的调查指标，建立良好的调查体系。在调查设计中求创意、深度，将普遍性与个体性结合起来，有利于比较分析。在调查问卷中求标准、求通俗，使调查尽量避免因被调查对象的水平而限制了质量。在调查中求真实、可信，使获得的调查结果准确。

此外，还要认真思考完成CIS调查将会遇到什么障碍？解决这些问题还需要做什么？总之，企业对未来的想象力与生动的描绘力都要借助CIS调查的科学性来实现，CIS调查是企业形象策划的基础。

五、CIS问题诊断

在正式进行企业实态调查之后，所要做的第一项工作就是对企业进行全方位的CIS诊断。通过诊断了解企业的历史和现状，了解企业的优势和存在的问题。只有对企业进行全面了解后，才有可能制定一份适合企业发展的CIS策划报告。

(一) CIS诊断的原则

(1) 客观性原则。客观性原则是指在CIS诊断时必须依据企业的现状，实事求是地进行诊断的原则。客观性原则的主要要求是避免主观臆断。

CIS诊断中，出现不客观现象的主要原因是企业主管们不敢面对本企业的问题所致。回避企业存在的问题，或者是过高地估计企业的优势，而意识不到企业潜在的危机，这是CIS诊断的大敌，极不利于导入CIS活动的展开，同时也难以达到导入CIS的目标。

(2) 系统性原则。系统性原则就是要全方位、立体地对企业进行CIS诊断，不忽略企业的任何一个环节。系统性原则首先要求纵向诊断,即对企业的历史、现状和未来(规划)进行诊断,以获取企业的纵向资料;其次要求横向诊断——对企业的进料、生产、营销进行全面诊断。

(3) 效率性原则。效率性原则是指 CIS 诊断讲求效率、高速、快捷、准确。CIS 诊断涉及面广,牵涉人员多,在不影响全面、科学的前提下,应速战速决。CIS 诊断不能影响企业的正常运行。

(4) 双向性原则。双向性原则是指诊断者与被诊断者密切配合,共同实施的原则。
CIS 诊断的每一个环节,如调查、测试、分析、模拟、试验等,都离不开企业领导和广大职工的密切配合与协作,如果把 CIS 诊断仅当作几个人的工作,那么这种诊断是不会有效果的。

(二) CIS 诊断的程序

CIS 诊断的程序包括准备阶段、诊断阶段和报告阶段三个阶段。图 6-2 是 CIS 诊断流程图。

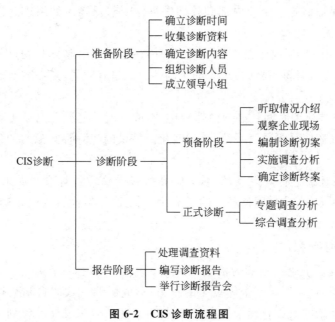

图 6-2　CIS 诊断流程图

(三) CIS 诊断的内容

1. 同一性诊断

同一性诊断是对企业形象识别的各要素在使用过程中的同一性进行考察,主要包括以下内容。

(1) 企业名称、品牌、商标三位一体诊断。CIS 设计的基本原则是同一性。同一性的第一要素是企业名称、品牌、商标三位一体。对企业进行诊断时,首先要考察名称、品牌、商标三者是否统一。如果不统一,主要表现在哪些方面,应分析原因,提出新的思路。

(2) MI、BI、VI 一致性诊断。首先,考察 MI(即企业理念)是否有一套规范化的 BI(行为规范)来予以直观的保障,如果 MI 没有 BI 具体化,则 MI 就是空头口号,没有任何实际意义,而且可能有害。

其次,考察VI是否充分反映了企业的MI和BI,VI是否贯穿了MI和BI的基本精神,如果VI与MI和BI脱节,那么VI就像水中浮萍,没有根,结果无助于建立和强化企业形象。

2. 企业理念诊断

企业理念诊断程序如下。

(1) 诊断企业有没有经营理念。许多企业根本就没有自己明确的经营理念,所以建立不起企业形象。

(2) 企业经营理念明确后,还要看这些理念是否正确?诊断企业经营理念正确与否主要有几项指标:看理念能否反映行业特色;看理念能否反映企业个性;看理念能否反映企业特色;看理念能否反映社会、政治、经济、文化要求;看理念能否反映消费者的需要;看理念能否高度概括、简明扼要,具有操作性。

(3) 知晓哪些是正确的企业理念后,还要考察这些理念是否具体化了,也就是看这些理念是否具有一套保证措施在企业内部和外部进行体现与保障。如果理念没有措施保障,也就成了无源之水、无本之木。

(4) 理念具体化后,还要看是否有效果,没有效果,就表明具体化的过程出了问题,就要对具体化做检讨,必要时,还要回检理念的正确性。就是有效果,还要看是否是最佳效果,还得回检,找出问题。

(5) 理念在具体化的时间还必须向外传达,不传达就不能被公众认可,也就树立不起企业形象。传达过程还要分析是否系统化、战略化。零星的、片面的、孤立的传达,不能收到良好的效果。

(6) 传达之后还要进行效果反馈,看公众是否接受这样的理念。如果效果不好就必须回检。回检包括两方面:一是回检理念的正确性;二是回检传播方式的正确性。然后进行修正,最后进行传达。

3. 企业行为规程诊断

企业行为规程是企业正常运行的基本保证。规程具有指导作用、提示作用、标准化作用,还有监督作用。企业要规范全体员工的行为,形成协调一致的自动化运作,必须建立规程。管理者要从繁杂的事务管理中解脱出来,投入企业的未来发展的谋划上去,就必须借助规程。

行为规程诊断主要包括领导者、职能人员行为规程诊断,岗位人员行为规程诊断。

4. 市场营销诊断

市场营销是决定企业效益好坏的关键,在目前买方市场状态下,以销定产已是普遍规律,市场营销是否通畅,直接影响企业经济效益的好坏。

市场营销诊断主要有以下几个方面:①营销计划诊断。②市场调查诊断,营销是成功还是失败,关键取决于市场情况的掌握,只有摸清了市场需要,然后对症下药,市场营销就会非常顺利;反之则会受阻。③产品的营销力诊断,产品的营销力是指产品在市场中的销售竞争力。产品营销力强,产品营销就快;反之就慢。④促销活动诊断,是否有计划地开展了促销活动,促销方式是否合适,费用、媒介选择是否经过精心策划等。

即兴思考

假设你是一名草创餐饮企业的负责人,你会选择怎样的CIS策略宣传自己的企业,并在公众面前树立和营造良好的企业形象?

同步实训

企业CIS导入方案

1. 实训目的与要求

通过本实训,使学生了解和掌握CIS导入与策划程序、步骤和内容,培养学生对当下企业生存状态进行定位,明确诉求对象,对企业形象开展策划工作的能力。

2. 实训背景与内容

本实训在本项目所学内容的基础上,通过设置合理时间及场景情境分析,帮助企业合理选择形象策划导入方案,使学生学习和巩固CIS导入中所讲到的包括CIS导入的前期工作、基本程序、方法原则、问题诊断等相关理论知识,并为企业提出整体CIS策划导入方案。

3. 实训操作要点

(1) 要求教师对广告计划实践应用的重要性给予充分说明,调动学生项目操作的积极性与热情。

(2) 要求教师对某产品广告计划的程序、内容和方式进行具体指导,其中明确广告诉求对象、广告诉求方式和广告创意表现是重点,需要学生对竞争对手产品广告文案表现非常熟悉,并能够结合实际进行广告创意与设计。

4. 实训步骤与方法

(1) 每5~6个学生一组,要求各组学生选择一家自己感兴趣的企业,分析其企业形象的特点。

(2) 通过阅读或浏览互联网信息,帮助其在春节这一节日设计一整套企业形象策划导入方案。

(3) 确定方案主题,是否符合公司一贯外界形象;与公司的战略规划是否一致;有哪些引爆点可以成功吸引目标消费者或培养忠诚客户等。

(4) 撰写企业形象策划书。

(5) 递交作品,在班级内将作品进行展示交流。

5. 实训考核

(1) 采用过程考核与项目作业评价相结合的方式,注重小组讨论、项目成果、汇报交流等环节的评价。

(2) 提高CIS导入方案策划能力的考核权重,重视学生在项目作业中的企业CIS导入必要性分析。

(3) 注重考核学生CIS调研中求真务实的职业素养,特别强调团队协作能力的考核。

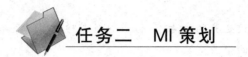

任务二　MI 策划

知识目标

1. 了解 MI 策划的概念及构成要素。
2. 掌握 MI 策划内容及功能。
3. 掌握 MI 策划的方法与技巧。

技能目标

1. 能够分析 MI 策划的定位及传达方式。
2. 能够根据企业的发展战略制订正确的 MI 策划实施方案。

课程思政

1. 树立远大理想，为实现"中国梦"贡献力量。
2. 培养审视问题的全局观、长远观和集体观。

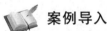　案例导入

小米人的使命：感动人心，价格厚道

小米科技有限责任公司（以下简称小米）是一家专注于智能硬件和电子产品研发的移动互联网公司，同时也是一家专注于高端智能手机、互联网电视以及智能家居生态链建设的创新型科技企业。

1. 使命和愿景

小米以"让每个人都能享受科技的乐趣"为愿景，致力于为全球用户提供高品质、高性价比的智能产品和服务。它的使命是：始终坚持做"感动人心、价格厚道"的好产品，让全球每个人都能享受科技带来的美好生活。

2. 价值观

（1）用户至上：小米公司始终把用户需求放在首位，专注于为用户提供优质的产品和服务。

（2）追求卓越：小米公司追求卓越，不断创新，不断超越自我，为用户带来更好的体验。

（3）心怀梦想：小米公司鼓励员工拥有梦想，并为实现梦想提供平台和机会。

（4）团队合作：小米公司倡导团队合作精神，鼓励员工互相支持、互相学习，共同成长。

（5）诚信正直：小米公司注重员工的诚信和正直，坚守道德底线，做到言行一致。

3. 创新文化

小米公司秉持创新精神,鼓励员工不断创新和尝试。公司提供开放的创新平台,鼓励员工提出新的想法和建议,并给予相应的支持和奖励。小米公司鼓励员工勇于面对挑战,不断突破自我,推动科技和产品的创新发展。

4. 平等和包容

小米公司倡导平等和包容的企业文化。无论员工的职位和背景如何,每个人都受到平等对待,并有机会发挥自己的才能和潜力。小米公司鼓励员工相互尊重和理解,创造一个积极、和谐的工作环境。

5. 员工关怀

小米公司注重员工的发展和福利,提供良好的培训和晋升机会,帮助员工实现个人职业目标。公司还提供灵活的工作时间和福利待遇,关注员工的身心健康。小米公司鼓励员工平衡工作和生活,提倡工作和家庭的和谐共处。

6. 社会责任

小米公司积极履行社会责任,关注环境保护和可持续发展。公司致力于推动绿色、低碳的生产和生活方式,减少对环境的影响。小米公司还积极参与公益活动,回馈社会,关注弱势群体的福利。

小米公司以用户至上、追求卓越、心怀梦想、团队合作和诚信正直为核心价值观,倡导创新文化,注重平等和包容,关爱员工,履行社会责任。在这些价值观和文化的引领下,小米公司不断发展壮大,成为全球领先的科技公司之一。

资料来源:https://baijiahao.baidu.com/s?id=1598711130283725643&wfr=spider&for=pc.

思考:如何看待小米企业的使命与愿景,它对企业的价值观有哪些影响?

一、企业理念识别系统的概念

企业理念识别系统(mind identity system,MIS)是指由企业家积极倡导、全体员工自觉实践,从而形成的代表企业信念、激发企业活力、推动企业生产经营的团体精神和行为规范。理念识别是整个企业识别系统运作的原动力,因而企业理念识别的策划是 CI 策划的关键所在,能否开发成功一个完整的企业识别系统,主要依赖于企业对理念识别的信任和执着。只有确立了既富有时代特色,又具有企业个性的企业理念,并将其扩展到动态的企业活动与静态的视觉传达设计中,才能完美地创造独特的企业形象。

MI策划认识初探

正如开篇所言,在当今资讯时代,企业为增强竞争力,提升企业形象而构建,经广泛传播得到社会普遍认同,体现企业自身个性特征,反映企业经营观念的价值观体系。显然,这个定义包含以下三个基本点。

(1)构建企业理念识别的目的是增强企业发展的实力,提升企业形象,参与市场竞争并赢得胜利。

(2) 企业理念的基本内容是企业经营管理思想、宗旨、精神等一整套观念性因素的综合，构成企业价值观体系。

(3) 企业经营理念方针的完善与坚定，是企业识别系统基本精神之所在，也是整修企业识别系统运作的原动力。通过这股内在的动力，影响企业内部的动态、活动与制度，组织的管理与教育，并扩及对社会公益活动、消费者的参与行为规划，最后，经由组织化、系统化、统一化的视觉识别计划传递企业经营的信息，塑造企业独特的形象，达到企业识别的目的。

二、企业理念识别系统策划的构成要素

1. 企业使命

企业使命是企业行动的原动力，它含有两层意思：功利性和社会性。任何企业都将追求最大限度的利润作为其最基本的使命之一；同时它作为社会构成中的细胞，必然对社会承担相应的责任，为社会的繁荣和发展完成应尽的义务。在实际中，对于功利和社会责任，企业要兼顾，舍去任何一个，企业都将无法生存。因而，明确了企业使命，就明确了企业自身存在的意义，找到了企业存在的位置。企业使命是构成企业理念识别系统的最基础要素。

2. 经营宗旨

企业经营宗旨就是企业的最高目标。应该说以一定的方式满足顾客的需求，从而实现自己的利润目标是每一个企业的经营宗旨。任何企业都以盈利为目的，但若不以满足顾客需求为经营宗旨，并借此实现这一目的，企业将失去竞争力，不能长久存在。

3. 经营哲学

企业经营哲学就是企业的指导思想，是指导企业上下左右、决策及活动的工具。"顾客至上""质量第一""开拓创新"等，分别是许多企业的经营哲学。企业经营哲学一旦确定，它将成为所有决策与活动的中心，即一切决策及活动将按其要求做。经营哲学是企业理念识别系统中的中心构成要素。

4. 经营战略

为履行企业使命，实现企业宗旨，在经营哲学的指导下，企业必然要进行战略规划。经营战略是指企业在对周围环境分析的基础上，所制定的长远目标以及为实现这一目标制定的方案和措施。经营战略是目标和手段的统一，是带有全局性、长远性、重大性的决策和规划。它为企业经营指明了方向。

5. 经营方针

经营方针是指为执行和实现企业经营战略而做的指导性规定，是企业经营哲学的细化。企业经营宗旨和战略目标甚至是战略措施相同，但企业的经营方针可以不同，它保证企业以一种什么样的方式或特色要求实现其目标。

6. 行为准则

企业价值观是指企业及所有员工对其活动意义、作用的认识、判断及由此决定的行为趋势。它是从每一个人的认识、看法、判断方面对企业经营哲学和行为准则所进行的补充。

三、企业理念识别系统策划的定位

1. 企业领域的界定和再确定

企业领域有多种表达方法，如企业活动领域、企业存在领域、企业战略领域、事业领域。因此，企业领域一般是指企业的生产区间和技术范围。简单地说就是企业生产什么商品，它是确定企业理念的最基本考虑的因素，必须十分明确地表达企业产品的价值。例如，太阳神是生产营养液的生物制品公司。确定企业的活动领域不但十分重要，而且应留有余地，或者说富有弹性。例如，IBM公司没有将自己定位为提供计算机硬件的厂商，而是将事业领域规划为"企业之问题解决"。NEC也没有严格限定自己是计算机厂商或电器厂商，而是定为"C&C(Computer&Communication)"，意为计算机通信。受以下三个因素的影响，企业领域提高到一定程度时要重新界定：①时代的发展，社会的变迁；②人们消费水平的提高；③企业领导人事变更。企业要对自己的事业领域不断地进行再确认，紧跟时代，不断刷新旧的企业理念，避免在这个变化太快的时代落伍。

2. 市场定位

市场定位具体来说，就是勾画企业产品在目标市场上（即在顾客心目中）的形象，使企业所提供的产品或劳务具有一定特色，顺应顾客的一定需要和偏好，并与竞争者的产品或劳务相区别。市场定位是企业理念的又一个基础性因素，一般来说，类型有三种：①"针锋相对"式定位。把产品定在与同行业竞争者相似的位置上，以便与其争夺同一细分市场。②"填空补缺"式定位。寻找新的尚未被占领的，但为许多消费者所重视的位置，即填补市场上的空位。③"另辟蹊径"式定位。当企业意识到自己无力与同行业强大的竞争者相抗衡从而获得有利地位时，可根据自己的条件取得相对优势，即突出宣传自己与众不同的特色，在某些有价值的产品属性上取得领先地位。

3. 竞争性定位

目前的竞争性定位有四种类型：①市场主导者，是指在相关产品市场上占有率最高的营销者。②市场挑战者，是指那些在市场上居于次要地位的企业。它们不甘目前的地位，通过对市场领先者或其他竞争对手的挑战与攻击，提高自己的市场份额和市场竞争地位，甚至拟取代市场领先者的地位。③市场跟随者，是指那些在市场上处于次要地位的企业，它不敢贸然向市场领先者直接发起攻击，更多的还是选择市场追随者的竞争策略。④市场利基者，是指那些与大企业实力相差悬殊的小企业专注于市场上被大企业忽略或不屑一顾的某些细小部分，也就是在大企业的夹缝中求得生存和发展。

4. 行业特色分析

下面举几个例子论证比较各行业的MI特色。

(1) 工业企业的MI特色。工业企业理念的确定应紧紧围绕质量上乘、成本低廉、售后服务三个方面进行。

(2) 高新技术企业的MI特色。这个行业的企业在经营战略、方针上突出强调两个方面：一是尖端技术。如果能在技术上保持领先、第一的地位，则在竞争中就处于绝对的优势。二是开拓性。不墨守成规，应随市场情况的变化不断创新。

(3) 服务行业企业的MI特色。讲求三点：服务、信誉、清洁。

(4) 金融企业的MI特色。侧重于：社会性，即全局观念、责任感、廉洁、安全感。

(5) 交通运输企业的MI特色。主要是：安全第一、确保准时、服务周到。

四、企业理念识别系统策划的确定和传达

1. 企业理念识别系统策划的确定

在进行了企业事业领域界定、市场定位、竞争性定位之后，即可进一步确定自己的企业理念识别类型，综合现行各类企业的理念识别，大致可分为以下五种类型。

(1) 抽象目标型。这是一种宏观上的目标和原则，直接反映在企业的口号中。如雷欧·伯纳特广告公司的企业口号：创造伟大广告。

(2) 团结创新型。提炼团结奋斗等传统思想精华或拼搏创新等群体意识。如中国第二汽车制造厂的企业哲学：不断改变现状，视今天为落后。

(3) 技术开发型。强化企业立足于某类型拳头产品、名牌产品，或商品质量，或开发新技术的观念。如东急Hands公司的企业口号：艺术的创造，知识的创造。

(4) 生产经营型。注重企业的外部经营，强调拓宽市场销路，争创第一流的经济效益。如中国环宇电子联合公司的经验战略：攻势经营。

(5) 文明服务型。优化为顾客服务的群体意识。中国农业银行河南省分行以"顾客永远是对的"作为信条，以"微笑服务""时限服务""礼仪服务"为基本要求，制定了一系列服务规范。

2. 企业理念识别系统策划的传达

企业理念识别系统策划的传达就是将企业使命、企业精神、企业价值观等抽象的理念内容经过提炼，转化为公众可识别的、可传播的符号。常见的有以下几种传达方式。

(1) 标语、口号。为了使企业内部成员和公众了解企业理念，便于企业理念的传播和执行，在进行企业理念系统设计时，常常需要将企业理念的核心内容概括成一句通俗易懂、精练简洁、朗朗上口的标语或口号。例如，李宁的口号是"一切皆有可能"，妙脆角的口号是"妙到想不到"。

(2) 企业之歌。歌曲就是将企业理念通过歌曲的形式表现出来，可以借用歌曲的旋律

引发公众的广泛传唱。歌曲或婉转动听,或慷慨激昂,通过对歌词的巧妙编写与谱曲,融入企业理念,向公众展示企业的形象。例如,蜜雪冰城的歌曲《你爱我我爱你、蜜雪冰城甜蜜蜜》,唱起来朗朗上口,入耳入心。当然创作了歌曲后,还要选择合适的渠道进行传播。在新媒体时代,歌曲的传播是非常迅速的,各大音乐媒体平台,如网易云音乐、QQ音乐等都是常用的歌曲发布平台,企业在这些平台上发布歌曲后,公众可以通过网络在线听歌、下载歌曲等方式传播给其他用户。

(3) 企业广告。广告是树立企业形象的常用手段,也是MI传达的常用方法。广告是指用新颖、生动、简洁的词汇在报纸、电台、电视、招贴上宣传企业理念。广告直观的表现形式与便于引发传播的特点,为企业理念的立体化展现提供了更好的实现空间。尤其是在新媒体时代,短视频营销非常火爆,通过拍摄短视频广告来展现企业理念可以更直接地向公众传递企业信息。

五、企业理念识别系统策划的功能

1. 对内功能

MI的对内功能是指在企业内部的理念识别系统所发挥的有利作用,它有以下四个方面。

(1) 引导方向。MI的导向作用表现在两个方面:①直接引导员工的性格、心理和行为。②通过整体的价值认同来引导员工,尤以第二个方面为主。有什么样的价值观念、价值取向,就有什么样的经营宗旨、经营思想和经营策略。

(2) 凝聚人心。市场经济体制下,员工在思想理念、心理态度上发生以下的新变化、新特点:①自我意识增强,服从意识减弱,人不安位现象突出。②个体意识增强,群体意识减弱。③利益意识特别是经济利益意识空前觉醒,重功利、重民生、重物质利益为驱动力的心理浓厚。在这种变化下,如果还搬用"大统一""为人民服务"之类的口号已经无济于事。在这种情况下,企业理念充当了有效的聚合人的黏合剂。

(3) 规范行为。这里所说的行为是指受思想支配而表现在外的活动,包括企业行为和员工行为。①在一个企业中,如果每个员工都知道什么样的行为是正确的,什么样的行为是错误的,久而久之,就会成为自然。其结果必须是,针对同一个企业的员工,不管你是做什么工作的,生产也好,销售、服务也罢,他们的行为总表现出某种一致的格调。②企业行为理念可以营造一种富有精神蕴涵的文化氛围。员工在这种文化氛围下工作,无时无刻不受到这种环境的熏陶和影响,天长日久,潜移默化,使员工能够自动自觉地调节自己的心态和行为,使之与企业的理念相协调、相一致、相平衡。

(4) 激励员工。激励员工的方法有两种:一种是物质鼓励,就是要在企业生产和效益不断提高的基础上使职工福利、奖励水平有相应的提高。另一种是精神激励,就是以企业文化方面的建设不断提高干部、职工的精神境界,以企业目标与追求形成凝聚职工的向心力。对于一个企业来说,物质鼓励是有限的,而精神激励是无限的,职工蕴藏在心底的积极性、创造性是无限的,关键是开发。如何开发?靠企业理念识别。用尊重人、关心人,能打动人的灵魂,能唤起人们献身精神的企业目标和企业宗旨等,去开发职工的精神力量。

2. 对外功能

MI除以上四项对内功能外,还有以下三项对外功能。

(1)确保同一。同一性是指企业上、下、内、外要保持经营上、姿态上、形象上的一致,以及MI、BI、VI三个子系统提供的信息的一致。CI实施的基本要求是MI一经确定,BI和VI就应全力配合,不许走调,更不允许另搞一套。

(2)创造个性。就CI系统的整体而言,本质特征是差别性。它追求企业的差别化效果,展示企业个性。由于企业理念的不同,决定了企业形象的差异,使相同事业领域处于同等技术水平或质量水平的企业呈现出不同的姿态、面貌,在社会和消费者心目中留下了不同的印象。

(3)辐射四方。我们说企业理念具有辐射力,意思是指一个企业的理念一旦定型,并取得了经济、社会效益,它将会跨越时空,造成大范围的影响和冲击。例如,IBM的经营理念产生于美国,却辐射世界。企业理念辐射的基本途径有两种:第一种是国家通过行政干预,有意识地运用各种传媒将成功企业的企业理念传播到社会,进行弘扬和宣传。第二种是优秀的企业理念"不自觉"地对其他企业产生影响。这是因为任何企业理念识别都是个性与共性的统一,它既反映了企业的特点,又具有一定的普遍意义。

 即兴思考

结合"小米人的使命:感动人心、价格公道"案例,思考还有哪些公司在此类问题上做得比较好?

同步实训

MI策划方案

1. 实训目的与要求

通过本任务的训练,帮助学生认识在营销活动中MI策划的重要性。MI策划是企业CIS策划的重要一环,在商业竞争愈加激烈的今天,通过MI策划提升企业与公众的关系,提高企业整体形象显得尤为重要。

通过本任务的训练,使学生能够清楚地知道MI策划的运作过程。在明确MI目标的基础上,能够在尽可能少的预算费用里进行较好的MI活动策划,了解和掌握MI策划的程序、步骤和内容,培养学生对当下企业生存状态进行定位,明确诉求对象,对企业理念开展策划工作的能力。

2. 实训背景与内容

本实训通过设置合理时间及场景情境分析,帮助企业合理选择企业理念策划方案,学习和巩固MI策划中所讲到的包括MI策划的概念、构成要素、内容、定位、确定与传达及功能相关知识,并为企业提出整体 MI 策划方案。

3. 实训操作要点

(1) 要求教师对 MI 策划实践应用的重要性给予充分说明,调动学生项目操作的积极性与热情。

(2) 要求教师对 MI 策划的程序、内容和方式进行具体指导,特别是 MI 设计的构成要素、内容、定位等方面需向学生阐明。

4. 实训步骤与方法

(1) 每 5~6 个学生一组,要求各组学生选择一家自己感兴趣的企业,分析其 MI 设计的特点。

(2) 通过阅读或浏览互联网信息,帮助其设计一整套企业 MI 策划导入方案。

(3) 确定方案主题,是否符合公司一贯外界形象;与公司的战略规划是否一致;有哪些引爆点可以成功吸引目标消费者或培养忠诚客户等。

(4) 撰写企业 MI 导入策划书。

(5) 递交作品,在班级内将作品进行展示交流。

5. 实训考核

(1) 采用过程考核与项目作业评价相结合的方式,注重小组讨论、项目成果、汇报交流等环节的评价。

(2) 提高 MI 策划能力的考核权重,重视学生在项目作业中的企业 MI 导入必要性分析。

(3) 注重考核学生民族自信的职业素养,特别强调团队协作能力的考核。

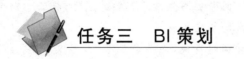

任务三　BI 策划

知识目标

1. 掌握 BI 策划的含义和特征。
2. 掌握 BI 策划的内容。
3. 掌握 BI 策划的关键环节。

技能目标

1. 能够区分企业内部和外部的行为识别系统。
2. 能够为企业制订有效的行为识别系统方案。

课程思政

1. 培养良好的团队组织与协调能力。
2. 培养正确认识大局、自觉服从大局、坚决维护大局的意识。

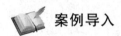

案例导入

茅台469沉浸式市场活动传递"美"文化

1. 感恩父亲节，茅台传承中华孝

人们常说，父爱如酒，别具匠心，越品越醇厚。2022年父亲节期间，茅台经销商以"父爱如山——43度贵州茅台酒温情满人家"为题，在全国各地开展一系列主题品鉴活动，邀请"茅粉"家庭参与"家宴"，为其搭建起一座情感交流的桥梁，抒发感恩父爱之情，弘扬礼孝文化，传递"美"的核心。

安徽、湖南、山东、重庆、西藏、内蒙古、新疆、四川、浙江、山西、天津地区的经销商以爱之名，以酒寄情，分别在父亲节举办了"43度贵州茅台酒温情满人家品鉴会"，"茅粉"家庭共同品饮43度贵州茅台酒，举杯对饮，致敬父爱。

父亲的爱，深沉而无言，如一壶陈年老酒，随着岁月的流逝，愈加醇厚绵长，回味无穷。除品鉴43度贵州茅台酒外，四川、安徽、江西地区的经销商还开展了茅台酒(30)陈年酒专场品鉴会。此次陈年茅台酒品鉴会，以茅台文化、礼孝文化为轴，以美食为辅，通过美的产品展示、私宴品鉴、美的场景沉浸式体验等方式，带大家了解陈年茅台酒特殊的酿造工艺，领略茅台深厚的历史文化底蕴，切实感受茅台在匠心传承上的初心。

除了品鉴会，丰富多彩的活动形式也让"茅粉"沉浸式体验到茅台文化之美。

2. 节气活动探寻文化魅力

千百年来，智慧的劳动人民通过观察太阳的周期运动，制定了一套行之有效且影响深远的农作物耕种指南——二十四节气。酒作为农作物深加工的产物，无论是酿造还是存储，都与"二十四节气"密不可分。而茅台酒酿造工艺顺天应时，与二十四节气紧密相连，二十四节气成为茅台酒酿造的气候密码和文化密码。

茅台经销商紧追节气营销的步伐，以茅台工艺、节气文化、茅台品鉴、国学弘扬、田园农艺、音乐鉴赏的形式，开展一系列"美"文化营销互动，创新传统文化表达，以文化赋能，增强"茅粉"体验度与参与度。

夏至这天，贵州地区经销商以"以麦传承·匠心酿造"为主题，举办了茅台酒夏至主题品鉴宴。现场特地设置了多个夏至主题互动区，引导"茅粉"们制作个性化的团扇和香囊等夏季消暑纳凉用品。

"茅粉"们通过文化互动了解民俗文化以及二十四节气当中有趣的数字密码，更深刻感受到茅台之美、茅台之形、茅台之境。现场专设的"i茅台"互动区，也让"茅粉"进一步领悟茅台的新时代发展理念。

3. 以"美"的产品营造茅台"美时代"

"美"是2022年茅台股东大会上的标签。茅台始终致力于讲好中国酒文化、茅台酒故事，让消费者在品味茅台醇香的同时，将浓郁的文化韵味和艺术审美浸透于生活之中，深化美的认知，提高生活格调。

此次举办的469场市场活动，不仅是一次关于"美"的具象体验，更是以悠久的中国传统文化拓宽了茅台文化内核，延续文化根魂，进一步做深"茅台＋""＋茅台"，有助于增强茅台文化影响力、凝聚力和感召力，加速开启新的美时代。

思考：茅台酒通过系列沉浸式市场活动树立了什么样的品牌形象？

行为识别（behavior identity，BI）是企业实际经营理念与创造企业文化的准则，对企业运作方式所做的统一规划而形成的动态识别形态。其主要内容大致分为以下几种：它是以经营理念为基本出发点，对内是建立完善的组织制度、管理规范、职员教育、行为规范和福利制度；对外则是开拓市场调查、进行产品开发，透过社会公益文化活动、公共关系、营销活动等方式来传达企业理念，以获得社会公众对企业识别认同的形式。

一、企业行为识别系统的定义

企业行为识别系统（behavior identity system，BIS）是企业理念识别系统的外化和表现。企业行为识别是一种动态的识别形式，它通过各种行为或活动将企业理念观测、执行、实施。

企业行为识别系统认知

企业理念要得到有效地贯彻和实施，必须首先要科学构建企业这一行为主题，包括确定企业组织形式、建立健全企业组织机构、合理划分部门、有效确定管理幅度、科学授权。企业主体架构完善，企业的运行机制才能完善，企业的行为才能有一定的基础保证，企业的理念才能真正地贯彻执行。所以，在企业行为识别系统中，企业主体特征是最基本的基础性因素。

企业的行为包括的范围很广，它们是企业理念得到贯彻执行的重要体现领域，包括企业内部行为和企业市场行为两个方面。企业内部行为有员工选聘行为、员工考评行为、员工培训行为、员工激励行为、员工岗位行为、领导行为、决策行为、沟通行为等。企业市场行为包括企业创新行为、交易行为、谈判行为、履约行为、竞争行为、服务行为、广告行为、推销行为、公关行为等。上述各种行为只有在企业理念的指导下规范、统一，并有特色，才能被公众识别和认可。

二、企业行为识别系统的特征

1. 统一性

企业行为识别系统具有统一性。它要求企业的一切活动，无论是对上还是对下，对内还是对外，均表现出一致性。首先，它要求企业的全体员工和各个部门在开展各项活动时必须统一目的，以在社会公众面前塑造出统一而良好的企业形象；其次，它要求企业的各项活动表现必须与企业的理念识别系统相吻合，使其成为企业理念识别系统的一个动态表现，从而保证企业的各项活动及其具体内容互相衔接，形成一个完整的有机整体；再次，它要求企业所有工作人员在活动中的表现具有统一性，这包括语言传播的统一性、行为表现的统一性。只有这样，才有利于企业整体形象的再现和社会公众对企业活动的识别与接纳。

2. 独立性

企业行为识别系统具有活动的独立性，即一切行为及活动的识别应体现出企业的精神和企业的个性，显示出与其他企业的不同风格。这种独立的表现形态，是社会公众对企业及其活动识别的基础。例如,英特尔奔腾处理器的对外传播总是以高科技、领先技术、特殊形象表现与音乐表现来再现一颗活灵活现的奔腾的"心",无论对外传播的内容(不同的产品)发生怎样的变化,这一传播主调不会发生变化,同时这一传播主调也将企业的风格、精神再现出来,表现出与众不同的基本内涵和目标追求。

3. 动态性

企业行为识别系统具有动态性,企业行为识别的统一性和独立性均经过活动的动态过程得以表现。企业的内部活动包括干部教育与培训、员工教育与培训、组织建设、管理实施、生产运作、内部关系协调与沟通、工作软环境的再创造等;企业的外部活动包括市场调查、产品开发、公共关系、广告宣传、促销活动、营销政策实施、社会公益性活动、文化性活动等,所有这些活动都是一个动态过程。

企业行为识别系统的动态性支撑着企业行为识别系统的统一性和独立性。其中统一性是通过企业对内、对外的各项活动表现出来的;独立性(即企业风格和个性表现)也是在企业对内、对外的各项活动中得以表现的,其目的是争取社会公众的识别、认可与接纳。

三、企业行为识别系统的内容

企业行为识别系统的具体内容包括以下两方面。

1. 企业内部的行为识别系统

(1) 干部教育和培训。这是企业为提高管理人员的基本素质、工作能力,以适应时代发展的需要而实施的一项活动。对企业干部进行教育培训的主要内容有由企业决策层向管理人员讲授本企业的文化,贯彻一种系统性的企业理念,推动企业文化与理念系统的贯彻、执行,由外请专家研究企业的各项战略,为企业设定战略规模与远景规划,由技术专家进行企业技术培训,使管理者既懂技术又懂管理,以更好地适应市场,强化内部各部门和各环节的透明度,彼此更多地了解与理解,更多地协调与关照,团结一致,奋发向上,共同为企业发展而努力。

(2) 员工教育和培训。员工教育和培训主要是进行技能、操作培训,认同企业文化,讲解理念系统及企业各项制度等。其具体内容有工作态度与精神,服务水准,能力与技巧,各项礼仪、礼貌用语及约束条件,各项岗位操作等。

(3) 组织建设。组织建设是指组织结构的建设,人员职位与岗位的安排,人才的吸纳、任用与提升等。组织建设的目的在于保证组织机构的完善与稳定,调动内部所有人员的积极性,使企业内部团结一致,共同为企业的发展做出更大的贡献。

(4) 管理实施。这是为贯彻企业管理思想,落实企业管理决策而进行的企业各项管理工作,同时,这也是落实企业理念系统,形成企业内部凝聚力与向心力的系统性工作,企业管理工作做得如何,是保证企业能否有序、稳妥而正常运作的重要手段。

(5) 生产运作。好的产品是制造出来的,而不是检验出来的。企业的生产运作情况可以表现出企业管理水平的高低、生产能力的大小、生产人员的工作态度和生产目标是否能实现等多方面的内容。生产运作得好又是保证满足市场需求、推动企业发展的基础性工作之一。所以,企业的生产运作在企业内部活动中作为企业运作的始点和市场运作的后盾,永远是企业各项活动的重要内容。

（6）产品开发。在当今市场竞争中，企业只有了解市场、适应市场、满足市场的需求，才能真正地赢得市场。市场的需求千变万化，企业要适应这种不断变化的需求，就必须不断地进行产品的开发、研制与创新，掌握行业内的先进水平，利用先进的科技手段，不断进行产品的改良、改进、革新与创新。只有这样，企业才能适应市场、赢得市场。

（7）内部关系的协调与沟通。这属于内部公共关系范围的工作，这种协调与沟通主要表现为企业上下级之间的纵向协调与沟通，以及部门与部门、员工与员工之间的横向协调与沟通。

（8）工作软环境的再创造。在企业内部，硬环境的内容包括厂区、厂房、机器设备、办公环境等，这些内容一旦形成，在一定的期间内很难有大的变化，而企业内部软环境的内容则包括企业内部的气氛与氛围、上下级之间、部门之间及员工之间的各类关系，企业文化、企业理念系统对内部工作人员的影响，以及由此形成的人们的精神状态、工作状态和追求目标等。但这并不意味着它可以一成不变，和企业内部硬环境的不同之处在于，企业内部的软环境时时可以调整，处处可以创新，只要它符合企业理念系统的要求，符合企业的发展方向，有利于企业的运作，就可以不断地加以修正与调整。

（9）各项方针、政策、制度的制定与实施。每个企业都有自己的规章制度、方针政策等。它是规定企业正常运作、约束员工行为的具体规则，是企业管理工作正常运行的依据。企业制定的方针、政策、制度等首先必须符合企业一定的发展阶段水平与特征，制定的目的是贯彻、落实，过高的目标与过低的要求对企业的运作与发展均不会产生积极的影响。其次，符合企业发展的方针、政策、制度一旦确定下来，就必须严格地贯彻、执行，并建立健全监督机构，将其落到实处，这样才有利于企业内部各项工作的开展，人员积极性的调动和企业目标的实现。

2. 企业对外的行为识别系统

（1）市场调查。这是企业了解市场、把握市场动向的一项具体性工作，市场调查分为日常调查和专项调查。日常调查依赖于企业内部的所有与市场有关的人员，主要是指市场营销人员。市场营销人员每天居于市场之中，对市场的了解可以更细腻、更准确、更可信赖。专项调查是依靠社会上的专项调查机构进行的、确定调查主题和范围的调查。

通过市场调查，一方面可以掌握大量的有价值的市场信息，把握市场的未来发展方向，知己知彼，充分认识到企业的市场地位；另一方面企业可以通过市场调查向被调查者获取必要的信息，在一定的范围内，让人们了解与认知企业及其产品和品牌。

（2）产品销售。这是企业市场营销工作中的重要环节，它是在产品研制开发、产品价格制定、销售渠道选择的基础上所进行的一项工作。企业产品销售工作包括企业产品离开生产领域之后，进入消费领域之前在流通领域中的一系列工作，如营销队伍的建立、市场的选择、营销政策的实施以及具体的销售工作等。企业的销售工作检验着企业的产品质量与性能，检验着企业各项工作水平。企业销售工作的好坏，直接影响着企业销售目标的实现和企业的发展。

（3）公共关系。公共关系表现为企业与社会公众之间所建立的全部关系的总和。在企业的形象战略中，企业的公共关系不仅要为企业对外进行信息传递，以沟通与协调各种关系,更重要的在于为企业在社会上树立良好的信誉与形象,赢得社会公众的认可、信赖与接纳。因此,企业必须协调好与消费者、供应商、经销商、上级政府、社区社团、金融机构、新闻媒介等各方面的关系,让社会公众更多地了解与理解企业,并在社会上和市场上形成良好的公共关系氛围。

(4) 广告宣传。现代市场经济的发展,为广告行业的发展提供了一个巨大的市场空间,任何一个企业都必须看到广告的作用,利用广告宣传好自己的产品,树立良好的企业形象。广告是企业对外传播的一个窗口,良好的广告宣传不仅会起到推销产品、扩大市场的作用,还会传递必要的企业信息,让更多的公众认识企业的内涵与产品的品牌。企业在运用广告进行对外传播时,一定要量入为出,确定合理的广告预算,选择好合适的媒体,精心进行广告策划与创意,认真地设计与制作,以期使广告的效果更理想。

(5) 促销活动。这是在产品销售活动中所做的营销推广工作,目的在于使企业产品的市场能在一定的期限内得以扩大,现代市场经济的发展使各企业的促销活动花样百出,好的促销活动能够在短期内引起人们的关注,使人们产生购买欲望。这种购买欲望有时可能不在于产品本身的吸引力,而在于活动对人们的影响,传统的促销活动,如赠品销售、有奖销售、打折销售等,人们已经司空见惯。在竞争激烈的市场中,各企业会不断策划出更能引起人们关注的促销活动并付诸实施。

(6) 服务工作。在现代人的消费需求中,产品本身的使用价值固然重要。但产品所能体现出的审美价值和附加价值有时更为重要。顾客购买产品是期望获得一系列的利益和满足,这种利益和满足主要表现在企业为顾客提供的各项服务工作上,包括购买前的服务、购买过程中的服务以及购买以后的系列服务。服务工作是让顾客产生满意感的最有效途径。因为服务是由人来提供的,服务人员的语言沟通与行为方式是一种活跃的动态过程,好的服务工作可以使顾客产生即时的满意和情感,并使其念念不忘,事后顾客会将这种满意和情感100％传递给他人,产生 10^3 次的有效传播效果。相反,如果顾客对服务工作不满意,也会产生同样的有效传播层次,从而对企业造成不良的影响。因此,服务是窗口,好的服务可以使企业赢得更大的市场。

(7) 社会公益性。企业对外开展的公益性、文化性活动,属于大型的公共关系活动。这种活动的特点是影响大,传播效果好,易产生轰动效应,可以扩大企业的知名度,塑造企业的良好形象,其活动的主要表现形式是参与社会公益性、福利性的赞助活动。主要的赞助对象是体育事业、文化事业、教育事业、社会福利和慈善事业、社会灾难性救助事业等。这里需要注意的是,企业在开展公益性、文化性活动之前,一要把握好主题,选择好机会;二要进行系统的策划工作;三要根据策划的思路认真实施。只有这样,才能使活动本身产生理想的社会效果。

(8) 各项对外协调。针对传播性工作,除大型公共关系活动以外,企业在日常的工作中也要不断地开展与社会各界公众进行协调、沟通的工作,向社会公众传播企业的信息,让人们更多地了解企业、认同企业、接纳企业。这种协调性、传播性工作主要表现为日常的人际沟通,如企业的人士与外界各界朋友的接触;会议沟通,如新闻发布会、产品订货会、经验交流会和各种其他类型的会议等;公众沟通,如企业主要领导者向社会公众中的相关人员,通过确定的方式(如报告、讲座、经验介绍等)传播有关企业的信息。企业对外的这些协调性、传播性工作可以划分为正式的传播与非正式的传播,正式的传播是有确定的组织方式的传播,如以会议形式和公众进行沟通;非正式的传播是无确定的组织方式的传播,如日常的人际沟通,无论是正式的传播还是非正式的传播,企业各类传播者均要以企业精神为统帅,以企业统一要求的表现形式为行为准则,通过传播为企业在社会上树立良好的形象而努力。

四、企业行为识别系统的关键环节

员工教育、规范建立和管理提升是建立有效的 BI 系统的关键环节。

1. 员工教育是将企业理念贯穿于行为的基础

行为识别系统的建设不是员工自发的。如果公司的理念只以条文化的形式出现,那么员工就不会把它放在心上,也就无法渗入组织内,成为企业成员共同的价值观而表现在行为中。因此,必须开展多种形式的教育培训,让全体员工知道本企业导入 CIS 的目的、意义和背景,了解甚至参与企业识别系统的设计,熟悉并认同企业的理念,清楚地认识到企业内每一位员工都是企业形象的塑造者。员工教育主要包括企业理念和企业文化方面的内容。通过教育培训,使员工从知识的接收到情感的内化,最终落实到行为的贯彻。

2. 制度和规范是建立行为识别系统的有力工具

企业建立行为识别系统,不能只靠铺天盖地宣传教育,还需要制定与完善一系列具有可操作性的制度和规范。制度和规范使企业与员工的行为有章可循、规范化一,它具有一定的强制性。对员工而言,制度和规范是一种约束,但也是其顺利完成工作的保证。制度和规范的设计必须以正确的企业理念为指导,必须有助于员工在一种宽松的环境中准确无误、积极主动地完成自身的工作。制度和规范的内容如果偏离了企业理念,将会造成员工思想与行为的不协调、不统一,直接影响员工的积极性和创造性的发挥,给企业管理带来失误和损失。

3. 卓越的管理是行为识别系统顺利实施的保证

BI 规范化管理是 CI 导入过程中关键环节,同时也是最难把握的一环。理念可以树立,视觉符号可以设计,而人的行为却难以理想化地进行统一。因此,BI 系统的顺利实施,需要有效的管理手段作为保证。与美国、日本企业雄厚的管理基础和高度现代化的管理手段相比,我国企业的管理基础十分薄弱,因此,企业必须将 CI 战略的实施建立在整体管理水平提升的基础上。也就是说,企业在开展 BI 建设的过程中,首先要在组织上和制度上进行管理革新;其次要有计划地开展员工培训工作,重视人才的开发和引进,提高员工的整体素质;最后要特别注重管理人员的开发和培养,建立一支高素质的现代经理人队伍,从而保证企业整体水平的提高和管理革新的有效实施。

总之,我国企业在导入 CIS 时,必须走出各种认识上和行为上的误区,综合考虑自身的经营管理现状,注重 MI、BI、VI 的系统化设计和整体化实施,强调 CI 导入与管理水平的提升并举,通过 BI 系统的有效实施,把企业的理念贯穿于企业的一切活动以及员工的行为中。只有这样,企业才能从整体上和根本上提升与改善形象,才能使 CI 战略真正获得成功。

即兴思考

回想之前在浏览网页、收看电视新闻的过程中,有没有哪家公司的企业行为识别曾给你留下深刻印象?简要列举几点谈谈你的看法,并分析你为什么会记住它。

同步实训

BI 策划方案

1. 实训目的与要求

通过本任务的训练,帮助学生认知在营销活动中 BI 策划的重要性。BI 策划也是企业 CIS 策划的重要一环,在商业竞争愈加激烈的今天,通过 BI 策划提升企业与公众的关系,提高企业整体形象显得尤为重要。

通过本任务的训练,能够清楚地知道 BI 策划的运作过程。在明确 BI 目标的基础上,能够在尽可能少的预算费用里进行较好的 BI 活动策划,了解和掌握 BI 策划的程序、步骤和内容,培养学生对当下企业生存状态进行定位,明确诉求对象,对企业行为识别开展策划工作的能力。

2. 实训背景与内容

本实训通过设置合理时间及场景情境分析,帮助企业合理选择企业行为识别策划方案,使学生学习和巩固 BI 策划中所讲到的包括 BI 策划的定义、特征、内容、关键环节等相关知识,并为企业提出整体 BI 策划方案。

3. 实训操作要点

(1) 要求教师对 BI 策划实践应用的重要性给予充分说明,调动学生项目操作的积极性与热情。

(2) 要求教师对 BI 策划的程序、内容和方式进行具体指导,特别是在 BI 设计的特征、内容、关键环节等方面需向学生阐明。

4. 实训步骤与方法

(1) 每 5~6 个学生一组,每组成员假设自己是某传统饮料类生产供应商,公司最近销售量持续放缓,董事会开会讨论决定策划一套新的适应当下时代的 BI 系统。

(2) 通过互联网收集资料并进行小组讨论,撰写出你认为合理的一套新的 BI 策划并在班级内部分享。

(3) 确定方案主题,是否符合公司一贯外界形象;与公司的战略规划是否一致;有哪些引爆点可以成功吸引目标消费者或培养忠诚客户等。

(4) 撰写企业 BI 导入策划书。

(5) 递交作品,在班级内将作品进行展示交流。

5. 实训考核

(1) 采用过程考核与项目作业评价相结合的方式,注重小组讨论、项目成果、汇报交流等环节的评价。

(2) 提高 BI 策划能力的考核权重,重视学生在项目作业中的企业 BI 导入必要性分析。

(3) 注重考核学生爱岗敬业、吃苦耐劳的职业素养,特别强调团队协作能力的考核。

任务四　VI 策划

知识目标

1. 掌握 VI 策划的定义。
2. 掌握 VI 策划的原则。
3. 掌握 VI 策划的作用和意义。

技能目标

1. 能够了解实际案例中企业视觉识别系统的内涵和特征。
2. 能够明确 VI 在 CIS 中的重要作用。
3. 能够通过调研及资料收集撰写企业 VI 策划书。

课程思政

1. 培养"守志笃行，诚信为怀；开天掘地，有容乃大"的浙商精神。
2. 培养支持国货、支持中国制造的爱国情怀。

 案例导入

蒙牛 Logo 焕新，让全球消费者爱上"乳品中国造"

2021 年 12 月 18 日，蒙牛对已经使用了 22 年的 Logo 进行焕新升级，确定了品牌坚持"在传承中不断进行形象焕新"的理念，以及"兼具年轻化、国际化新形象"的 Logo 升级思路。

初 心 不 变　　焕 新 出 发

据介绍，新 Logo 以中国文字为骨，以内蒙古大草原为魂，最大程度保留了原有的图文结构和基本色调，延续消费者的主要情感要素。从整体视觉上，新 Logo 通过图形、色号、边框等调整，更加凸显了"牛角""母亲河"和"绿色大草原"这三个极具中国特色和蒙牛特点的元素，总体更显亲和、现代、开放和国际化。此次新 Logo 将此前基本色使用的"361C"的绿色色号更改成了"7481C"。此外，新 Logo 中"牛角"和"母亲河"突破原有边框，以极具数学感的黄金分割比例呈现在"草原"之上，彰显蒙牛打破桎梏、超越自我、追求卓越的勇气和决心，更蕴含着乘风破浪、走向世界的目标。图形基本色为绿色，象征着天然、健康、品质，代表着抚育蒙牛的摇篮——内蒙古大草原的颜色，表明蒙牛不忘初心，从内蒙古大草原出发，强壮国人,走向世界。下方的"河流",象征滋养了土地和民族的母亲河——黄河。蒙牛在黄河几字弯孕育的沃土诞生,在黄河沿岸的黄金奶源带上进行产业链布局,坚守"点滴营养,绽放每个生命"的使命,为消费者带来一杯好牛奶,为"守护人类和地球共同健康"作出更大贡献。

蒙牛相关负责人表示,此次 Logo 焕新,也是蒙牛通过视觉形式与消费者展开的一场深层次对话。集团试图从品牌角度把战略目标以更加清晰和简洁的方式传递给消费者。新 Logo 中的"牛角",是蒙牛的精神符号,代表了蒙牛一直以来"天生要强,与自己较劲"的企业精神。同时,它也象征着一个旋转的地球、一片充满无限可能的天空,体现出蒙牛"脚踏草原、放眼全球、仰望星空"的博大胸怀。

资料来源:https://baijiahao.baidu.com/s?id=1719646841402368889&wfr=spider&for=pc.

思考:蒙牛为什么要形象焕新,新的 Logo 在视觉传达方面起到哪些新的作用?

企业视觉识别是企业所独有的一整套识别标志,它是企业理念的外在的、形象化的表现,理念特征是视觉特征的精神内涵。企业视觉系统是企业形象识别系统的具体化、视觉化。它包括企业标志、企业名称、企业商标、企业标准字体、企业标准色彩、企业象征图形、企业造型等。

根据专家的研究,在信息社会中,企业的视觉识别系统几乎就是企业的全部信息载体。视觉系统混乱就是信息混乱,视觉系统薄弱就是信息含量不足,视觉系统缺乏美感就难以在信息社会中立足,视觉系统缺乏冲击力就不能给顾客留下深刻的印象。在这个意义上,缺乏了视觉识别,整个 CI 就不复存在。

一、企业视觉识别系统的定义

视觉识别系统(visual identity system,VIS),通常称为 VI,是将企业理念、企业文化,运用整体的传达系统,通过标准化、规范化的形式语言和系统化的视觉符号,传达给社会大众,具有突出企业个性、塑造企业形象的功能。视觉识别系统手册,是以公司的经营理念及精神文化为指导而制定的标准徽标、标准字体、标准色彩的完善组合在企业管理与交往中的应用规范。视觉识别手册通常分为基础系统和应用系统,其中,应用系统是各基本要素规范的延伸使用,包括办公事务用品、公关事务用品、广告、环境识别、服饰、交通工具等。在各项实际应用中,除考虑形象美观因素外,还应考虑到功能性及经济实用性。视觉识别作为企业各部门准确实施的标准,全体员工有维护本企业整体形象的责任与义务,必须严格遵守。

而企业视觉识别系统是企业形象的视觉传达形式,它是 CIS 最有效、最直接的表达。企业视觉识别系统是企业识别系统的重要组成部分。它是在理念识别(MI)和行为识别(BI)的基础上,通过一系列形象设计,将企业经营理念、行为规范等,即企业文化内涵,传达给社会公众的系统策略,是企业全部视觉形象的总和。企业视觉识别系统将企业的品牌理念与核心价值通过视觉传播形式,有组织、有计划地传递给客户、公众及企业员工,从而树立起统一的企业形象。企业视觉识别系统是企业形象最直观的表现。企业的 VI 系统需要保持内在的一致性和外在的差异性,即企业所有视觉设计都要严格地遵循统一的标准,同时要与其他企业保持鲜明的差异,以便使客户产生强烈的共鸣。一个优秀的视觉识别系统可以使人们快速理解企业希望传递的信息。

二、企业视觉识别系统的组成

视觉识别系统原则上由两大要素组成：一是基础要素，包括企业名称、企业标志、企业标准字体、企业标准色彩、企业造型或企业象征图形以及各要素相互之间的规范组合；二是应用要素，是指上述各要素经规范组合后，在企业各个领域中的展开运用，包括办公事务用品、企业内部和外部建筑环境、交通工具、服装服饰、广告媒体、产品包装、陈列展示等。

（一）基础要素系统

基础要素是以企业标志为核心进行的设计整合，是一种系统化的形象归纳和形象的符号化提炼。这种经过设计整合的基础要素，既要用可视的具体符号形象来展示企业的经营理念，又要作为各项设计的先导和基础，保证它在各项应用要素中落脚的时候保持同一的面貌。通过基础要素来统一规范各项应用要素，可达到企业形象的系统一致。例如，高水平的视觉设计系统是对企业形象进行一次整体优化组合。不是将基础要素一一搬上应用领域就算完事，而是必须考虑到基础要素在办公事务用品、广告媒体、产品包装、陈列展示等各类不同的应用范围中出现的时候，既要保持同一性，又要避免刻板机械。如果这些基础要素在具体应用中不能给包装、广告、名片等各类设计带来生气与活力，不能带来良好的视觉效果，不能引起人们的美感，那么这种同一性就毫无意义，再同一的形象也是失败的。

对于整个企业形象识别系统而言，如果说理念是企业的头脑和灵魂，行为是企业的处世方式，那么企业的视觉识别系统就是企业的着装和仪表。

VIS 设计的基础要素系统严格规定了标志图形标识、中英文字体、标准色彩、企业象征图形及其组合形式，从根本上规范了企业的视觉基础要素。基础要素是企业形象的核心部分，企业基础要素系统包括企业名称、企业标志、企业标准字体、企业标准色彩、企业象征图形、企业提出的标语口号和企业吉祥物等。

1. 企业名称

企业名称与企业形象有着紧密的联系，是 CIS 设计的前提条件，是采用文字来表现识别要素。企业名称的确定，必须反映出企业的经营思想，体现企业理念；要有独特性，发音响亮，易识、易读，并注意谐音的含义，以避免引起不好的联想。名字的文字要简洁明了，同时还要注意国际性，适应外国人的发音，以避免外语中的错误联想。在表现或暗示企业形象及商品的企业名称时，应与商标，尤其是与其代表的品牌相一致，也可将市场上较有知名度的商品作为企业名称。企业名称的确定，不但要考虑传统性，还要具有时代特色。

2. 企业标志

企业标志是特定企业的象征与识别符号，是 CIS 设计系统的核心，企业标志是通过简练的造型、生动的形象来传达企业的理念、具体内容、产品特性等信息。标志的设计不但要具有强烈的视觉冲击力，而且要表达出独特的个性和时代感，必须广泛地适应各种媒体、各种材料及各种用品的制作，其表现形式可分为图形表现（包括再现图形、象征图形、几何图形）、文字表现（包括中外文字和阿拉伯数字的组合）、综合表现（包括图形与文字的结合应用）三个方面。企业标志要以固定不变的标准原型在 CI 设计形态中应用，开设时必须绘制出标准的比例图，并表达出标志的轮廓、线条、距离等精密的数值。其制图可采用方格标示法、比例标示法、多圆弧角度标示法，以便标志在放大或缩小时能精确描绘和准确复制。

3. 企业标准字体

企业标准字体包括中文、英文或其他文字字体，标准字体是根据企业名称、企业牌名和企业地址等来进行设计的。标准字体的选用要有明确的说明性，能够直接传达企业、品牌的名称并强化企业形象和品牌诉求力。可根据使用方面的不同，采用企业的全称或简称来确定，字体的设计，要求字形正确、富于美感并易于识读，在字体的线条粗细处理和笔画、结构上要尽量清晰、简化和富有装饰感。在设计时要考虑字体与标志在组合时的协调统一，对字距和造型要做周密的规划，注意字体的系统性和延展性，以适应各种媒体和不同材料的制作，并适应各种物品大小尺寸的应用。企业的标准字体的笔画、结构和字形的设计也可体现企业精神、经营理念和产品特性，其标准制图方法是将标准字体配置在适宜的方格或斜格中，并表明字体的高、宽尺寸和角度等位置关系。

4. 企业标准色彩

企业标准色彩是用来象征企业并应用在视觉识别设计中所有媒体上的指定色彩。透过色彩具有的知觉刺激与心理反应，可表现出企业的经营理念和产品内容的特质，体现出企业属性和情感，标准色彩在视觉识别符号中具有强烈的识别效应。企业标准色彩的确定要根据企业的行业属性，突出企业与同行的差别，并创造出与众不同的色彩效果，标准色彩的选用是以国际标准色彩为标准的，企业的标准色彩使用不宜过多，通常不超过三种颜色。

5. 企业象征图形

企业象征图形是为了配合基础要素在各种媒体上广泛应用而设计的，在内涵上要体现企业精神，引起衬托和强化企业形象的作用。通过象征图形的丰富造型，可补充标志符号建立的企业形象，使其意义更完整、更易识别、更具表现的幅度与深度。象征图形在表现形式上简单抽象，它与标志图形既有对比又保持协调的关系，也可由标志或组成标志的造型内涵来进行设计。在与基础要素组合使用时，要有强弱变化的律动感和明确的主次关系，并根据不同媒体的需求做各种展开应用的规划组合设计，以保证企业识别的统一性和规范性，强化整个系统的视觉冲击力，产生视觉的诱导效果。

6. 企业提出的标语口号

标语口号是企业理念的概括，是企业根据自身的营销活动或理念而研究出来的一种文字宣传标语。企业标语口号的确定要求文字简洁、朗朗上口。准确而响亮的企业标语口号在企业内部能激发职员为企业目标而努力，对外则能表达出企业发展的目标和方向，提升企业在公众心中的形象。其主要作用是对企业形象和企业产品形象的补充，以达到使社会大众在瞬间的视听中了解企业思想，并留下对企业或产品难以忘怀的印象。

7. 企业吉祥物

企业吉祥物是以平易可爱的人物或拟人化形象来唤起社会大众的注意和好感的。

（二）应用要素系统

应用要素系统设计即是对基本要素系统在各种媒体上的应用所做出具体而明确的规定。当企业视觉识别最基础要素中的企业标志、标准字体、标准色彩等被确定后，就要从事这些要素的精细化作业，开发各应用项目。VI各视觉设计要素的组合系统因企业规模、产品内容而有不同的组合形式。最基本的是将企业名称的标准字体与企业标志等组成不同的单元,以配合各种不同的应用项目。当各种视觉设计要素在各应用项目上的组合关系确定后,就应严格地固定下来,以期达到通过统一性、系统化来加强视觉诉求力的作用。应用要素系统大致有以下内容。

1. 办公事务用品

办公事务用品的设计制作应充分体现出强烈的统一性和规范化,表现出企业的精神。其设计方案应严格规定办公用品形式排列顺序,以标志图形安排、文字格式、色彩套数及所有尺寸依据,形成办公事务用品的严肃、完整、精确和统一规范的格式,给人以一种全新的感受并表现出企业的风格,同时也展示出现代办公的高度集中和现代企业文化向各领域渗透传播的攻势,主要包括信封、信纸、便笺、名片、徽章、工作证、请柬、文件夹、介绍信、账票、备忘录、资料袋、公文表格等。

2. 企业外部建筑环境

企业外部建筑环境设计是企业形象在公共场合的视觉再现,是一种公开化、有特色的群体设计,它是标志着企业面貌特征的系统。在设计上借助企业周围的环境,突出和强调企业识别标志,并贯彻于周围环境中,充分体现企业形象统一的标准化、正规化和企业形象的坚定性,以便企业在眼花缭乱的都市中获得社会大众的好感,主要包括建筑造型、旗帜、门面、招牌、公共标识牌、路标指示牌、广告塔等。

3. 企业内部建筑环境

企业内部建筑环境是指企业的办公室、销售厅、会议室、休息室、厂房内部环境形象。设计时要把企业识别标志贯穿于企业室内环境之中,从根本上塑造、渲染、传播企业识别形象,并充分体现企业形象的统一性,主要包括企业内部各部门标识、企业形象牌、吊旗、吊牌、POP广告、货架标牌等。

4. 交通工具

交通工具是一种流动性、公开化的企业形象传播方式,其多次的流动并给人瞬间的记忆,有意无意地建立起企业的形象。设计时应具体考虑它的移动和快速流动的特点,要运用标准字体和标准色彩来统一各种交通工具外观的设计效果。企业标识标志和字体应醒目,色彩要强烈,才能引起人们注意,并最大限度地发挥其流动广告的视觉效果。交通工具主要包括轿车、中巴、大巴、货车、工具车等。

5. 服装服饰

企业整洁高雅的服装服饰统一设计,可以提高企业员工对企业的归属感、荣誉感和主人翁意识,改变员工的精神面貌,促进工作效率的提高,并使员工自觉纪律严明,提高对企业的责任心,设计时应严格区分出工作范围、性质和特点,符合不同岗位的着装要求。服装服饰主要包括经理制服、管理人员制服、员工制服、礼仪制服、文化衬衫、领带、工作帽、胸卡等。

6. 广告媒体

企业选择各种不同媒体的广告形式对外宣传,是一种长远、整体、宣传性极强的传播方式,可在短期内以最快的速度,在最广泛的范围内将企业信息传递出去,是现代企业传递信息的主要手段。广告媒体主要包括电视广告、报纸广告、杂志广告、路牌广告、招贴广告等。

7. 产品包装

产品是企业的经济来源。产品包装起着保护、销售、传播企业和产品形象的作用，是一种记号化、信息化、商品化流通的企业形象，因而代表着产品生产企业的形象，并象征着商品质量的优劣和价格的高低，所以系统化的包装设计具有强大的推销作用。成功的包装是最好、最便利的宣传、介绍企业和树立良好企业形象的途径。产品包装主要包括纸盒包装、纸袋包装、木箱包装、玻璃包装、塑料包装、金属包装、陶瓷包装、包装纸等。

8. 赠送礼品

企业礼品主要是为使企业形象或企业精神更形象化和富有人情味，可以用来联系感情、沟通交流、协调关系，是以企业标识标志为导向，传播企业形象为目的，将企业形象组合表现在日常生活用品上的。企业礼品同时也是一种行之有效的广告形式，主要有T恤衫、领带、领带夹、打火机、钥匙牌、雨伞、纪念章、礼品袋等。

9. 陈列展示

陈列展示是企业营销活动中运用广告媒体，以突出企业形象，并对企业产品或销售方式进行的传播活动，在设计时要突出陈列展示的整体感、顺序感和新颖感，以表现出企业的精神风貌。陈列展示主要包括橱窗展示、展览展示、货架商品展示、陈列商品展示等。

10. 印刷出版物

企业的印刷出版物代表着企业的形象直接与企业的关系者和社会大众见面，在设计时为了取得良好的视觉效果，充分体现出强烈的统一性和规范化，表现出企业的精神风貌，编排要一致，固定印刷字体和排版格式，并将企业标志和标准字体统一安置在某一特定的版式风格，造成一种统一的视觉形象来强化公众的印象。印刷出版物主要包括企业简介、商品说明书、产品简介、企业简报、年历等。

三、企业视觉识别系统策划的原则

1. 目标性原则

VI设计必须在对企业实际情况作深入了解后，在不同的阶段，追求不同的外部形象目标，通过这些外部形象目标，将企业自身的整体实力、外在形象、所处位置传递给社会公众。

企业视觉识别系统策划的原则

2. 普遍性原则

普遍性原则是指要符合当地的风俗习惯，为当地群众所接受，不犯禁忌，同时具有清晰的可读性与辨识性，设计时具有目标性、时尚化，为成为一个国际名牌奠定基础。

3. 3E原则

3E是指VI设计要符合engineering（工程学）、economics（经济学）、ethics（美学）的开发与制作要求。

engineering：在工程学上要具备开发、创造企业个性的系统的能力。

economics：在经济学上要能创造出独特的销售价值。

ethics：在美学上要提升企业品牌的形象。

4. 合法原则

VI 设计的符号系统不能违反国家和有关行业的法律条文。

四、企业视觉识别系统的意义和作用

(一) 企业视觉识别系统的意义

在当今的企业运营中,竞争的关键是形象,形象的核心是品牌,世界著名企业的生存与发展无不依靠成功优秀的品牌形象。市场竞争就是品牌的竞争,品牌是通向国际市场的绿卡,是企业经济效益和社会效益的结晶,是企业巨大的无形资产,更是企业的生命。因此,在保证质量的前提下积极贯彻执行 VI 战略应达成共识,对于一个现代企业来说,没有 VI 设计就意味着它的形象将淹没于商海之中;意味着它的产品与服务毫无形象可言;意味着企业理念与精神的散失。很多企业的 VI 设计正是这种思想指导下的具体体现。所以说建立一套适合企业的优秀的 VI 设计,对一个企业在商业运作中的影响力是非常重要的。一个品牌要向消费者传递有价值的信息,视觉化传递是其中很重要的一种方式。现代生理学、心理学的研究证明,人所感觉接收到的外界信息中,83%来自视觉,11%来自听觉,3.5%来自嗅觉,1.5%来自触觉,另有1%来自味觉。无疑,以视觉符号的系统设计来传递品牌信息,VI 是 CIS 中最形象直观、最具有冲击力的部分,因此是一种非常有效的方式。

企业 VI 视觉识别系统的意义,还表现在企业通过 VI 设计增加企业竞争力。企业 VI 对内可以征得员工的认同感、归属感,加强企业凝聚力,对外树立企业的整体形象,资源整合,有控制地将企业的信息传递给受众,通过视觉符码,不断地强化受众的意识、认知,从而获得受众更深刻地理解与认同。

(二) 企业视觉识别系统的作用

VI 可以说是传播企业理念,塑造企业公众形象和建立企业品牌知名度最快捷的途径,在市场竞争品牌化的今天,没有 VI 设计,会让企业形象迅速淹没在竞争激烈的商海中,那么 VI 到底有哪些基本的功能和作用呢?

1. 建立企业公众形象

企业的 VI 又叫作视觉识别系统,顾名思义,它是赋予企业一个外在的形象,建立一个完整的对外形象,把抽象的品牌形象具体化,是一个企业品牌传播的基本前提。

2. 传播企业文化

专业的广告策划设计公司在进行 VI 设计的时候,都会事先对企业经营理念和企业文化进行深入的了解,并在设计时将相应的理念文化注入企业 VI 设计当中,使得企业品牌形象在市场中传播的同时,企业文化也可以得到广泛的传播,从而赢得消费者和社会的认可。

3. 确立企业独特的市场地位

个性化、独特的企业 VI 可以帮助企业在建立品牌形象的同时确立企业独特的市场地位,使得企业在市场中具备一定的不可替代性,从而进一步地巩固企业的品牌地位。

4. 提高内部认同感和士气

VI 可以让人们更直观地感受到企业的文化理念和雄厚的实力,一套完整的 VI 系统不仅能让企业得到社会的认同,同时也会让企业内部的员工更有认同感和归属感,以及企业的荣誉感,可以有效地鼓舞员工的士气,帮助企业更加平稳、快速地发展。

五、企业视觉形象的设计程序

企业视觉形象的设计程序应符合完整的逻辑推理方法。从设计目标开始,经程序设计、资料收集、分析判断、提出构想、绘制草图、评价方案、优选方案,进而绘制构图、效果图等全过程,都必须在周密的计划下进行。

1. 资讯调查

视觉形象的资讯调查,主要涉及企业形象调查和沟通效果调查两方面。

(1) 企业形象调查。调查的内容主要有公众认知、基本形象、辅助形象、规模形象、服务形象、名称形象、标志形象等,包括原来的标志、标准字体、公司名称、商品陈列方式、交通工具、业务用品及各种情报。

(2) 沟通效果调查。调查的内容主要有对外宣传渠道、对内沟通方式等,包括公众平时对公司的印象和感觉,对公司的商品和服务工作的意见与评价,对公司今后工作的建议和意见,对公司公关和宣传活动的特色评价等。

2. 设计定位

设计定位是通过影响人们的认知来建立企业和产品的形象、信誉,促使消费者产生特殊偏好,以获得稳定销路和市场占有率的一项营销技术。掌握一定的设计导向,并科学地选择媒介组合,是设计定位的关键。

首先,要了解企业的现有规模、发展历史、经营能力、销售渠道等基本情况,以丰富其设计构想。其次,要了解市场空隙和企业的经营特色,以确定企业的战略性市场地位。最后,要认真研究社会公众对企业的看法、要求和希望,寻求沟通语言和形式,以找准容易形成共鸣的诉求点。在实践中,一般依企业的营销势头选择切入点,即抓住企业在市场竞争中的冲力、冲量、进取、扩张等态势,在消费者心目中树立起一个蒸蒸日上的获胜者形象。

3. 创意甄别

创意甄别是对设计对象进行想象、加工、组合和创造的思维活动。企业视觉形象的设计开发,首先是将识别性的抽象概念转换为象征性的视觉要素,并将这些视觉要素反复斟酌,直到设计概念明确化为止。其次是创造出以象征物为核心的设计体系,建立起整体的传播系统。最后是要以基本设计要素为基础,展开应用设计要素的开发作业,导入统一的整体视觉形象。在企业视觉形象的设计过程中,对标准字体、标志、标准色彩的构想提案越多越好,经过多次研讨、试验、修正后方能定案。

4. 实施管理

一经确定新的视觉符号后,需立即着手制作企业识别手册,将所有的设计要素,包括视觉识别的基本要求、应用要求、视觉要求、非视觉要素等全部收录其中,统一标准并建立详细规范的标准化的使用方法,以便保持使用过程中的一致品质和统一形象。同时应动员企业全体员工和媒体,通过行为识别,配合外在传播渠道,持续不断地传递企业情报信息,逐渐完成消费者以"视觉形象"的思路向深入人心的"真实形象"转化。另外,对企业视觉形象需不断培植和更新,密切注视企业发展的最新动态,依时代变迁。

即兴思考

回想之前在浏览网页、收看电视新闻、路过橱窗、进行实体店消费的过程中,有没有哪家公司的企业视觉识别曾给你留下深刻印象?简要列举几点谈谈你的看法,并分析你为什么会记住它。

同步实训

VI 策划方案

1. 实训目的与要求

通过本任务的训练,帮助学生认识在营销活动中 VI 策划的重要性。VI 策划也是企业 CIS 策划的重要一环,在商业竞争愈加激烈的今天,通过 VI 策划提升企业与公众的关系,提高企业整体形象显得尤为重要。

通过本任务的训练,使学生能够清楚地知道 VI 策划的运作过程。在明确 BI 目标的基础上,能够在尽可能少的预算费用里进行较好的 VI 活动策划,了解和掌握 VI 策划的程序、步骤和内容,培养学生对当下企业生存状态进行定位,明确诉求对象,对企业行为识别开展策划工作的能力。

2. 实训背景与内容

本实训通过设置合理时间及场景情境分析,帮助企业合理选择企业行为,识别策划方案,学习和巩固 VI 策划中所讲到的包括 VI 策划的定义、特征、内容、关键环节等相关知识,并为企业提出整体 VI 策划方案。

3. 实训操作要点

(1)要求教师对 VI 策划实践应用的重要性给予充分说明,调动学生项目操作的积极性与热情。

(2)要求教师对 VI 策划的程序、内容和方式进行具体指导,特别是 VI 设计的特征、内容、关键环节等方面需向学生阐明。

4. 实训步骤与方法

(1)每 5～6 个学生一组,参考海尔公司相关案例纲要,收集并认真研读海尔公司 VI 设计的历史变化和其最新 VI 策划的案例,总结海尔公司在 VI 设计上有哪些闪光点。

(2)通过互联网收集资料并进行小组讨论,撰写出你认为合理的一套新的 VI 策划并在班级内部分享。

(3)确定方案主题,是否符合公司一贯外界形象;与公司的战略规划是否一致;有哪些引爆点可以成功吸引目标消费者或培养忠诚客户等。

(4)撰写企业 VI 导入策划书。

(5)递交作品,在班级内将作品进行展示交流。

5. 实训考核

(1)采用过程考核与项目作业评价相结合的方式,注重小组讨论、项目成果、汇报交流等环节的评价。

（2）提高VI策划能力的考核权重，重视学生在项目作业中企业VI导入的必要性分析。

（3）注重考核学生民族文化自信的职业素养，特别强调团队协作能力的考核。

 思政德育课堂

铁骨铮铮的"国货之光"

白象依靠企业勇担社会责任出圈，更是用民族情怀和自身格局重现在大众面前。白象曾与统一、康师傅、华丰并称为"国产方便面四巨头"，是很多人的童年回忆，但随着方便面市场日渐丰富，也逐渐被人们忽略甚至遗忘。直到作为冬残奥会的面食供应商，白象因为"三分之一员工是残疾人""拒绝日资收购"开始受到广泛关注，原来白象竟是这样一家铁骨铮铮的国货。

在追求个人权益的当今社会，弱势群体越来越被大众所关注。在"冬残奥会年＋残疾人就业宣传年"的双重关注下，人们发现白象企业在大量雇佣残疾人员工，比例甚至高达30%，远超残保金政策所规定的1.5%。维护残疾人与正常人同样的工作权益及生活，从情感上就偏向了弱势群体，让人们感慨企业经营者的善良、诚心。

白象不仅关注弱势群体，还有民族大义情怀。白象董事长军人出身，在面对日本企业想要入股时，一口回绝，坚守民族品牌。2020年，白象方便面在全国的销售额占比为7%，远低于康师傅的46%，2021年河南水灾，白象总部郑州受灾严重，而白象却还在分发物资并捐款。白象的社会责任与企业担当，让无数人为之动容。

2022年"3·15"晚会曝光土坑酸菜后，白象品牌意外收获了认可，食品质量安全永远是第一位的。据企查查显示，白象生产的产品曾被抽检67次，结果均为合格，其投资公司及分公司等涉及近300次抽检，结果均为合格。让网友心甘情愿买断货的白象，靠的是对产品品质的坚守，白象理所应当地成为网友眼中的"国货方便面之光"。

资料来源：https://baijiahao.baidu.com/s?id=1779324732115479341。

思政启示：给残疾人尊严，不是逢年过节送点慰问品，而是要让他们能够像正常人一样工作和生活。无论什么时候，强烈的社会责任感和过硬的产品质量，都是一个品牌走向巅峰的必由之路。

项目七

新媒体营销策划

项目目标

在新一轮的科技革命和产业变革中,随着5G、物联网、云计算、大数据、人工智能、区块链等新一代信息技术加速创新突破,中国互联网尤其是移动互联网基本全民普及。用户对社交媒体、电子商务、在线视频等云平台的使用习惯已经养成,营销渠道多元化、社交化、数字化成为新常态,新媒体营销也成为企业数字化转型中受众最广、发展潜力最大的板块之一。本项目要求学生能够从实践角度抓住新媒体营销的价值,理解新媒体营销策划的特点和从事新媒体营销策划工作的要求,为做好新媒体趋势下市场营销人才奠定基础。

项目背景

新媒体主要是指在计算机信息处理技术基础上出现和影响的媒体形态,是基于互联网出现的微信、门户网站、网络视频、博客等类型的网络社区型新媒体。随着科技的不断进步,新媒体给营销方式带来了新的生机和活力。企业利用各种新媒体营销手段可以满足顾客需求,企业还可以从中获得收益,实现自身营销形式和内容的丰富。与传统媒体相比,新媒体营销受众范围广、营销市场具有全球性。在这种开放的环境中,企业的产品和服务是面向全世界的,营销信息可以通过新媒体传送给世界上的任何潜在客户。

本项目要求学生能够学习领会新媒体营销和新媒体营销策划的相关概念,掌握新媒体营销策划的方法和策略。通过本项目的学习和训练,能够熟练使用微信、微博、短视频等方式进行新媒体营销,撰写适用性强的策划方案。

项目内容

本项目以学生团队为活动单位,以6~8人为一组,安排学生以某现象级产品为研究对象,分析其在新媒体形式下营销模式的优缺点,同时在文案设计、图片选择、互动内容、短视频创作上下功夫,制定相应的新媒体营销策划。

项目学习课时

建议课内学习时间八课时,课外学习时间八课时。

项目成果

学生在项目学习结束时,应递交某产品的新媒体营销策划一篇。报告中建议有以下内容:该产品营销的相关背景介绍;目标群体分析;新媒体载体选择过程;互动内容和文案;推送节奏;效果评估策略。

报告内容包括封面、目录、前言、正文、封底。

封面内容一般包括新媒体营销策划调查报告、制作团队名称、制作时间、指导教师姓名。

正文部分包括该产品营销的相关背景介绍;目标群体分析;新媒体载体选择过程;互动内容和文案;推送节奏;效果评估策略等。

任务一　走近新媒体营销

知识目标

1. 掌握新媒体的概念。
2. 掌握新媒体营销的特点和优势。
3. 了解新媒体营销的载体,为策划的制定打下基础。

技能目标

1. 能够解读新媒体营销的重要作用。
2. 能够为企业制订新媒体营销实施方案。

课程思政

1. 培养正确的世界观、人生观、价值观。
2. 弘扬中华优秀文化,培养学生文化自信和家国情怀。

走近新媒体营销

 案例导入

冲上热搜!景德镇真的火了

近日,小红书2023年文旅行业月报(8月)发布,景德镇在小红书文旅行业8月热搜词人文景点方面,仅次于迪士尼,跃居热搜榜二。2023年中秋国庆期间,景德镇再次荣登抖音热搜第四,成为炙手可热的网红城市。那么从营销角度来说,景德镇凭什么上热搜?一个小众的城市,如何超越大中型城市,成为小红书热搜的关键词?为什么半个小红书,飘在景德镇?

1. 携手新媒体,保护传承非遗文化

2022年8月8日,景德镇非遗协会成立,这标志着景德镇市非物质文化遗产保护工作再次迈上新台阶,非遗事业发展迎来了天时、地利、人和的大好时机。非遗协会的成立,极大增强了非遗传承人之间的凝聚力。2023年8月8日,抖音电商"焕新非遗"发布会暨非遗产业带扶持专项景德镇站启动,抖音电商推出的非遗产业带扶持专项,不仅可以推动传统技艺与内容电商平台的融合发展,更将助力对以手工制瓷技艺为核心的具有景德镇特色的非遗项目的保护和传承。

2. 打造文化IP,蹭"流量"热度

在流量经济时代,文化IP将助力文旅产业发展。陶溪川、景博、陶阳里御窑景区、无语佛……这些叫得响亮的文化 IP 已经逐渐成为举世瞩目的文化新地标,也成为游客来景德镇的其中一个重要原因。

2023 年 5 月,景德镇中国陶瓷博物馆的"无语菩萨"不知不觉地火了。景德镇中国陶瓷博物馆顺势而为,紧跟网络潮流,引导打卡新风向。游客一走进博物馆大厅,就能看见景博精心准备的大众喜闻乐见的立牌打卡点,许多游客驻足拍照,欢乐地与"无语菩萨"一同欢度佳节,为祖国庆生;奇趣博物馆小剧场上演的瓷画剧《瓷画怎讲》,更是让这位"无语菩萨"活了过来,通过有趣的"无语菩萨"卡通漫画形象讲述景德镇故事,传播陶瓷文化,这种脍炙人口的喜剧形式受到了游客朋友们的热烈追捧,观众络绎不绝;在小红书、微博等各大线上媒体平台,景博还准备了多场参与互动活动,引导游客"打卡景博",进行二次传播。

资料来源:https://www.sohu.com/a/728270763_121106908。

思考:瓷都景德镇是如何开展新媒体营销的?

一、新媒体的概念

新媒体概念是 1967 年由美国哥伦比亚广播电视网技术研究所所长 P. Goldmark 率先提出的。"新媒体"是一个相对的概念,对于它的界定,目前没有定论。联合国教科文组织对新媒体下的定义是:"以数字技术为基础,以网络为载体进行信息传播的媒介。"但在实际应用中,这个定义较为简单,目前认可度较高的新媒体是指基于数字网络出现之后的媒体形态。凡是利用数字技术、网络技术,通过互联网、宽带局域网、无线通信网等渠道,以及计算机、手机、数字电视机等数字或智能终端,向用户提供信息和服务的传播形态,都可以看作新媒体。

相比在物理上或者时间上受到限制的传统媒体,新媒体一般都能实现跨时空的互动信息传播。受众接收新媒体信息,大多不受时间、地点、场所的制约,受众可以随时通过新媒体在电子信息覆盖的地方,接收地球上任何一个角落的信息。而且到了今天,计算机系统能及时捕捉每个人使用新媒体的后续动作,记录他们的消费行为,从而可以实现个性化精准推送,和用户行为实现实时交互互动,这些动作能帮助企业大大提高营销转化率。正是依赖于这一技术上的突破,新媒体在技术、运营、产品、服务等商业模式上更具有创新的可能,这是新媒体的优势,也使得新媒体的边界在不断变化,不断融合传统媒介,创新出新的玩法。

二、新媒体营销的特点

随着新媒体的出现,客户将原来花在传统媒体上的时间逐渐转移到新媒体上。因此,新媒体逐渐成为一些企业进行市场投放的首选,新媒体营销也成为当下火热的营销趋势。那么,什么是新媒体营销呢?

新媒体营销是利用新媒体平台来进行营销的一种模式。新媒体营销通过在新媒体上发布影响广泛的信息,使人们参与到具体营销活动的互动中。在特定产品的概念诉求与问题分析上,它对消费者进行针对性引导。它借助媒体平台和舆论热点来向消费者传递某种概念、观点和思路,以达到企业的商业策略软性渗透,使企业更好地得到品牌的宣传和销售。不同于传统营销的思维方式,新媒体营销的思维方式更具有体验性、沟通性、差异性、创造性和关联性。

以产品驱动为出发点的新媒体营销定位于产品特色,通过对产品的清晰定位和有特色的运营策略,以合理的组合方式在较短的时间内得到极高的曝光率和消费者的认可。

新媒体营销是通过"三步走"来实现:策划—舞台定位—持续跟进。

1. 策划

根据产品的具体特征来提取核心诉求,采用合理的方式和表现形式进行事件营销。全面了解客户的不满之处,充分利用人们的从众心理,使客户在对事件的讨论中产生共鸣。

2. 舞台定位

选择合适的新媒体操作平台来进行新媒体营销。企业可以在微博、微信等平台制造话题,引导人们参与其中;利用人群聚合效应,使产品的宣传得到更广泛地扩散。

3. 持续跟进

在完成前两步后,需要持续跟进,以企业的账号慢慢渗透,使新媒体营销的效果得到更广阔的延伸。

三、新媒体营销的优势

新媒体营销使用的是新媒体平台,如微博、微信等。这些新媒体平台本身就有很强大的网状人际关系结构,具有速度快、传播广、成本低、目标精准、互动性强等优势。

1. 速度快

首先,从传播途径来看,新媒体更易引起人们的广泛关注,更能满足人们对各类信息的获知需求,如思想需求、心理需求、审美需求、利益需求等,加上传播速度快,因此更受人们欢迎。

其次,从表现手法来看,新媒体平台的信息发布比较便捷,限制较少。人们可以随时随地通过新媒体关注、分享身边的新鲜事,自由表达自己的想法,而且在这种情况下,他们参与活动的概率也更大。

2. 传播广

随着互联网技术的不断发展,新媒体的传播渠道也越来越多,如微博、微信、抖音、小红书等。而新媒体营销因不受时间和空间的限制,可以不间断地向全国各地传播信息。

3. 成本低

新媒体采用多元化方式宣传企业品牌,使得营销成本大大降低。相比过去企业通过投入大量资金在电视上打广告、建立网站以及每日发布信息,新媒体的很多平台都是免费的,并且可以随时随地分享资源。例如,在微信平台上建立公众账号、在微博上建立官方微博、在QQ上建立粉丝群等。

与此同时,新媒体还降低了传播成本。传统的媒体需要花费大量资金进行推广,而新媒体创造的内容更有创意、更具价值,人们进行转载分享,从而可以快速地将信息传递出去。

4. 目标精准

新媒体营销的广告投放更精准。就像对症下药一样,目标受众看到的广告是更适合自己的广告,而不用遭受无关信息的干扰;非目标受众不用接收相关广告信息,降低了企业的宣传费。此外,精准投放广告,不但可以节约成本,而且更容易锁定目标客户,极大地提升广告主的投资回报率。

5. 互动性强

新媒体营销有多个传播点,可以实现企业与目标客户的双向沟通,随着科学技术的发展,目标客户不仅可以在新媒体平台上进行工作,还可以在新媒体平台上进行娱乐消费等,其互动特性得到了极大凸显,在这种情况下,新媒体平台也在悄悄地改变着人们的生活方式与社交行为。

知识拓展:新媒体营销的载体

案例:同仁堂的新媒体营销

同步实训

走近新媒体营销

1. 实训目的与要求

运用新媒体营销的理论和实务知识研究相关案例,选取优秀的新媒体营销案例进行剖析。要求自行选择产品进行分析,具体包括新媒体营销的方式、特点、优势、劣势和建议等。

2. 实训背景与内容

本项目以学生团队为活动单位,以6~8人为一组,安排学生以某现象级产品为研究对象,分析其在新媒体形式下营销模式的优缺点,并对其进行总结,归纳出新媒体营销的要点,最终撰写报告,在班级里将报告进行展示交流。

3. 实训操作要点

(1) 要求教师对新媒体营销策划实践应用的重要性给予充分说明,调动学生项目操作的积极性与热情。

(2) 要求教师对新媒体营销策划设计的程序、内容和方式进行具体指导,其中新媒体营销方式的选择为重点,需要学生对新媒体营销的手段和方法非常熟悉,并能够结合实际进行方案的设计。

4. 实训步骤与方法

(1) 学生自由组合,分成6~8人项目学习小组。

(2) 以小组为单位,收集、选择拟进行分析的产品的相关资料。

(3) 根据资料信息和要求,在小组讨论的基础上,进行新媒体营销分析,最后提交项目总结方案。

5. 实训考核

(1) 采用过程考核与项目作业评价相结合的方式,注重小组讨论、项目成果、汇报交流等环节的评价。

（2）提高新媒体营销策划能力的考核权重，重视学生在项目作业中的新媒体认知能力。

（3）注重考核学生正确的世界观、人生观、价值观的职业素养，特别强调团队协作能力的考核。

任务二 微博营销策划

知识目标

1. 掌握微博营销的概念。
2. 掌握微博营销的特点和优势。
3. 掌握微博营销的功能。
4. 掌握微博营销的方法和技巧，为策划的制定打下基础。

微博营销策划

技能目标

1. 能够分析微博营销的目标群体特征。
2. 能够根据企业需求制订微博营销策划方案并实施。

课程思政

1. 发场"微博"之力不微薄。
2. 培养维护网络环境健康、规范、有序的责任意识。

 案例导入

华为系列手机的微博营销之法

华为Mate 30系列微博营销：华为通过与多个KOL合作，在微博上进行了多场直播活动，向用户展示了华为Mate 30系列的拍照、性能和设计等方面的优势。同时，华为还发起了"华为Mate 30系列摄影大赛"，吸引了众多用户的参与和分享。

华为nova 4e微博营销：华为nova 4e是一款针对年轻人群的手机，华为在微博上通过多个账号发布了大量关于nova 4e的使用体验和产品介绍，通过UGC的方式让用户更加了解和关注这款手机。

华为荣耀V20微博营销：华为荣耀V20的营销活动主要通过微博上的KOL和网红进行，华为组织了一场"荣耀V20摄影大赛"，吸引了大量用户参与和分享，同时也提升了品牌知名度和用户黏性。

这些案例都充分展示了华为在微博营销方面的实力和创新能力，通过与用户的有效互动和KOL的合作，不断提升品牌影响力和用户黏性，同时也为其他企业在微博营销提供了有益的借鉴和启示。

资料来源：https://www.sohu.com/a/335304155_120113916。

思考：华为是如何通过微博进行营销的？

一、微博营销的概念和兴起

微博即微型博客，也称迷你博客，是一种通过关注机制分享简短实时信息的广播式的社交网络平台。微博是一个基于用户关系分享、传播以及获取信息的平台。用户可以通过Web、WAP等各种客户端组建个人社区，以140字以内（包括标点符号）的文字更新信息，并实现即时分享。微博的关注机制分为单向和双向两种。

微博营销可从营销主体、营销方式和营销功能三个维度来定义。首先，微博营销是指企业或非营利组织利用微博这种新兴社会化媒体影响其受众，通过在微博上进行信息的快速传播、分享、反馈、互动，从而实现市场调研、产品推介、客户关系管理、品牌传播、危机公关。与传统营销不同，非营利组织也是微博营销的重要主体。非营利组织由于其预算的有限性，对信息发布系统与人才的投入不像企业那样充裕。因此，一种易操作、低成本而又高效的信息传播工具对非营利组织而言是非常重要的。微博的出现正符合了非营利组织的这种需求。其次，微博的营销方式是在微博网站上进行信息的快速传播、分享、反馈、互动。微博的特点决定了微博的营销方式，微博的本质是信息的快速传播与分享，这决定了企业利用微博进行营销的方式，企业在微博上进行的一切营销活动都必须围绕这种方式进行。最后，微博的营销功能是实现市场调研、产品推介、客户关系管理、品牌传播、危机公关等。微博作为互联网时代的新型营销工具，可实现的营销功能是多种多样的，成功的微博营销可以最大限度地实现以上功能。对于微博营销的定义多种多样，但是基本上都是围绕营销主体、营销方式、营销对象、营销功能目的等方面进行阐述，这里不再赘述。

追根溯源，微博营销兴起的前提是微博的崛起。新浪微博是最早进入微博市场的门户网站，也是到目前为止国内表现最为出色的微博产品。从2010年年初开始，新浪微博就大红大紫了，这是新浪利用名人资源所引爆的一个新兴媒体。随着新浪微博用户数量的爆发式增长，许多企业看到了微博营销的潜力，纷纷入驻新浪微博。企业在微博营销实战中不断摸索成长，其中不乏在微博上取得显著营销成效的企业，如杜蕾斯、凡客、小米等。

二、微博营销的特点

从一开始，微博的发展就极为迅速。与传统博客相比，它将字数限制在140字之内，使得微博内容短小、口语化、易于操作和传播，从而在一定程度上降低了发帖门槛，能提高用户的参与度。在终端上，微博更适合手机、平板电脑等移动端媒体；在表达上，微博更为口语化、碎片化；此外，与传统博客相比，微博的参与、互动、转发更为容易，具有很强的社交性，因而短短几年微博便迅速跃升为社会化媒体的典型代表。利用微博平台所进行的营销具有以下特征。

1. 多媒体

基于微博的营销活动可以借助多媒体技术手段，以文字、图片、视频等形式对企业的产品或服务进行全方位展示与描述。微博营销的多媒体特性让潜在消费者更直观地感知营销信息,从而达到更高的信息到达率和阅读率。

2. 即时互动性

微博是永不落幕的"现场直播"平台。在微博上,企业可以在第一时间将营销信息传递给目标消费者,同时能够根据目标消费者对营销信息的转发、评论、点赞等相关反馈情况即时与消费者沟通,实现营销信息的交互。如果企业资源允许,企业甚至可以针对特定的潜在目标消费者量身定制个性化的反馈信息,这能让消费者亲身感受到来自企业的人文关怀,进而对企业品牌产生良好的品牌印象,达成品牌塑造的目的。在消费者主导的时代,聆听消费者的意见和建议,即时反馈消费者,与消费者形成良好的沟通与互动,是成功营销的前提,而微博营销很好地契合了互动营销的这些精神,是互动营销的重要表现形式。

3. 传播速度快、范围广

微博营销离不开信息发布,微博的信息传播方式不是线性有序传播,而是无中心的开放式传播。企业在微博上发布的营销信息能够快速及时地传递给受众,而基于微博上庞大用户群的积极性和人际网络,这些营销信息又能够通过转发、评论微博得到二次乃至N次传播。有业内人士用"One to N to N"的裂变公式来形容微博的传播方式,生动形象地表明了微博传播速度的无限可能性。而微博营销的这一特点,又让其成为病毒营销的一个重要模式。

4. 湿营销的最佳阐释

在被誉为"互联网革命最伟大的思考者"的克莱·舍基的笔下,未来社会是湿的。这里,"湿"的东西具有活的特征,是有社会属性的东西。美国学者汤姆·海斯和迈克尔·马隆创作了《湿营销:最具颠覆性的营销革命》,提出了"湿营销"这个概念。湿营销是指借由互联网上的社会性媒体聚合某个群体,并以温和的方式将其转化为品牌的追随者,赋予消费者力量,鼓励他们以创造性的方式贡献和分享内容,从而影响商家的新产品开发、市场调研、品牌管理等营销新战略。微博营销正是"湿营销"这一理念的最佳阐述,在微博中,由微博博主发出的信息在用户之间不断呈现病毒式扩散,具有显著的社会化特性,每位受众既是信息的接收者,也是信息的传播者。成功的微博营销可以从旁驾驭社会化环境下的意见领袖,并让品牌的拥护者高度卷入,让营销往正面发展。微博由于其本身就具有"湿"的性质,因此,在微博的"湿营销"过程中,企业通过民主的方式引导用户的言行(尤其是负面的),而不是强制打压用户的言行。在微博上,企业可以与用户进行深度对话,并使用户在对话的过程中对品牌和产品产生信任。利用微博进行"湿营销"的另一个特点是深度的互动体验,它可以让企业的受众与传播的诉求高度互动、深度体验。

三、微博营销的优势

微博营销作为一种网络营销方式,与传统营销方式和其他网络营销方式相比,主要具有以下优势。

1. 成本相对较低

微博账号的注册一般都是免费的,企业可以免费开通企业版微博,享受微博平台给企业提供的免费基础服务。通过企业官方微博，企业不但可以免费地发布信息、发起活动、与粉丝互动，而且可以通过顾客注册信息获取一手的用户资料，或展开用户调研，进行有效的客户关系管理。除了官方微博这一免费的自有平台，企业还可以广泛利用各种名人微博、草根大号或行业知名微博来进行营销推广，尽管需要支付一定费用，但与电视、报纸等传统媒体相比，企业在微博上投放硬广告或进行软文营销的成本要小得多，而且营销形式更为灵活。微博的出现让很多资金不够雄厚的中小型企业看到了低成本营销的希望。

2. 企业可以利用微博上的意见领袖进行有效的影响力营销

微博上有众多的大V用户，他们都是各行各业的意见领袖，有数目可观的粉丝群，甚至能够引导微博上的舆论走向。利用微博大号对企业进行宣传往往能以相对低廉的广告费用起到很好的传播效果。

3. 能够实现信息的即时和精准传播

微博具有"随时随地分享信息"的即时沟通功能，能让企业在第一时间发布关于企业产品或服务的最佳动态，如促销信息，让每一次营销活动都能及时到达消费者那里，进而取得更佳的营销效果。由于企业微博用户的粉丝基本都是对企业产品或服务比较感兴趣并保持关注的群体，所以企业可以通过微博上已有的关于粉丝的相关数据，分析粉丝的特征，从而进行有针对性的精准营销，达到企业和用户的共赢。此外，微博的个性标签功能让企业可以通过标签设置选择潜在的目标客户，同时也让用户快速找到相应的企业和产品，这让微博的精准营销成为可能。每天都有大量用户在微博上晒生活，企业可以通过分析微博上目标用户的行为数据制定相应的营销策略，在微博用户大数据的基础上更好地实现精准营销。

4. 企业开展微博营销能够实现危机事件的预警功能

在"人人都是麦克风""人人都是自媒体"的时代，任何一个关于企业的负面信息都有可能短时间内广泛传播，如果不能及时出面解释，阻止负面信息的进一步传播，则有可能会引发企业的危机。微博的即时性、便捷性让企业能通过良好的舆论监控第一时间发现危机，并迅速做出回应，给予解决方案，制止危机的发生与扩大。如今，微博已成为很多政府、企业、个人进行舆情监测、危机公关和形象管理的重要手段。

四、微博营销的功能

微博营销的功能准确地说是"微博"这个工具在营销中发挥的作用，即企业能用微博做什么。微博营销的功能主要有以下几点。

1. 品牌推广

品牌推广是企业塑造自身及产品品牌形象以获得广大消费者认同的过程。品牌形象包含了企业希望通过品牌传递给消费者的认知感受。微博作为企业发声以及进行社会化营销的重要平台和工具，是企业与消费者进行直接接触的一架桥梁。在沟通和信息交互的过程中，无论是表达的内容，还是表达的语言方式，都可以体现企业的品牌内涵。

除利用微博进行品牌的对外宣传和推广外，品牌的对内传播也不容忽视。品牌是一个企业整体形象的体现，企业员工往往比用户更能体会企业品牌对自己的巨大影响力。因此，企业内部员工理解、认同、践行企业的品牌价值观显得尤其重要，是企业品牌营销取得成功的关键。利用鼓励员工开微博，建立微博群，加强员工之间非正式的交流，实际上是一种利用微博加强企业品牌、企业文化的内传播的应用。

2. 客户关系管理

微博作为一个带有社交功能的平台，个人展示是很普遍的现象，用户通常能够在微博中提供他们的地域、年龄、学历、行业、兴趣爱好等多种信息。企业通过微博可以在不打扰用户的情况下收集必要的信息。在拥有一定的用户基数后，可以使用组建群组、应用标签分类、第三方"粉丝"分析软件等多种形式，灵活地进行客户归类。在以客户为核心的商业模式中，CRM（客户关系管理）强调时刻与用户保持和谐的关系，不断地将企业的产品和服务信息及时地传递给用户，具备24小时可随时联系的特点，服务人员通过微博可方便接收信息、进行反馈，可同时进行一对多的沟通交流。另外，企业微博还可以通过内容的构建，主动帮助用户解决问题，主动宣传自己的服务信息。

3. 公共关系管理

通过微博的信息收集，使用微博检索工具、检索组件，时时刻刻对企业品牌、产品和相关的话题进行监控，可以建立一个日常的监测预警机制。一旦在微博上发现和企业相关的负面信息，应及时向涉及的具体部门和人员报告，找出问题的根源，快速检索相关留言，了解情况后迅速通过私信等私下单个沟通的方式联系相关用户，力求找到信息最初的发布源头，直接解决问题。总之，营销团队可通过微博平台，实时监测受众对于品牌或产品的评论及疑问，如遇到企业危机事件，可通过微博第一时间表明企业态度，对消费者疑问予以解答，并对负面口碑进行及时的正面引导，使搜索引擎中有关负面消息尽快"淹没"，让企业的损失降到最低。

五、微博营销的方法和技巧

定位是进行微博营销的第一步，需要围绕企业总体营销策略来进行。就像杜蕾斯的微博营销始终围绕着目标群体——年轻人话题进行，紧随时尚潮流，抓住热点话题进行营销，其他企业的微博营销也势必要围绕着本企业产品或者品牌的调性、目标用户、目标市场的特点来制定营销策略。

1. 内容策略

作为典型的社交媒体，微博很好地展现了这个时代的众声喧哗，微博的特点是观点表达和信息传递短、平、快。在微博上，只有具有高质量的内容才可能引起网友关注，形成话题，只有形成自己高辨识度的风格与特色，才可能吸引到一众铁粉，在众多发声平台中脱颖而出，形成品牌效应。

作为一个可以和消费者进行实时沟通的平台，微博其实是一个非常好的能实现"价值观营销"的渠道。微博并不是一个简单的销售商品或创造消费需求的工具，而更多的是企业展现自身价值观和企业愿景与使命的平台。在这种观念下，企业不再以硬性方式推销商品，而是以真诚的态度，为消费者提供有价值的产品和服务，关注消费者生活和世界的变化，以"意义的营销"赢得消费者的信任和精神认同。

具体来讲，微博应该摒弃"硬营销"的传统思路，尽可能为消费者提供有价值的信息，包括与企业所在行业相关的专题信息，以及各种能够吸引消费者兴趣的内容、热点话题，让用户的关注更有价值。反观故宫博物院的微博营销，可以看到，其发布的微博内容多数围绕着当下的热点话题、时令节气，并针对性结合故宫博物院的藏品属性进行发布。故宫博物院的官方微博既有关于时下热点话题的嬉笑怒骂，也有针对其目标受众需求的专业性信息。少了推销的意味，多了和消费者对话的亲切和作为生活帮手的效用，故宫博物院在不知不觉中和观众建立起了良好的关系，让故宫藏品更好地走进年轻人的生活。

专业内容与其他内容的平衡也要规划好。企业微博作为客户关系维护与服务的平台，既要考虑显示企业特点的专业性，以提高服务的质量和水平，增加用户对企业的信任度，同时又要适当地发布一些活跃气氛的内容，以拉近企业与用户的情感和关系。

例如，有研究者提议，企业微博在开通初期应以增加影响力为主，应该适当地多分发与所在行业相关的专业内容，包括与行业相关的新闻及评论、同行发布的相关帖子等，专业内容与其他兴趣类话题的比例大概是 7∶3，到了中后期，微博的内容比例则可做适当调整，具体的比例要根据实际情况而定。同时，专业内容与其他内容的语音、语气使用要区分开，使专业内容能获得用户的信任，其他内容能引起用户的兴趣及讨论。

2. 名人效应

现在大多数明星都在新浪微博上注册了账号，粉丝数量也非常可观，由于明星自身有不同的定位，粉丝也通常有着比较显著的特点。其中部分明星的粉丝就是某些企业的目标消费者。例如，TFBoys 的粉丝群体就包括"90 后"和"00 后"，他们喜欢 TFBoys 的青春活力以及与其他明星明显不同的稚气与脱俗，愿意关注 TFBoys 的成长，并且想要和其他众多粉丝一起帮助 TFBoys 成长，或想效仿 TFBoys，以之为偶像。那么企业就可以大概知道 TFBoys 的微博粉丝群体画像，如果符合本企业的目标受众特征，就可以和 TFBoys 的微博进行合作，或者多多关注他们，发布与他们有关的微博内容，以达到吸引有效关注者的目的。

3. 互动策略

目前，微博营销中常用的互动策略为有奖转发，企业经常设置一些奖励来激励用户关注企业官微或者激励粉丝转发给自己的好友，这种方式固然可以扩大企业微博的曝光度，但是营销精准度也下降了，很多用户很有可能是为了奖励进行转发，对企业并无忠诚度可言，因此，虽然关注的人数可能增加了，但是"僵尸粉"的比例也提高了。这对企业进行有效的宣传推广及客户关系管理都是不利的，企业应寻找更有效的互动方式。

企业微博首先应该像一个"人"，能够和消费者进行没有障碍的沟通，有自己的个性，能够与关注者形成一种类似"气味相投"的感觉，而不是为了单纯的曝光度而"逼"用户进行转发。

与用户进行互动沟通时，首先应该增加对用户需求的了解，根据其实际需求进行针对性的营销。企业可以用询问、关切的语气与用户进行交流，引起用户的讨论并引出其真实的需求。实时关注用户的搜索关键词及微博热点也是获知其需求的途径之一。其次，要用消费者喜欢的或者容易理解的语言进行交流。当下的网络语言不断丰富，微博上的"段子手"也是层出不穷,官方微博维护者不妨多关注这些"段子手",多使用网络语言和用户进行交流,拉近与用户的距离,成为用户的一个人格化的"朋友",这样才能为以后的关系维护奠定良好的基础。

4. 掌握发布时间

多屏时代,人们的生活被分割成了碎片,微博用户一般都是利用上下班的空闲时间来刷微博,这就需要企业根据自身目标消费群体的作息时间来安排微博的发布,以便最大限度地抓住消费者的注意力,成功引起他们的兴趣。

图 7-1 为一张新浪微博发送量分布图,该图显示了微博发送比较集中的几个时段,其中尤其值得关注的有以下三个时段。

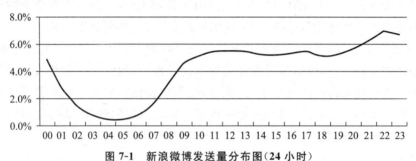

图 7-1　新浪微博发送量分布图(24 小时)

图片来源:http://bbs.paidai.com/topic/61114。

上午 9—10 点:可能刚上班就会上微博。

下午 4—5 点:快下班了,手头上的工作快做完了,时间比较充裕。

晚上 8—11 点:晚上 8 点回家基本上吃完饭了,比较有空。

通过分析目标群体的生活作息及微博使用习惯,掌握用户的时间,对微博的发布时间和时机进行合理规划,往往能收到事半功倍的效果。

5. 整合策略

微博营销通常不会作为一个孤立的营销手段来使用,而往往需要与企业其他营销策略和内容相整合,通过系统化地综合使用各种营销工具和手段,达到营销效果的最大化。例如,电商平台蘑菇街,为实现品牌的重新定位和推广,在 2015 年"双十一"来临前抛出大动作,推出了"蘑菇街,我的买手街"的新定位,蘑菇街利用 10 月初的巴黎时装周,以一位高举粉红大牌、游走于时装周各大秀场的中国妹子所发布的最挑剔招募广告制造话题,这位"大牌妹"宣布"寻找世界上最挑剔的买手",底下密密麻麻开列了 100 个严苛的条件。蘑菇街一鸣惊人,"买手"这一职业进入公众视线。"时尚圈内红人@Rekko左佳霓""@吉良先生""@toni 雌和尚"等将现场目击的照片纷纷上传社交媒体,引发网友热烈评论。到了十月中旬,经过多天预热,蘑菇街官方微博正式发出"寻找世界上最挑剔的买手"招募信息,100 个买手标准逐一列出,要求之高令人瞠目结舌,堪称"买手圣经"。与招募同时亮相的还有五个精心拍摄的买手视频,在微博、微信等社会化平台上,继续推波助澜把买手的话题炒热。

无疑,蘑菇街利用微博制造了话题、制造了新奇事件,吸引人们的注意,但品牌概念的深入并不是一两条微博就可以形成的,因此,就在网上话题声浪冲到最高潮时,蘑菇街不失时机地推出全新品牌形象 TVC,以高冷华丽的大片范儿登录各大卫视及视频网站。

即兴思考

作为普通人士微博的博主,下面哪种策略更容易使自己的微博引起传播?你在微博上能找出下面的互动案例吗?

(1)晒新书,写一句读后感,并请作者转发。

(2)写出深度读后感,发微博,希望得到网友传播。

同步实训

微博营销策划方案

1. 实训目的与要求

通过本实训,使学生了解和掌握微博营销策划的步骤及要点,并在一定程度上培养学生与热点事件相结合的策划创意能力。

2. 实训背景与内容

假设你是江小白公司的销售部经理,"七夕"情人节即将来临,请结合"七夕"这一节日契机,针对江小白的产品特点,设计一个微博营销策划方案。

提示:内容应包括目标、对象、具体方案、推广媒介和手段、时间安排、预算等。

3. 实训操作要点

(1)要求教师对节日主题微博营销策划实践应用的重要性给予充分说明,调动学生项目操作的积极性与热情。

(2)要求教师对微博营销策划设计的程序、内容和方式进行具体指导,其中文案的设计、图片的选择、活动方案等是重点,需要学生对微博营销的手段和方法非常熟悉,并能够结合实际进行方案的设计。

4. 实训步骤与方法

(1)采用模拟分权式组织结构,要求学生以六人为单位成立模拟营销策划机构,每个策划机构设策划经理一名、副经理一名、策划专员若干。

(2)策划专员在策划经理的领导下分工合作选定设计产品,根据策划目标,确定产品受众对象。

(3)确定微博营销策划主题,对产品进行微博营销策划,主要包括产品定位、微博平台介绍、微博营销策划文案表现和广告平台选择。

(4)撰写产品微博营销策划计划书并进行执行。

(5)递交作品,在班级内将作品进行展示交流。

5. 实训考核

(1)采用过程考核与项目作业评价相结合的方式,注重小组讨论、项目成果、汇报交流等环节的评价。

(2)提高微博营销策划能力的考核权重,重视学生在项目作业中的微博营销受众群体分析能力。

（3）注重考核学生培养维护网络环境健康、规范、有序的责任意识，特别强调团队协作能力的考核。

任务三　微信营销策划

知识目标

1. 了解微信的概念。
2. 掌握微信营销的特点和方式。
3. 掌握微信营销的方法和技巧。

技能目标

1. 能精准定位微信营销的目标顾客群体。
2. 能够根据企业需求制订微信营销策划方案并实施。

课程思政

1. 结合社会主义核心价值观制订微信营销策划方案。
2. 防范网络思潮风险，树立正确的人生观和价值观。

微信营销策划

案例导入

时尚博主公众号 5 分钟卖出 100 辆 MINI

黎贝卡是一位时尚博主，她的公众号"黎贝卡的异想世界"注册于2014年年底。在最初的一年，她就累积起了 45 万的粉丝。后台粉丝数达到了 160 万，其中九成都是女性。

2017 年 7 月 9 日，黎贝卡在自己的公众号中发布了一则海报，首次对外公布将与 MINI 开启售车合作。7 月 13 日，她发布了在线预订页面，粉丝需要首先提交预约信息，才有机会抢购到限量版 MINI。

7 月 21 日晚上 9 点，MINI 的官方预订平台开启抢购，100 辆价格 28.5 万元起的汽车在 5 分钟内被抢空，50 分钟内全部完成付款。

就在 2016 年，黎贝卡与故宫文化珠宝合作推出名为"故宫·猫的异想"的联名款首饰，由项链、手环、戒指、耳环四件单品构成，分别限量 100 件，价格在 399～699 元不等。这些商品在上线后的 20 分钟内就被抢购一空，其中项链的卖空时间在 60 秒之内。

这一次的尝试让黎贝卡对类似的合作有了信心，随后她与 Rebecca Minkoff 推出的限量合作款马鞍包 Miss Fantasy 也在很短的时间内没有了库存。MINI 对合作也非常重视，这是他们首次联手时尚博主发布限量款汽车。作为首发渠道，黎贝卡第一个曝光了车辆外形，发布的时间甚至早于 MINI 的官网。随后，MINI 还会在广州举办一场专属交车仪式，黎贝卡将从抢购到这辆车的粉丝中抽出两位读者,亲手将车交给她们。

思考: 为何时尚博主能够利用公众号 5 分钟卖出 100 辆 MINI?

一、微信的概念

微信(英文名 Wechat)是 2011 年 1 月 21 日由腾讯公司广州研发中心推出的一款手机即时通信应用软件,用户可以通过手机、平板电脑和网页登录微信客户端来发送语音、文字、图片和视频,以及实现多用户之间的聊天。同时,微信提供公众号平台、朋友圈、消息推送、小程序等功能,用户可以通过"扫一扫""收付款""朋友圈""视频号""直播""听一听""搜一搜""附近"等功能,把微信打造成一个自媒体生态链条,使用户可以在微信上完成资讯、社交、娱乐、购物等生活需要。

和同样占据移动终端的微博相比,微信的社交功能显得更为突出,交流更加私密也更加亲近;与 QQ 相较,微信以移动终端为依托,充实着用户的碎片化时间。

二、微信营销的特点和方式

基于微信零资费、操作便捷、功能多样等特点,自诞生之日起,微信用户便得到迅速增长,发展成为国内最热门的通信与社交平台,从而为微信带来了巨大的营销价值。除了用户基数可观,微信营销还具有开发运营成本低廉、营销运作便捷等特点,逐渐引起企业关注。

(一)微信营销的特点

微信营销是一种基于用户群与微信平台的全新的网络营销方式。它通过微信软件与微信用户搭建一个类似"朋友"的关系链,在该社交关系中借助移动互联网特有的功能而创造全新的营销方式,例如小程序营销、公众号营销等,以达到传播产品信息、传达品牌理念,从而促进销售、强化品牌的营销目的。

微信营销具有以下特点。

(1) 信息到达率高。在微信上,每一条群发信息都能完整无误地发送到用户移动终端上。同时,微信收到未读信息时以铃声、角标等方式提醒用户阅读,加之手机终端的移动便携特征使用户可以随时随地读取信息,使微信信息的到达率很高。

(2) 精准营销。微信的公众账号往往是用户主动加以关注的,说明用户对该话题、该产品有兴趣,公众账号的粉丝便是企业想要找到的老客户、新客户或潜在消费者,因此微信营销在更大限度上是精准营销。同时,微信 LBS(基于位置的服务)功能也能使商家定位出周边的潜在消费者,为商家提供了精准营销的平台。

(3) "一对一"的互动营销。微信上的互动是"一对一"的互动,在完成信息的推送之后,商家可以根据客户的反馈进行一对一的对接,根据客户的要求量身定做解决方案,这种营销给客户的感觉往往是"专一的""私密的"。因此,微信营销更接近朋友化、人性化的营销,运用亲切动人的语言图片,拉近和用户之间的距离,从而提高用户黏性。

(4) 初期成本较低,维系成本较高。相对于投放传统的电视、报纸、户外广告,微信营销信息成本要低廉得多。目前,申请公众号是免费的,企业商家只需一点流量费就可以向粉丝推送广告信息。但是,当公众号粉丝数量扩大时,企业商家就要投入大量的人力、物力、财力和受众做好沟通互动,成本较高。同时,为了留住粉丝,商家也必须不断制作高质量的文案、图片等内容,做好微信公众号的运营比申请一个账号群发硬性广告信息要复杂得多。

(二)微信营销的方式

如今,微信的各项功能为商家所利用,以功能为划分标准,目前微信营销有以下几种方式。

1. 微信二维码营销

二维码是一种以图形为识别对象的识别技术,它是用某种特定的几何图形按一定规律在平面上(二维方向上)分布的黑白相间的图形记录数据符号信息的条码。它具有信息容量大、编码范围广、保密性能强、防伪性能好、译码可靠性高、纠错能力强、制作容易、成本低廉等众多优点。二维码在微信营销当中的应用主要也是连接线上线下,通过"扫一扫"商家的二维码,用户可以成为商家的微信会员,获取产品、促销信息或直接获得打折优惠。二维码以一种更精准的方式,打通了商家线上和线下的关键入口,在微信营销中得到了广泛运用,而且在整个新媒体整合营销中应用得非常广泛,经常被用来作为整合线上和线下营销方法的手段。现在许多大小商场店铺的营销活动中,都可以看到二维码的身影。

2. 微信朋友圈营销

微信朋友圈营销的方式是指商家把自己的广告信息让用户分享到朋友圈,利用用户和其朋友之间的强关系售卖产品。在朋友圈可以通过转发、集赞、试用、筛选、引流、互动等形式,开展线上线下的营销活动。成功的朋友圈营销可以让用户自主的转发传播。朋友圈管理的技巧包括以下几个方面。

(1)发圈的时间。上午10:00、中午12:00、晚上8:00—10:00是一天当中最重要的几个时间段,这个节奏基本上是根据上班族的时间段走的,这些时间段,他们一般有时间看手机,重要的营销信息,也可以放在这三个时间段发。

(2)发圈的数量。一天发朋友圈的数量一般要保持在8~10条以上,早安加生活动态,还有自拍或者其他视频,这就占了三四条,其他产品信息或者反馈加起来四五条。对于很多人,尤其是上班族,在上午十点左右,中午吃饭的半个小时及饭后的午休时间,以及下班时间,才有足够的时间去看朋友圈,所以需要多发圈来增加被别人看到的机会。但是多发圈,又不能刷屏,所以可以通过穿插更多的其他动态以及自拍来"稀释"一下广告的密度。

(3)素材的选取。因为朋友圈的互联网特性,别人看不到你的人,也感受不到你的语言,所以要通过视频或者自拍,让别人感受到你是一个活生生、有温度的人,而不是一个刷广告的机器。扫描右侧二维码观看朋友圈早安内容小视频。

早安问候

3. 微信公众号营销

随着微信公众平台的推出,各类公众号层出不穷。公众号向关注该账号的用户推送信息,并与用户进行"一对一"的交流,成为商家营销的主要阵地。

以微信账号是不是企业品牌的官方公众号,公众平台营销可以分为两种方式。

(1) 企业微信公众号，主要包括以下两种方式。

① 推送式营销。推送式营销通过主动推送活动、游戏、文章等方式与用户建立亲密且深入的互动关系，维护及提升品牌形象。星巴克在微信公众号的营销中探索得较早。2012年，当星巴克夏季冰摇沁爽系列创新饮品即将上市时，为了让消费者感受到全身被激发和唤醒的感觉，星巴克选择了用音乐来与消费者沟通。而在选择沟通媒介中，微信平台能提供与消费者"一对一"的互动，较为私密个性。以消费者个体为单位，向他们推送量身定制的能激发个体共鸣的音乐非常适合该媒介平台。例如，星巴克通过微信平台推出"自然醒"活动，星巴克粉丝只要发一个表情给星巴克，无论是兴奋、沮丧还是忧伤，都能立刻获得星巴克按其心情调制的音乐曲目。之后，星巴克继续推出"星巴克早安闹钟"活动，以配合新上市的早餐系列新品。在每天早上的7—9点，只要粉丝在闹钟响起的一小时之内到达星巴克门店，就有机会在购买咖啡的同时，享受半价购买早餐新品的优惠。

② 客服式营销。客服式营销是指将微信与自身的客户服务系统相结合，满足用户在售前、售后的各类服务需求，将微信打造成为又一个客服平台。例如，中国南方航空以自动回复的形式推送客服信息，用简单的数字编号代表不同的业务类型，向消费者提供预订机票、查询订单、办理登机牌以及行李查询、天气查询等服务。许多公众号两种营销方式兼顾，但也有侧重点。

同时，商家也期望在公众平台上推送的信息能被用户分享至"朋友圈"，两者间的联动使信息进一步扩散。就目前而言，因为此类微信营销方式更能向消费者提供价值，也更受消费者青睐，许多企业都在尝试通过微信向消费者提供更加便捷的客户服务。除了中国南方航空，维也纳酒店也开通了微信订房系统，通过其微信平台，可以直接预订酒店房间，消费者还可以通过此微信平台查询积分、订单、酒店优惠信息。而美的生活电器更是将售前、售中、售后三个阶段搬上了微信公众平台，提供一站式服务。微信粉丝可以了解美的产品和最新上市情况，也可进入手机商城购买，并可以通过微信查询售后服务。

(2) 非企业微信公众号。微信公众号种类繁多，有一些草根账号，通过各种方式将粉丝积累到一定程度，然后发广告盈利。或是自媒体账号，将微信当作自媒体运营，发送相关的内容，赢取粉丝后，也可发送广告获取盈利，自媒体微信号一般垃圾广告较少，质量较高。

此类营销方式多见于提供本地服务信息的微信公众号，针对地域细分受众，向其提供本地及附近地区吃喝玩乐、衣食住行的建议，并在其中嵌入广告商家的信息。

4. 微信小程序营销

微信小程序作为一个新的物种，它的价值更多的是借助微信的海量用户，作为工具连接线上线下，提升线下商家的生产效率和服务能力，而微信因此也将自身的业务和生态蔓延至线下。微信小程序第一大优势就是有着独立的生态，采用微信统一的开发语言，不仅对用户界面、运营等方面有着严格的规范，还拥有严格的审核机制，保证产品本身的内容质量。第二优势是体验好，微信小程序拥有着近乎原生App的体验，无须安装，"扫一扫"或者"搜一下"即可打开直接进入主界面，用完也无须卸载，随用随走。第三优势是接口更多，微信会对小程序开放一些接口，比如支付、网络、多媒体、数据缓存等，接下来微信会逐步开放更多的接口，这样大家能开发出更多有趣的应用。第四优势是成本比原生态App更低。微信小程序的开发者无须开发iOS和Android两个版本的应用，直接用一套即可，也不用因各种各样的兼容问题而费尽心思，仅在这些方面就降低了很多成本。

三、微信营销的方法和技巧

（一）获取微信用户的关注

从企业角度来说，开展微信营销的首要任务便是获取用户的关注并成功维系用户，以保证营销活动和营销效果的持续性。

1. 转换老用户

（1）通过微博获取用户。相较于微信，微博更早开始流行，许多企业也一度尝试过微博营销，具有一定的微博粉丝积累。相比之下，微信给企业带来的用户的关系链比微博更强。因此，许多企业对微信营销也十分重视。微信企业大号"小米手机"通过在微博上告知微信号以及利用微博宣传微信活动等方式，一部分微博上的老用户成功地转换为微信上的新用户。

（2）通过官方网站获取用户。对于具有一定用户群的电商平台来说，通过官方网站获取用户是最简单有效的方式。官方网站作为一个B2C的平台，很多时候交流只是单向的，官方放出产品信息，关注的用户进行了解或购买，与用户的联系并不紧密。而微信营销正好弥补了这个缺陷，让一批忠实用户与企业的联系更紧密。小米手机每周会有一次开放购买活动，每次活动的时候都会在官网上放微信的推广链接以及微信二维码。据了解，通过官网发展粉丝效果非常好，最多的时候一天可以发展3万~4万个粉丝。

（3）通过实体店获取用户。对于有线下实体店的企业来说，已有的会员无疑是潜在的微信用户。将他们的实体会员卡转换为电子会员卡，或者让他们掏出手机，成为商户的微信粉丝，也是获取用户的一大途径。

2. 发展新用户

（1）通过策划活动获取用户。策划活动是获取用户的重要途径。在这方面，北京的朝阳大悦城深受其益。在投入基本为零的情况下，朝阳大悦城获得了14万的粉丝，产生了上千万元的媒体价值。策划微信营销活动，要把握几个关键要素。

① 明确你的活动主题。是周年庆？儿童节？父亲节？或是玩游戏？分享故事？要告诉顾客为什么会策划这次活动，怎样才会引起潜在顾客的注意。在这一方面，朝阳大悦城非常善于利用热点事件、话题或节日进行活动策划，是值得学习的范例。例如，元宵节时，其推出的"一猜到底"是结合节日习俗推出的微信活动，单日最高回复量超过5000人次，累积回复量超过1万人次。

② 明确你的奖励。顾客为什么会参加你的活动？最主要、最直接的原因是你提供的奖励。不仅要设计好能打动潜在顾客的奖品，更要将这些奖品突出、详细地写出来，让你的活动更加诱人。

③ 注重活动形式的设计。朝阳大悦城的微信活动形式可谓是新颖有趣，极具吸引力。在"找你妹"游戏App席卷公交地铁的上班族之时，朝阳大悦城设计了一次"找你妹Logo版"活动，让用户以游戏的方式寻找大悦城的Logo，用户在玩游戏的过程中轻松完成营销传播，这种紧追潮流的速度令人赞叹。

（2）通过广告推广获取用户。

① 通过媒体广告获取用户。无论是传统的报纸广告、电视广告，还是网络媒体广告；无

论是文字形式,还是视频形式,在这些媒体广告中嵌入二维码是最简单有效的推广微信公众号的方式。此外,在广告宣传中附带告知微信公众号,也可以将广告受众转移到微信上,让他们了解更多的信息。

② 通过产品获取用户。每一个企业都有自己的产品,每一款产品都可以为企业获取大量客户。对于传统企业来说,通常都是靠代理商把产品销售出去,企业并不真正拥有迅速与客户建立联系的能力。但因为微信,尤其是微信二维码的出现,企业得以利用产品或服务获取大量的目标用户。

③ 通过合作获取用户。杜蕾斯和虾米音乐进行合作,互相推广彼此的微信公众二维码,只要用户扫描二维码关注了它们的账号,就可以点歌,分享到"朋友圈"之后便可以参加活动,并有机会获得杜蕾斯提供的奖品。

(3) 通过社交关系获取用户。微信在本质上是一个社交软件,利用用户与微信好友之间的强关系,将产品或服务信息进行分享,往往能起到推荐的作用,进行口碑营销。这种方式一般和微信活动结合起来,以一些礼品作为奖励,让已有用户将广告信息分享至"朋友圈"或发送给好友,这样,用户实际上就为商家进行了传播营销,范围从一个好友圈扩散至多个好友圈,产生"滚雪球"的效果。

(二) 维护微信用户

在对微信的使用方面,消费者掌握了很大的主动权,他们既可以主动关注公众号,也可以撤销对公众号的关注。许多微信公众号都在追求庞大的粉丝量,但微信"一对一"的交流特征使得庞大的粉丝互动成为一件非常困难的事情。消费者需求和生活习惯复杂多样,当微信营销无法满足其需求,或者不恰当地对其生活造成干扰时,用户便会取消关注,导致用户流失。

1. 把握推送内容

受制于手机屏幕的大小,多数人并不愿意在微信上阅读长篇大论。因此,微信的推送内容设置是微信营销的重中之重。

(1) 标题的设置。让用户在标题中找到感兴趣的内容。增强标题吸引力的最主要方式,便是在标题中直接向用户强调利益和价值。例如,看了我这篇文章,用户能够得到什么利益? 能够获取什么价值? 这种利益可以是满足消费者物质上或心理上需求的,也可以是价格实惠、省时、安全、方便等各方面的好处,可以采用"限时特价""全场 7 折"等方式。另外,还可以根据时事热点或用户群关注的热点,与自身产品或服务相结合,吸引用户的注意。

(2) 正文的写作。微信营销,内容为王。向客户提供最优质的内容,才是获取用户的根本。在正文写作中要注意以下几点。

① 要有打动用户的核心、重点,强调用户的需求。在用户阅读完文章之后,要能引发他们的思考或者提供他们想要的价值,才能使用户产生购买欲。

② 要让事实说话,保证真实性;同时力求专业性,增加可信度。要用足够的事实作为论点说服读者,最好有相关的专业见解,这样文章才更有说服力。

③ 要注意微信营销内容形式的呈现。通篇都是密密麻麻的文字,再好的文章也会被舍弃。而对话形式的内容,或图文并茂的营销活动,则能提供更好的用户体验。

2. 把握推送时间和频率

碎片化阅读是当今手机阅读的一个趋势,用户在上卫生间、等公交车或排队等零碎时间会拿起手机消磨时间。为了适应这种阅读习惯,公众号在向消费者推送内容时,应把握适当的推送量。同时,手机用户每日上网的密集时间段又有一定的规律,因此,要重视每次发送信息的时间,如果能够把握住精准的时间,内容阅读量将得到很大提高。周末是低谷期,重要文章不要选择周末发。而从当天的发布周期来看,上午9—10点,下午1点、5点,晚上9点、11点是用户上网的密集期。这其中,又以晚上9点、11点的访问量最大。

3. 把握沟通方式

(1)及时回复。当用户主动咨询的时候,回复越及时,用户就越有好感。现在,越来越多的微信商户都提供了"回复关键字"等自助咨询服务,既提高了服务效率,又增强了用户好感。

(2)增强互动性。千万不要因为觉得回复用户的留言很麻烦,就不去做这件事情或者弄个聊天机器人在那里应付了事。如果平时舍得花大笔钞票去买广告、聘请昂贵的公关公司,那么我们更应该花些钱在用户互动上。因为到了互动环节,只需再花一点点力气就能让用户转化成客户。

4. 线上和线下同步营销

微信"扫描二维码""朋友圈""附件"等功能都为商家提供了线上和线下同步营销的工具。在实体店"扫描二维码",关注商家的微信公众号,便可在线下购买中获取优惠;在"朋友圈"上传转发商家信息,也可在线下购买中获得优惠;同时,商家可利用"附近"功能向周边人群发促销信息,促使周边的潜在消费者进店购买。

线上和线下同步营销如今应用广泛,也成为商家为自己的微信公众号积累粉丝的手段之一。小米手机在发展微信公众号粉丝时,便采用了定期举行有奖活动来激励用户。例如,关注小米微信可以参与抽奖,有机会抽中小米手机、小米盒子,或者可以不用排队优先买到比较紧俏的机型。

 即兴思考

结合"时尚博主公众号5分钟卖出100辆MINI"案例,思考你平常会参加哪些微信营销方式?

同步实训

微信营销策划方案

1. 实训目的与要求

通过本实训,使学生了解和掌握微信营销策划的步骤及要点,并在一定程度上培养学生利用微信进行新产品营销策划的创意能力。

2. 实训背景与内容

假设你是小米公司市场部的营销策划专员,公司即将上市一款价位在699~799元的红米手机,第二天部门将开会讨论该款手机通过微信营销的策略,请你制作一份微信营销策划,用来说服主管采用自己的策划方案。

评价关键点:红米手机消费人群、圈层营销、微信营销方式的采用。

3. 实训操作要点

(1)要求教师对微信营销策划实践应用的重要性给予充分说明,调动学生项目操作的积极性与热情。

(2) 要求教师对微信营销策划设计的程序、内容和方式进行具体指导，其中微信营销方式、目标客户筛选是重点，需要学生对微信营销的方式非常熟悉，并能够结合实际进行方案的设计。

4. 实训步骤与方法

(1) 采用模拟分权式组织结构，要求学生以六人为单位成立模拟营销策划机构，每个策划机构设策划经理一名、副经理一名、策划专员若干。

(2) 策划专员在策划经理的领导下分工合作，了解项目竞争者的微信营销策略，同时在进行企业市场调研和消费者分析的基础上，设计相应的微信营销策略。在此基础上进行制定微信营销预算并进行效果预评估。

(3) 撰写微信营销策划书。

(4) 根据微信营销目标，进行微信营销策略实施。

(5) 递交作品，在班级内将作品进行展示交流。

5. 实训考核

(1) 采用过程考核与项目作业评价相结合的方式，注重小组讨论、项目成果、汇报交流等环节的评价。

(2) 提高微信营销策划能力的考核权重，重视学生在项目作业中的微信营销受众群体分析能力。

(3) 注重考核学生防范网络思潮风险，树立正确的人生观和价值观的职业素养，特别强调团队协作能力的考核。

任务四　短视频营销策划

知识目标

1. 掌握短视频营销的含义。
2. 掌握短视频营销的功能和类型。
3. 掌握短视频营销的策略。

技能目标

1. 能够熟练使用短视频营销中的"吸引流量"技巧。
2. 能够根据企业需求制订短视频营销策划方案并实施。

课程思政

1. 通过视频营销，弘扬中华传统文化，展现传统文化魅力。
2. 培养精益求精的工匠精神。

视频营销
策划

案例导入

"球场干饭"嗨不停！火锅顶流海底捞在抖音捞出新故事

随着2022年世界杯的火热开赛，海底捞联合抖音生活服务节点活动"心动观赛季"，策划"线上+线下"创意互动玩法、上新专属世界杯场景下的团购餐品等经营动作。借势世界杯热点，全面营造观赛氛围，让捞粉们观赛尝新复购的同时，吸引更多消费者参与活动，实现门店消费转化。

当然，这并非是海底捞第一次联动抖音生活服务，进行热点捕捉和数字化经营合作，自2022年8月入驻抖音生活服务，结合平台玩法和资源优势，实现了在数字化经营时代的热点捕捉和造势营销玩法新探索。海底捞的产品品牌，也在这一过程中，被消费者看见和了解，收获声量和销量的品效合一，长效增长。全国首场直播GMV突破2000万，海底捞便逐渐扩大在抖音生活平台的运营规模，从"开学季"节点经营到"抖音心动新品日"新品孵化，未及半年，海底捞在抖音平台的GMV就累计突破5亿。短周期内实现高转化的背后，线下餐饮品牌的长虹发展，联动抖音生活服务平台优势，不断革新尝试，找寻到新的经营方法论。海底捞作为消费者用户心中的"火锅顶流"，始终在路上，不断探索和前进。

资料来源：http://cn.chinadaily.com.cn/a/202212/13/WS639841f8a3102ada8b2267de.html.

思考：海底捞在抖音线上的经营玩法带给我们哪些思考点？

随着短视频用户的增多，以网络视频为介质的网络营销逐渐兴起。随着短视频网站的发展以及相关技术的演进，短视频的内容和形式不断创新，短视频营销的手法也呈现多样化的态势。

一、短视频营销的含义

短视频营销有两种含义：一是指视频网站如何营销自己；二是指具有营销需求的各类企业、组织机构或个人如何在网络上进行视频形式的营销。本书采用后一种含义，营销的主体为具有营销需求的各类企业、组织机构或个人，营销所借助的载体是网络视频，包括在线视频网站、门户网站及社交媒体等各类网站上出现的视频，而不仅限于视频网站上的视频。短视频营销的目的一般是推广产品、机构或个人，树立良好形象，加深目标对象与推广标的物之间的感情。营销手段主要为贴片广告和植入，其中，植入有直接露出（即直接将产品、品牌或其他相关符号露出在视频中）、故事演绎等不同方法。

二、短视频营销的功能

"视频"与"互联网"的结合，让这种创新营销形式具备了两者的优点：它既有电视短片的种种特征，例如感染力强、形式内容多样、肆意创意等，又具有互联网营销的优势，例如互动性、主动传播性、传播速度快、成本低廉等。可以说，短视频营销是将电视广告与互联网营销两者优点集于一身的营销。具体可从以下方面来讲。

1. 成本相对低廉

短视频营销投入的成本与传统的广告价格相比，非常便宜。一个电视广告，投入几十万元、上百万元是很正常的事情,而花费几千元就可以制作一个网络视频短片。网络视频营销相比直接投入电视广告拍摄或者冠名一个活动、节目等方式,成本低很多。因为网络视频营销方式多种多样,一个小小的贴片广告都可以取得一定的营销效果,因此,比起传统的营销方式,企业选择网络视频营销会大大节约成本。再者,有众多不一样的网络视频网站,选择性更多,所以企业可以根据情况选择投入成本更低的平台。哪怕是制作网络视频,成本也比制作电视广告更低廉。现在有很多企业为达到营销目的,而招募或征集网友自拍原创产品短片,只用些许奖励即可获得具有较好营销效果的短视频。所以说,短视频营销不仅成本低,性价比更高。

2. 传播快、覆盖广

短视频不受时间和空间的限制,可以自由进行传播,并且传输速度是传统媒体无法比拟的。网络短视频可借助互联网的超链接特性迅速地将信息传播开。不仅网络发布信息快、网民分享、转发网络视频,也让网络视频传播的速度更加迅速,有效地实现了营销。比如北京大学艺术学院宣传片微电影《女生日记》,在网络上公开播放后,在很短的时间内视频点击量就突破50万,微博转发率极高,使得这一宣传片在网络上走红。

好的视频会"自己长脚",靠魅力俘获大量网友并使之成为免费传播的中转站,以病毒扩散的方式蔓延,在这里,用户既是受众群体又是传播渠道,很好地将媒体传播和人际传播有机结合起来,并通过网状联系传播出去,放大传播效应。网络辐射的范围极广,其传播范围远远大于传统视频。即使是地球的另一端也能够看到中国发布的视频。网络"地球村",让短营销的辐射面不再局限于国内,还可扩大到海外,这对于一些出口品牌的营销是极为有利的。

3. 互动强、效果好

短视频不仅可以实现即时互动,而且具有更高的效率。与传统营销或者传统视频营销相比,短视频营销表现出来的优势是明显的。跟直播的电视不同,短视频的互动渠道更为便捷。几乎所有的短视频平台都开通了评论功能,可以在观看短视频时同步发布弹幕表达自己的感想和反馈,通过"多媒体"信息的交换,短视频营销的互动性更强,因为有了互动,才能更好地达到双向沟通。反馈的及时和互动的便捷在一定程度上可以提升营销的效率。企业和组织机构可根据受众的反应进行评估营销,进而及时进行调整,让营销的效果和影响力更佳。

三、短视频营销的类型

短视频营销作为当前新媒体营销的主力军,其内涵也在随着技术的更迭发展而持续更新扩容,结合目前短视频营销在行业中的应用情况,主要分为以下几类平台和视频类型。

1. 基于传统媒体的微电影

微电影营销,不同于商业化的影视大片,也不同于大众言论的视频短片,它是介于两者之间的一种新媒体网络化的营销手段。一般投放于电视等传统媒介平台,随着短视频平台在社交领域的不断扩张发展,微电影的投放也逐渐向短视频平台迁移。

目前,业界对于微电影并没有统一定义,一般将与传统电影同样高制作水准、完整故事情节的"迷你电影"定义为微电影,与传统电影相比,微电影最大的区别在于片长较短,时长多在 1 小时之内;与常规视频相比,微电影具备完整的故事性及更高的制作水平标准。

微电影营销则是为企业"私人订制"的影视营销作品,其出发点与影视作品中植入广告一致,但不会有让受众生厌的广告生硬感,这主要依靠与故事主线相融合的叙述形式,使受众在潜移默化中慢慢接受企业品牌输出,从而达成较好的营销效果。微电影营销在行业间迅速发展,并出现了每到重要节假日,各大品牌必定会拍摄相应主题的微电影,以 2020 年中秋节为例,蒙牛的《背后》、伊利的《不多》、金典的《淑贞》、泸州老窖的《停不下来的"我们"》、广汽传祺的《广州塔》都给受众留下了深刻印象,有故事、有泪点、有共情点的微电影,完成了品牌和消费者的情感对话,实现品牌在中秋节的营销占位和价值输出,也为"月圆人团圆"的中秋节营销增添了许多暖色。

2. 基于公域互联网平台的短视频

短视频营销的迅猛发展脱胎于互联网加速发展信息碎片化进程,通过短视频的高质量内容为用户创造价值,并通过相应的渠道平台与用户建立连接,通过互动维系关系,从而获得回报。

目前,短视频营销的重要平台主要集中于抖音、快手、小红书、淘宝、视频号、火山小视频等平台,这些平台凭借着有趣、好玩、创意等优点,拥有大量活跃用户,当用户积累了一定的订阅用户数后,可以通过关联视频平台自身、淘宝、京东的商品链接,实现销售转化。此外,这些平台都具备公开性的特点,是当前公域互联网平台视频传播的主流平台。

基于公域互联网平台的短视频营销不仅承担着流量和产品销量之间的直接转化,也承担了商业品牌公关的功能,可以不直接开展销售,但是通过一些故事性、趣味性内容的策划和推广,实现品牌的营销推广。此外还有一种"切片"短视频,即一些视频博主及其视频创作团队对其在直播过程中的精彩语言和画面进行剪辑,并在自己的账号或授权他人账号进行投放,以起到二次传播的作用,一方面便于平台传播,另一方面也可使用"切片视频+购物车"的方式,把购物链接挂载于切片视频中,实现直播结束后的持续销售。

短视频营销的崛起,其带来的影响不仅仅是互联网发展带来了信息碎片化,消费者的决策也呈现出碎片化的特点,从计算机端到手机端,从静态的图文页面到快速流转的短视频,从货比三家的精挑细选到冲动型消费,新媒体营销正带给受众日新月异的新奇感受。

3. 基于私域平台的短视频

相较于前文提到的抖音、快手、小红书等公域平台,还有以微信为代表的私域平台也不可小觑,这其中,以微信为代表的私域流量平台也成为短视频营销的新阵地。而微信特有的私人属性也使得短视频营销告别了此前在公域平台"广撒网"的模式,实现更精准地推送和传播。目前主流的基于私域平台的短视频营销,除了传统的短视频网页在微信平台进行点对点传播外,还有 H5 和微信红包封面链接微信小程序等营销方式。跟公域平台比,微信视频号有以下特点和优势:一是内容呈现更新颖。微信视频号不同于抖音、快手这类短视频平台,它的呈现形式以信息流为主,而且支持横、竖屏,它能同步朋友圈视频,记录朋友圈的动态和信息。二是流量获取更简单。微信自带 10 亿流量,相比抖音、快手,优质流量获取会更加简单,而且微信号视频参与门槛低,内容取材要求也更加广泛,无论是个人还是商家,包装品牌和产品推介更加简易化,流量获取会更加简单。三是推广营销更方便。微信短视频操作简单,特别适合商家使用,而且产品可以在视频号中填写扩展链接,浏览者观看视频,点击扩展链接后进入企业公众号文章的推广页面,推广页面中加入小程序商城或者宣传的 H5,让企业推广营销变得更加方便、快捷。

四、短视频营销的策略

随着短视频成为很多人生活中不可或缺的一部分,短视频营销又上升到一个新的高度,各种手段和手法层出不穷,但成功的短视频营销离不开以下几点。

1. 感官效果最大化

视频之所以受到大众如此的厚爱,与其超强的感官效果不无关系。在注意力被大大分散的时代,感官刺激必不可少。良好的感官效果既能在第一眼引起观众的注意,同时又提升了用户感官层的体验,如此,观众才有可能喜欢并分享视频。

承袭于影视剧的竖屏微短剧是感官效果在短视频平台的重要表现形式,凭借其短小精悍的特点、丰富的感官刺激及"开篇即高潮"的叙事模式令受众快速获得愉悦刺激。区别于剧情类短视频,这类短视频令受众拥有更为强烈的代入感与参与感,成为现实中"不能说""不敢说"无奈困境的替代品。

2. 短视频病毒化

病毒视频是指一段视频剪辑通过抖音等平台共享,像病毒一样传播和扩散,被快速复制,迅速传向数以万计、百万计的受众,其目的是通过"小创意"实现"大传播"。一般情况下,病毒视频是以短视频平台为病毒源,利用平台转发、精准推送等方式转载并流行起来的。在所有的网络视频广告的形式中,病毒式传播手段因拥有快速的传播速度、广阔的传播范围、低廉的传播成本,以及不容易引起用户抵触的特点,而备受广告主和广告运营商的喜爱。一个优秀的病毒视频所带来的流量,可能会比某些网站一年所带来的流量还要多,所以视频营销中一个重要的策略就是运用病毒视频实现病毒式传播。

从流程上看,创意视频病毒式营销需要做好以下五个环节的工作。

(1) 创意视频病毒性营销方案的整体规划和设计。

(2) 进行独特的创意设计,病毒性营销之所以吸引人就在于其创新性。

(3) 对网络营销信息源和信息传播渠道进行合理的设计,以便利用有效的通信网络进行信息传播。

(4) 对病毒性营销的原始信息在易于传播的小范围内进行发布和推广。

(5) 对病毒性营销的效果进行跟踪和管理。

3. 短视频搜索引擎最优化

通过网络视频与搜索引擎的整合营销最终达到一个目的:把最合适的视频广告推送到最合适的用户面前,从而实现更好的营销效果。

目前视频搜索方法主要有基于文本的视频搜索方法和个性化搜索技术。基于文本的视频搜索方法,是通过利用视频的元数据信息,如视频时长、上传时间、播放热度等,来重排搜索结果以帮助用户更快地在搜索结果中定位自己所需要的视频。但这种方法需要累积相当多的参与用户数才有意义,而且对视频搜索体验的提高作用也十分有限。个性化搜索技术则是利用用户的偏好信息及相似用户的点击记录信息,对视频搜索序列进行重排,以便更好地满足用户的搜索需求。通过隐式地收集用户的偏好信息,个性化搜索技术可以在完全不侵扰用户的情况下收集用户的偏好信息,并对用户建立偏好模型,最终根据这个偏好模型对视频搜索结果序列进行重排。通过利用用户偏好信息重排视频搜索结果,可以将用户更感兴趣的结果放在视频搜索结果序列的前部,从而减少用户在搜索结果中找到自己所想要的视频的时间,提升用户体验。

4. 视频内容原创化

在我国网络视频发展之初,曾大量使用现成的影视节目,网络视频变成了影视节目的网络版。对用户来说,看网络视频不过是更换了一个播放平台而已;对视频网站而言,影视剧版权价格水涨船高,各大视频网站陷入同质化竞争的困境,在表面热闹的景象下其实危机四伏,视频网站在核心业务领域,即视频内容提供方面缺乏竞争优势,经营上也困难重重。在这种背景下,原创内容的价值逐渐凸显,成为视频行业备受欢迎的内容资源。视频网站早期均以用户原创起家,但鉴于拍摄器材及技术不够完善,以及知识产权等问题,导致草根原创后劲发展乏力。而网络视频要实施差异化竞争策略,就必须在内容上下功夫,为此,专业化内容制作团队应运而生,草根文化也逐渐打上专业化制作的标签,原创视频的生存环境日趋成熟。

即兴思考

回想以前观看过哪一类短视频?这类短视频播放时出现过哪些广告?哪一个广告令你记忆犹新?分析为什么你会记住它。

同步实训

短视频营销策划方案

1. 实训目的与要求

通过本实训,使学生了解和掌握短视频营销策划的步骤及要点,并一定程度上培养短视频创作和策划的创意能力。

2. 实训背景与内容

各组学生选择一个短视频自媒体平台的知名博主,分析其广告对哪一类目标人群商业价值较大。之后针对目标群体,模仿该自媒体风格,制作一个广告视频策划,并提出运营策略。

3. 实训操作要点

(1)要求教师对短视频营销策划实践应用的重要性给予充分说明,调动学生项目操作的积极性与热情。

(2)要求教师对短视频营销策划的程序、内容和方式进行具体指导,其中短视频的目标群体识别、短视频营销内容的创作是重点,需要学生对短视频营销传播的方式非常熟悉,并能够结合实际进行方案设计。

4. 实训步骤与方法

(1)采用模拟分权式组织结构,要求学生以六人为单位成立模拟营销策划机构,每个策划机构设策划经理一名,副经理一名,策划专员若干。

(2)每个策划机构成员相互讨论短视频营销的特殊性及适用消费群体。

(3)每个策划机构成员互相讨论确定短视频营销的主题和策划目的,选择合适的平台推广。

(4)制订方案,包括参加商品的选择过程、经费预算和效果评估方案。

(5)根据策划方案,撰写短视频的脚本,进行作品的营销短视频创作,并选择合适的平台进行推广。

5. 实训考核

(1)采用过程考核与项目作业评价相结合的方式,注重小组讨论、项目成果、汇报交流等环节的评价。

(2)提高短视频营销策划能力的考核权重,重视学生在项目作业中的短视频营销受众群体分析能力。

(3)注重考核学生视频制作精益求精的工匠精神,特别强调团队协作能力的考核。

 思政德育课堂

李子柒的短视频之路

李子柒不仅在国内走红,在国际互联网平台也占据一席之地,有网友将其粉丝量和国外媒体以及国外互联网企业作对比,得出"实红"的结论,引发网友热议。其高质量的视频水准和独具意境的视频风格,吸引了数千万的粉丝围观。李子柒短视频的走红与个人取得的成功,绝非偶然,而属必然。事实上,李子柒美食视频走红网络圈不是一朝一夕的事,而是长年累月的专注与坚持。

追溯到2017年,当时的李子柒已在网络走红,从李子柒的视频画面中,能够看出其精益求精的"工匠"精神,如果用一个字形容她的视频那就是"美"。这个"美"字包括了视频画面美,个人形象美,拍摄意境美,正是因为她的"美",聚焦了数千万粉丝关注。与现在抖音等平台上火爆的视频相比,李子柒的视频可以说是"精雕细琢",精益求精,且"剧情"连贯,毫无"破绽",呈现在观众面前的是美到极致的画面。她为了拍摄好一个镜头,所下的功夫是常人所不能及,她为了拍摄兰州拉面,便去尽心学习,同一个镜头拍摄上千次,真正做到精益求精,以高质量、高标准、高境界的短视频画面,打开一扇通向互联网顶端短视频的天窗。至少在当下短视频环境里,能够媲美李子柒视频的极其稀少,和其相反的便是"粗制滥造"。随手即拍,拍完即传的视频和这种具有"工匠精神"的视频,完全不能相提并论,视频的细节之处,可见"真功夫"。

资料来源:https://zhuanlan.zhihu.com/p/595071678?utm_id=0。

思政启示: 细微之处见匠心,毫厘之间现初心。李子柒对每一个环节都精雕细琢,无论是食材的选择,还是烹饪的技巧,都体现出了她的专业和专注。这种工匠精神是我们今后在工作和生活中都应该学习和拥有的。

参 考 文 献

[1] 郭凤兰,郝赛.营销策划[M].北京:人民邮电出版社,2021.
[2] 王薇.新媒体营销策划[M].北京:清华大学出版社,2022.
[3] 王晓华,戚萌.营销策划:慕课版[M].北京:人民邮电出版社,2021.
[4] C.默尔·克劳福德,C.安东尼·迪·贝尼迪托.新产品管理[M].刘立,王海军,译.11版.北京:电子工业出版社,2018.
[5] 刘飞.产品思维:从新手到资深产品人[M].北京:中信出版社,2019.
[6] 马尔科姆·麦克唐纳.营销策划:精于思,易于行[M].高杰,译.6版.北京:电子工业出版社,2011.
[7] 黄静.新产品营销[M].2版.北京:高等教育出版社,2021.
[8] 程宇宁.品牌策划与管理[M].3版.北京:中国人民大学出版社,2018.
[9] 赵静.营销策划理论与实务[M].北京:机械工业出版社,2013.
[10] 许颖.营销策划[M].上海:华东师范大学出版社,2014.
[11] 菲利普·科特勒,凯文·莱恩·凯勒.营销管理[M].何佳讯,等译.15版.上海:格致出版社,2016.
[12] 加里·阿姆斯特朗,菲利普·科特勒.市场营销学[M].王永贵,等译.北京:中国人民大学出版社,2017.
[13] 伯特·罗森布洛姆.营销渠道:管理的视野[M].宋华,等译.8版.北京:中国人民大学出版社,2018.
[14] 尹宏伟.直播营销:流量变现就这么简单[M].北京:机械工业出版社,2020.
[15] 陈国胜,陈凌云.数字营销[M].大连:东北财经大学出版社,2021.
[16] 张文锋,黄露.新媒体营销实务[M].北京:清华大学出版社,2018.
[17] 谭蓓.市场营销策划[M].重庆:重庆大学出版社,2015.
[18] 杨明刚.市场营销策划[M].3版.北京:高等教育出版社,2015.
[19] 洪长青,张凤英,李学昆.市场营销策划[M].南京:南京大学出版社,2017.
[20] 高红艳,邓倩,张洪亭.营销策划原理与实务[M].北京:中国人民大学出版社,2019.
[21] 叶万春,叶敏.企业营销策划[M].4版.北京:中国人民大学出版社,2018.
[22] 谭静.新媒体营销运营实战208招[M].北京:人民邮电出版社,2017.
[23] 杰米·尚克斯.精通社交销售:在数字化时代急需提升的销售技能[M].葛斐,译.北京:中信出版社,2018.
[24] 杜一凡,胡一波.新媒体营销:营销方式+推广技巧+案例解析[M].北京:人民邮电出版社,2017.
[25] 孟韬,毕克贵.营销策划方法、技巧与文案[M].3版.北京:机械工业出版社,2022.